教育部国家一流本科专业建设、国家虚拟仿真实验教学项目
湖北省发挥高端人才在本科教育教学作用的机制研究项目　联合资助
国家级教学团队、湖北高校省级教学团队系列项目
国家级、湖北省级实验教学示范中心系列项目

高层次人才引领本科专业建设和人才培养的实践与创新

GAOCENGCI RENCAI YINLING BENKE ZHUANYE JIANSHE HE RENCAI PEIYANG DE SHIJIAN YU CHUANGXIN

顾　　问：赵鹏大（院士）　王焰新（院士）
主　　编：李建威　姚光庆　王　华
副 主 编：王占岐　姜　涛　刘　刚　周　刚
参加人员：沈传波　高复阳　张建华　朱红涛
　　　　　赵葵东　严德天　石万忠　谢丛姣
　　　　　蔡忠贤　徐思煌　徐　枫　张夏林
　　　　　任建业　解习农　焦养泉　李江风
　　　　　陈建国　吴立群　郭秀蓉　吕新彪
　　　　　刘明辉　黎　文　皮道会　李占轲
　　　　　杨春霞　庞　岚　曹卫华　李宇凯

中国地质大学出版社
ZHONGGUO DIZHI DAXUE CHUBANSHE

图书在版编目(CIP)数据

高层次人才引领本科专业建设和人才培养的实践与创新/李建威,姚光庆,王华主编.—武汉:中国地质大学出版社,2021.4
ISBN 978-7-5625-4995-6

Ⅰ.①高…
Ⅱ.①李… ②姚… ③王…
Ⅲ.①高等学校-学科建设-研究-中国 ②高等学校-高技术人才-人才培养-研究-中国
Ⅳ.①G642.3 ②G649.2

中国版本图书馆CIP数据核字(2021)第063848号

高层次人才引领本科专业建设和人才培养的实践与创新	李建威 姚光庆 王 华 主 编
	王占岐 姜 涛 刘 刚 周 刚 副主编
责任编辑:周 旭 王凤林　　选题策划:毕克成 张晓红　　责任校对:张咏梅	
出版发行:中国地质大学出版社(武汉市洪山区鲁磨路388号)	邮编:430074
电　　话:(027)67883511　　传　　真:(027)67883580	E-mail:cbb@cug.edu.cn
经　　销:全国新华书店	http://cugp.cug.edu.cn
开本:787毫米×1092毫米 1/16	字数:442千字　　印张:17.25
版次:2021年4月第1版	印次:2021年4月第1次印刷
印刷:武汉中远印务有限公司	
ISBN 978-7-5625-4995-6	定价:98.00元

如有印装质量问题请与印刷厂联系调换

前 言

习近平总书记指出,高校立身之本在于立德树人。从世界高等教育的发展历程来看,人才培养是大学的初心和使命,也是大学承担的根本任务。尽管随着社会的发展,大学的职责和功能由单纯的人才培养不断扩展到了人才培养、科学研究、社会服务、文化传承与创新4个方面,但是其根本任务在任何年代都没有改变,始终是人才培养,这也是大学与科研机构的本质区别。

根据大学的主要功能、师资队伍水平、学术影响力等,一般把大学划分为教学型、教学科研型和研究型3类。研究型大学的概念是美国"卡耐基研究会"于1994年提出的,该学会把美国一些以科学研究和研究生培养为主的大学叫研究型大学。我国同时期启动了"211工程"大学建设,后来又实施了"985工程"大学建设和"双一流"大学建设,目标是要建设一批高水平的研究型大学。

本科教育在大学的各项工作中处于基础地位,是研究型大学的基石和持续健康发展的关键支撑。曾任哈佛大学哈佛学院院长达8年之久的哈瑞·刘易斯教授,在其著作《失去灵魂的卓越》中,结合自身教学和工作经历认为,哈佛大学在为追求卓越而开展的争夺优质师资和生源的过程中,忘记了本科教育本质——把年轻人培养成为具有社会责任感的成人。当前,很多研究型大学用学术追求替代了教育任务,大学"已经忘记了更重要的是教育学生的任务。作为知识的创造者和存储地,这些大学是成功的,但他们忘记了本科教育的根本任务是帮助十几岁的人成长为二十几岁的人,让他们了解自我、探索自己生活的远大目标,毕业时成为一个更加成熟的人"。随后,西方世界一流大学都开始了教育反思,重新认识到人才培养特别是本科教育的重要性。正是重视本科教育,培养一流的本科人才,这些高校才跻身于世界一流大学之列。没有卓越的本科教育,一流的研究生教育就会成为无源之水、无本之木。这些高校开始回归关注本科教育,在办学思想、学科体制、经费保障等方面予以了大力支持。

在我国高等教育已经进入大众化阶段的时期,本科教育问题从未像今天这样受到国人的关注,党中央和国家也越来越重视本科教育。教育部一系列措施和政策导向,为高校和教师回归初心、以本为本、建设一流本科教育指明了方向。中国地质大学(武汉)从学校顶层设计到基层教学组织建设,持之以恒地抓本科专业教育和本科人才培养,广大教师和教辅人员高度重视本科教育,重视一流本科人才的培养。以王华教授、李建威教授为首的资源能源勘查工程国家级教学团队长期开展本科教育教学研究,自2006年以来团队开展了"新工科背景下资源勘查工程专业改造升级的探索与实践""国际化创新人才培养""石油工程专业综合改革试点""资源勘查与开发类工程师人才培养模式与创新实践""资源类传统优势专业的承办及在新专业创办中的应用实践"等10余项湖北省、教育部教学研究项目,总结出版了系列研究成果,大大提升了资源勘查工程专业的辐射带动能力,依托传统优势专业带动相关专业建设发展和本科拔尖创新人才培养的目标得以实现。从2013年开始团队专门开展"高层次人才在本科教育教学中的作用"湖北省重点项目专题研究,历时8年时间,重点对地学类优势专业、国家首批特色专业、国家首批一流专业资源勘查工程高层次人才在本科教学中的引领作用开展研究,在此基础上对不同时期依托资源勘查工程专业开办或拓展的相关专业和专业方向发展成效进行系统总结,揭示出高层次人才在推动石油工程、土地资源管理、海洋科学、空间信息与数字技术等新办专业和新能源、地学大数据两个新工科专业方向发展过程中的引领作用和不可替代性。

本书阐述高层次人才在本科专业建设、教育教学和人才培养中的引领作用,体现出以下3个方面思想。

一、本科教育和本科人才培养是大学和教师的根本任务

教育部部长陈宝生在新时代全国高等学校本科教育工作会议中指出,人才培养是大学的本质职能,本科教育是大学的根和本,高教大计,本科为本,本科不牢、地动山摇。本科教育在高等教育中是具有战略地位的教育,是纲举目张的教育。高等教育战线要树立"不抓本科教育的高校不是合格的高校""不重视本科教育的校长不是合格的校长""不参与本科教育的教授不是合格的教授"的理念,坚持"以本为本",把本科教育放在人才培养的核心地位、教育教学的基础地位、新时代教育发展的前沿地位。

上千年的大学发展史告诉我们,人才培养是大学的本质职能,本科教育是大学的根和本,世界一流大学无不是将本科教育放在发展的重要战略地位,将培养一流本科生作为坚定目标和不懈追求。当前,新一轮科技革命、产业革命和教育革命呼之欲出,国家呼唤培养更多德才兼备、全面发展的时代新人。习近平总书记强调,"培养什么人,是教育的首要问题""要努力构建德智体美劳全面培养的教育体系,形成更高水平的人才培养体系"。作为教育强国的基础和高等教育的起点,本科教育是凝聚人心、完善人格、开发人力、培育人才、造福人民的重要一环,也是奠定大学生知识、能力、素质和人格基调的关键一站。只有发展好本科教育,才可能加快推进教育现代化、建设教育强国、办好人民满意的教育。

二、高层次人才在本科专业建设和本科人才培养中具有核心和引领作用

高校高层次人才是指知识层次较高,在某一学科或领域具有较深造诣,创新能力强,在学科发展和学校教学科研活动中发挥统领或者骨干作用的高层次脑力劳动者。本书将高校中

的二级、三级教授和获得国家、省部级主管部门学术认可的人才以及从国外引进的优秀青年人才定义为高层次人才,本书研究的对象是高层次人才及其领导的团队。

"所谓大学者,非谓有大楼之谓也,有大师之谓也。"高层次人才在高等教育发展过程中起着核心作用,他们的质量和数量直接决定着其所在院校的国内和国际竞争地位。国家和高校管理者都越来越清晰地认识到高层次人才对高等院校的人才培养,提高高等院校核心竞争力,增强高校综合实力的重要价值和意义。在国家实施"人才强国"战略的背景下,高校要想在激烈的竞争中得到更好的生存与发展,提高本科教学质量,培养出高水平创新人才,必须充分发挥高层次人才在本科教育中的作用,提升本科教育质量,提高自身的竞争力。高层次人才具有战略思维,能够引领或把握学科和专业的发展方向,能够把高水平的科学技术成果转化为最前沿的教育教学资源,能够创造性地开展教育教学活动。高层次人才的关键作用,不仅表现在对学科、专业建设上,而且还体现在对高校师资队伍的重要带动作用上,正面影响和带动一批教师参与学科、专业建设,创造性地开展本科教学,从而从整体上提高本科人才的培养质量,齐心聚力建设一流本科专业。

三、高层次人才引领的本科专业建设成效显著

任何新学科和新专业都是某一领域科学技术发展到一个比较系统的阶段,且受到社会认可和具有社会需求的产物。如近年来设立的大数据、集成电路、物联网等专业,都是电子与信息领域科学技术快速发展后产生的,而科学技术的发展离不开高层次人才的不懈努力和创新性科研工作。对一个"双一流"高校而言,大多数新设专业的背后都有一批相关学科专业的高层次人才提供强力支撑,且新的专业方向有长久的科学技术知识积累和突破,新的专业都是在这些高层次人才充分论证可行性后才设立的。如中国地质大学(武汉)的资源勘查工程专业,有着悠久的办学历史,它是由冯景兰院士、袁复礼院士、张炳熹院士、池际尚院士、袁见齐院士、尹赞勋院士、杨遵义院士、王鸿祯院士、杨起院士和潘忠祥教授等一批学术大师创办的,他们培养出了以中国科学院院士和国家杰出青年科学基金获得者为代表的一大批杰出人才。在一代又一代杰出人才的引领下,目前资源勘查工程专业已成为国家一流本科专业,专业所依托的地质资源与地质工程学科成为了A+学科,在历次学科评估中全国排名第一。同时,通过资源勘查工程专业高层次人才的努力,从原专业中孕育发展出了石油工程、土地资源管理、海洋科学、空间信息与数字技术、宝石学、新能源和大数据等一批高水平的专业与新兴专业方向,专业建设成效非常显著。实践证明了高层次人才在本科专业建设中具有核心作用。

目　录

第一章　高层次人才引领本科教育的政策强化和组织保障 …………………（1）
　第一节　高层次人才在本科教育教学中的作用 ……………………………………（1）
　第二节　高层次人才参与本科教育教学的政策强化和组织保障 …………………（8）
　第三节　小　结 ………………………………………………………………………（14）

第二章　高层次人才在资源勘查工程专业发展和拔尖创新人才培养中的引领作用 ……（15）
　第一节　资源勘查工程专业的创建史是一部高层次人才扎根中国大地办教育
　　　　　和为党育人、为国育才的奋斗史 ………………………………………（16）
　第二节　高层次人才主导教材和课程建设 …………………………………………（29）
　第三节　高层次人才在教学及科研平台建设中的作用与成效 ……………………（38）
　第四节　高层次人才在国际化人才培养中的作用与成效 …………………………（51）
　第五节　高层次人才在实践教学中的作用与成效 …………………………………（56）
　第六节　高层次人才在立德树人中发挥骨干作用 …………………………………（67）
　第七节　资源勘查工程专业人才培养成效 …………………………………………（74）

第三章　高层次人才在石油工程专业建设与本科人才培养中的引领作用 ……（81）
　第一节　高层次人才引领下的专业发展历程 ………………………………………（81）
　第二节　高层次人才主导下的专业建设和教育教学改革 …………………………（85）
　第三节　高层次人才在专业全课堂教学中的核心作用 ……………………………（95）
　第四节　高层次人才在国际化教育中的带动作用 …………………………………（105）
　第五节　高层次人才引领下的专业人才培养成效 …………………………………（114）
　第六节　小　结 ………………………………………………………………………（121）

第四章　高层次人才引领土地资源管理专业建设和本科人才培养的创新实践与成效
　………………………………………………………………………………………（122）
　第一节　高层次人才支撑下的专业快速发展历程 …………………………………（122）
　第二节　高层次人才引领下的本科专业培养体系建设 ……………………………（127）
　第三节　高层次人才带动下的本科专业建设和人才培养成效 ……………………（142）

2. 充分发挥高层次人才的资源优势，积极申报并建设学科、科研平台，丰富学院育人资源，解决了学院育人的基本条件问题

(1) 承担学校一流学科建设任务。自动化学院是学校"双一流"建设"智能地质装备"方向的主要实施单位。作为一流学科建设的内容之一，学院制订了实验室建设规划，加大了专业实验室的建设力度，努力改变专业实验室的落后面貌，为本科生教育教学提供支撑。

(2) 扎实建设高水平的学科、科研平台。在本科生教育教学中，学科、科研平台的支撑作用不可或缺。学院成立以来，平台的申报、建设工作取得跨越式发展，先后获批并建设学校学科创新基地、湖北省重点实验室、"111"学科创新引智基地、一级学科博士学位授权点等平台。2019年，学院依托高层次人才的优势，成功申报博士后科研流动站和教育部工程研究中心。随着这些平台的获批并开展建设，学院获得必要的经费保障，建设了8个学科实验室和与之相对应的科研团队，有力地保障了教师的教学、科研需求，促进了本科生的教育与培养。近年来，学院依托"111"学科创新引智基地、湖北省重点实验室和日本樱花科技计划经费，资助3批本科生赴日本进行学习交流。

(3) 多渠道丰富学院育人资源。提升学院育人条件与水平，充分利用国内外育人资源是一条重要途径。因此，学院与美国、英国、日本、澳大利亚、加拿大等国10余所知名高校签订了学生联合培养协议或建立了稳定的学生培养合作关系，聘请6位国外知名学者来校为本科生、研究生授课，学生培养的国际化水平日益提升。

3. 充分利用高层次人才在人才培养中的宝贵经验，围绕本科教育这一根本任务，加强本科生教学过程管理，写好教书育人这篇大文章

(1) 成立教学保障组织机构。学院以高层次人才为核心，成立专业建设委员会，针对专业建设改革和发展顶层设计进行研究并提供咨询；成立教学督导组，对教学全过程进行质量管理监督并提出建议；成立教学课程组，及时吸收意见和建议，保证落实到位。

(2) 建设教学制度与规范。遵循高层次人才的意见，构建多方位全覆盖的本科生质量评价体系、毕业生跟踪和社会反馈机制，同时建立了持续改进与修正的机制。

(3) 创新学生培养的方式与方法。实行本科生导师制，为本科生在思想教育、学业规划、学习研究和创新就业等方面提供全程指导。实施自动化科学菁英计划，将本科教学与团队建设、科学研究、国际交流、创新创业发展相融合，探索"本硕博"贯通式培养高层次人才的模式。

4. 充分发挥高层次人才的磁吸效应，实现人才汇聚，努力提升教师的人才培养能力，解决本科生教育教学中的师资问题

(1) 吸引国内外优秀人才汇聚。教师队伍建设是本科教育教学的关键因素，搞好本科教育教学，首先要搞好师资队伍建设。高层次人才及其团队的引进，本身就扩大了学院教师队伍，极大地增强了师资力量。同时，高层次人才的磁吸效应，有利于吸引海内外人才加盟，实现人才汇聚。

2014—2019年，学院利用学校绿色通道，新增师资人才28人。目前，学院现有教职工97

人,其中教授24人,副教授32人,另有国内外兼职博导6人,一支年富力强、梯队完整的师资队伍初步形成,困扰学院多年的师资力量薄弱的难题获得根本性转变。学院成立前,没有省部级以上的师资人才,目前有IEEE FELLOW 2人,汤森路透"全球高被引科学家"3人,国家级高层次人才6人,省部级高层次人才14人。

(2)教师学术声望不断提高。学院吴敏教授、佘锦华教授、何勇教授连续多年入选汤森路透"全球高被引科学家"榜单,吴敏教授、佘锦华教授当选IEEE FELLOW。近年来,学院教师应邀在国内外主流学术会议上做学术报告30余人次。在高层次人才的推荐和培育下,学院青年教师在各自学科领域的国际、国内重要学术组织中的学术兼职逐渐增多,促进了学院本科教育教学"入主流",掌握了一定的话语权。

(3)促进教师教育教学和人才培养能力提升。学院持续开展师德师风教育,开展教学思想大讨论;组织教师到对标高校调研,取长补短,并邀请校外专家来院交流先进的教学方法;以高层次人才为标杆,学习他们的治学方法和育人心得;组织教师积极申报教研教改项目,总结教学方法和经验;学院教学督导组不定期随堂听课,对教师的教学内容、教学方法、教学手段进行评议,促使教师上好每一堂课;辅导教师提炼科学问题,撰写各类基金项目申报书,提高教师的科研能力并从事前沿研究,以保证教学内容的先进性。学院始终把提升教师的培养能力放在首位。

近年来,学院在本科生教育教学方面成效逐步显现。自动化专业核心课程群教学团队获批湖北省本科高校省级教学团队,获得湖北省教学成果一等奖1项,获高校自制教学仪器设备省级成果奖一等奖1项,1人获评湖北省师德先进个人,1人荣获宝钢优秀教师奖,1人入选全国万名优秀创新创业导师人才库(首批入库导师)。在教研教改方面,获批省部级教改项目34项,其中,获批教育部高等学校自动化类教学指导委员会试点高校教学改革项目1项,发表教研教改论文15篇。在科研项目方面,获得国家自然科学基金项目共计50余项,一批教师将最新的科研成果转化为教学内容或创新创业训练,以高水平科学研究支撑高质量人才培养,有力地支撑了本科教育教学,推动了本科生早进课题、早进实验室、早进科研团队。

5. 充分发挥高层次人才的学术影响力,促进学术交流,提升学院的学术地位,营造浓厚的学术氛围,教育学生、感染学生

(1)举办高水平的学术报告。学院学术交流极为活跃,包括大西公平、Witold Pedrycz和国内7位院士在内的一批国内外知名学者应邀来学院讲学,共计举办自动化学术论坛300多场,大量本科生积极听报告,学习学科前沿知识。

(2)主办或承办一系列学术会议。学院成立以来,已成功主办或承办"第37届中国控制会议""第三届科学与技术前沿国际会议""智能地质装备技术发展论坛"(2017、2018)等一系列重要的学术会议。2015—2018年,学院举办或承办各类国际、国内学术会议18次,在国内外产生了很大的影响,展示了学院的科研成果,促进了学术交流,提升了学院的学术地位,更重要的是拓展了本科生的学术视野,为以后开展学术研究打下了基础。

(3)鼓励学生科技创新。学院积极为学生搭建科技创新和学术交流的平台,鼓励学生积极参加国内外重要的科技创新活动。每年为本科生举办风磁电车大赛,为研究生举办研究生学术年会,鼓励织学生参加全国各类科技竞赛和创新创业活动,并获得了一系列奖项。

6. 充分发挥高层次人才的人格魅力和学术影响力,吸引并影响学生,增强学生自豪感和自信心,激发学生对专业、学院的认同与热爱

(1)激发学生对学院的热爱情感。普遍而言,由于对学术的尊重与敬畏,学生对高层次人才更加尊重与信赖。高层次人才主导学院建设,具有标杆作用与示范效应,有利于增强学生的自豪感,激发学生对学院的热爱情感。

(2)激发学生对专业的认同感。学院高层次人才承担一线本科教育教学任务,担任本科生导师。吴敏教授主讲自动化与检测技术导论课程,对学生进行专业启蒙,为学生打开了一扇科学之窗,受到学生热烈欢迎。学院注重上好新生大学第一课,认真组织新生家长会、新生开学典礼和新生入学教育等一系列活动,展示学院师资实力、教育理念、培养特色、学习条件和发展前景,帮助学生树立坚定的专业思想,激发了学生对学院和专业的认同与热爱。

第二节 高层次人才参与本科教育教学的政策强化和组织保障

一、高层次人才参与本科教学的激励机制和政策导向

对于高校高层次人才本科教学的问题,很多学者将焦点聚焦在大学教授时间分配的研究上,在教学和科研之间存在一定的紧张关系,那些科研成果突出的教师把大部分的时间和精力都花在了科研上面,他们承担了较少的教学任务。教学和科研并不像人们过去认为的那样是一致的活动,特别对于学术生产力而言,二者之间存在竞争(而不是互补)的关系。为协调教学和科研的关系,促使高层次人才参与本科教育教学,激励与约束政策通常都被采用。

1. 国外高校在本科教学中的激励与约束机制实践

在激励办法上,要让最好的研究者承担各个年级的本科教学,高校就要确保教学奖励和科研奖励在教师聘任和晋升时有平等的效力。哈佛大学的哈佛学院专门设立了一种5年期的教授职位,提供丰厚薪酬,专门延聘资深教授为本科生上课。爱尔兰都柏林国立大学教授职位的提升既可以基于学术研究(和学术领导力),也可以基于其在教学领域取得的成就和贡献。根据他们的标准,以教学为基础提升到教授职位,依据的是其作为大学教师在教学上的杰出表现,或对教学方面的研究做出突出贡献,或在自己学科领域对教育方法有所创新。

为保证教授积极参与本科教学,相应的约束措施也是必不可少的。康奈尔大学规定,该校的"明星教授"和其他教职人员一样,都必须承担本科生的教学工作。该校物理系有7位教授是国家科学院院士,有两位诺贝尔奖获得者,而他们一半的教学工作是面向本科生的。在加拿大,教授系列的教师在职业生涯中有3次很重要的评估,每次评估教学均占有十分重

要地位,直接决定教师的晋升。第一次评估是3年助理教授合同期结束的合格评估。教师必须拿出实证材料,证明自己教学非常好,或者教学尚可,研究非常突出。第二次评估是评副教授,进入终身轨的评估。教师必须提供反映教学的客观材料,如教学讲义、学生每年对教师的评价等。如果委员会认为其所提供的材料不足以说明教师很优秀或者有虚假的东西,材料会被退回。第三次评估是正教授的评估。晋升正教授的标准是教学水平非常高,或者教学水平较高,但研究水平非常高(按国际标准),或者研究水平和教学水平都非常高。

美国研究型大学的教学工作在发生一定程度的漂移时,经常通过设立教学奖、认可高品质的教学、将晋升和薪资扩大到教学、重视教学团队建设等措施,较好地维持和挽回了教学的基础地位,协调了教学和科研的辩证关系,推动了研究型大学的持续发展。

2. 国内高校在本科教学中激励与约束机制实践

在约束机制上,针对现实中"重科研轻教学"的现象,2007年教育部出台的《关于进一步深化本科教学改革全面提高教学质量的若干意见》(教高〔2007〕2号)中明确规定:"坚持教授上讲台,保证为学生提供高质量教学……要把为本科生授课作为教授、副教授的基本要求,不承担本科教学任务者不得被聘为教授、副教授职务。被聘为教授、副教授后,如连续两年不为本科生授课,不得再聘任其教授、副教授职务。"2012年,教育部《全面提高高等教育质量的若干意见》(教高〔2012〕4号)进一步明确提出:"要把本科教学作为高校最基础、最根本的工作,把教授为本科生上课作为基本制度,将承担本科教学任务作为教授聘用的基本条件。"

武汉大学非常重视本科教学主讲教师的选拔和培养,在教学第一线配备学术水平高、教学经验丰富的教师,鼓励知名专家学者、博士生导师为本科生授课。学校规定,有高级职称的教师原则上每学期至少应为本科生开设一门课程,对无教学经历、教学工作量不够或教学质量不达标的教师,在聘期考核中实行"教学一票否决制"。在对待本科教学问题上中国人民大学也曾规定,教授如果在一个聘期内不给本科生开设一门课程(包括选修课在内),聘期结束后将不再续聘。

在将教授为本科生授课列为学校基本制度的同时,很多学校也在积极探索将"约束性"制度转变为"激励性"机制的途径,提升教授投身本科教学工作的责任心和积极性。通过如"年度优秀主讲教授""杰出教学贡献校长奖""校级名师"和"校级教学团队"等的评选,引导教授主动从事一线教学工作,营造将本科教学作为高校最基础、最根本的工作的良好氛围,提升教授为本科生授课的荣誉感,并在校报等媒体上予以宣传和表彰。

同时,很多高校还充分考虑本科教育教学,进一步完善职务评审制度及聘任机制,科学制订教授薪酬分配方案,稳定教授队伍。这样吸引了广大教授积极主动地走上讲台,大力提高教学质量。实行聘用制度,加强聘期管理,通过聘期内定期考评,建立教师"能上能下""能进能出""岗变薪变"的用人机制。完善分类管理,做到人尽其才。比如以科研为主的教授承担着较多较重的科研任务,没有太多的时间和精力给本科生上课,可以规定每两年必须为本科生开设一门课程,不开课的学期必须给本科生开几次讲座,介绍学科前沿知识等,这样才能更符合人尽其才的原则,也更能为教授们所接受。

二、中国地质大学(武汉)高层次人才参与本科教育教学的创新机制、政策强化和保障措施

中国地质大学(武汉)历届党委和行政部门都非常重视本科教育教学工作,将本科教育教学作为学校办学的根本,不同历史时期都出台了很多政策措施支持本科教育教学。为保持学校本科教育教学的质量,学校在2016年提出建设"一流本科",各部门协同出台了系列政策措施,支持本科教育教学工作,其中包括了大量激励和约束高层次人才开展本科教育教学工作的政策和措施。

1. 强化制度约束,让人才回归本科教育教学

(1)明确岗位职责。2006年学校出台的《教师本科教学工作基本规范(修订)》就对高层次人才给本科生上课提出了具体要求。依照教学计划下达的教学任务,属学校法定的教学任务,在岗有任课资格的教师必须承担教学任务。具有高级职称的教师每学年必须至少为本科生开设一门1.5个学分以上的课程。

2007年以后学校考虑不同教师的特点,在《岗位设置管理实施办法》及其后的修订版中将教师岗位分为教学型、教学科研型、科研型等,对教师参与本科教育教学要求进一步进行了细化。例如在《岗位设置管理实施办法(2019年修订)》教学科研型教授岗位职责中规定:教授服从学校和学院(单位)教育教学工作安排;每学年完成本学院(单位)人均教学工作量的70%以上,其中每学年应为本科生独立完整讲授一门课程或与其他人合讲两门及以上课程,且一个聘期内完成不少于4周的本科实践教学(非毕业实习),积极完成研究生教学工作。聘期内教学效果优良,且本科教学综合评价未排在学院(单位)后5%两次及以上。指导本科生的实验、课程设计、生产(毕业)实习、毕业设计(毕业论文)。承担本科生学务指导工作,或本科生创新创业项目,或科研学术活动。主持校级及以上级别的教学研究项目,或公开发表T5及以上教学研究论文1篇及以上,或主编、副主编公开出版教材、教学参考书,或为本专业或者其他专业本科生开设全新的课程,或作为成员获校级一等奖及以上教学成果奖(有证书),或作为成员获省部级及以上教材奖(有教育行政管理部门文件),或指导(个人指导或作为指导小组负责人)的学生在全国或省部级各类竞赛中获得奖励。连续两年没有达到课堂教学任务要求的教师,不能聘在教授岗位工作,强制性进行转岗。同时规定,教授要负责学科、专业、学位点的申报、建设、评估、培养方案的制订和修订等本学科专业的建设与发展工作(工科专业须积极参与工程教育专业认证工作),指导教育教学改革、课程建设和实验室建设,等等。

在党委人才工作办公室和教师岗位引进与培养的人才签订的岗位任务书或聘任合同中,岗位职责的第一条就明确教授级人才必须给本科生上课,规定了最低的课堂上课学时数,并要求教学效果优良。而对博士、博士后来校工作的青年人才,特任系列文件中规定前两年不要求上课,但必须进行听课和助课,第三年开始上少量课程,前三年要过好教学关。

(2)改革评价标准。学校在教师系列的专业技术职务高聘过程中,不断完善考核评价机制,修订《岗位设置管理实施方案》,在聘任评价中强化本科教学及成果要求。

2019年修订版中对教学科研型、教学型教师、科研型教师晋升教授的条件进一步做了明确和细化。例如理科晋升教学科研型教授时要求达到以下刚性条件：每学年完成本学院（单位）人均教学工作量的70%以上，其中近4年年均为本科生授课不少于72学时，或为本科生授课不少于48学时并进行实践教学不少于3周（非毕业实习）；近4年本科教学综合评价获得学院（单位）排名前50%两次及以上，且在综合评价排名中，不能有两次排在学院（单位）后5%的记录；积极参与学科、专业及实验室建设工作，成绩显著，服从单位教学任务的安排；主持完成校级及以上教学研究项目1项，或公开发表T5及以上教学研究论文1篇，或作为骨干成员（前两名）完成省级教学研究项目1项，或作为专业评估、工程教育专业认证的骨干成员（前3名），或主编、第一副主编出版经学校立项的各类教材或研究生精品教材，或作为骨干成员（前两名）完成校级及以上认定的在线开放课程，或参加教材编写不少于5万字，或负责省部级以上教学实验室建设。没达到上述要求，不得晋升教授。此外将下列本科教育教学内容作为与科研成果并列的可选条件：获国家级教学成果奖、国家级教材奖（有教育行政管理部门文件或证书），或省部级教学成果奖一等奖（前8名）、二等奖（前5名）、三等奖（前3名），或学校教学优秀奖；指导（个人指导或作为指导小组负责人）的学生在全国各类竞赛中获二等奖及以上奖励；本科教学综合评价获得学院（单位）排名前30%两次及以上；校级教学比赛（竞赛）一等奖，或省部级以上的教学比赛（竞赛）二等奖及以上，或学校优秀班主任，或最受欢迎的老师，或最受欢迎的课程主讲教师，或在教书育人、指导与辅导学生学习、科技活动、成才成长方面取得了学院公认的成绩（须经学生、教师代表和学院一致认可证明）。

在二级、三级教授岗位分级聘任中，将国家级、省部级教学名师，国家规划教材奖，省部级教学成果奖，指导学生竞赛获全国性奖励等也纳入可选成果条件中。

（3）严格教学过程管理与考核评价。在教学质量评价、聘期考核、职称晋升中严格考核本科教学工作。2015年出台《教师本科教学质量评价办法》，根据学生评教结果，对每年度学生评教排名前10%的教师进行奖励，对后5%予以约谈并给予一定帮扶，对连续3年排名处在后5%的教师取消教师任教资格，并对调课等情况进行了严格的规定。在教师聘期考核和职称晋升中，实行教育教学一票否决制。聘期考核时，教学没有达到岗位职责要求，或者存在教学事故，无论科研做得多好，聘期考核均为不合格。职称晋升时，人事处会要求教务处对照教育教学要求一条一条地核对，凡属没达到教育教学要求的，将材料退回给学院，不受理职称评审的申请。

2. 构建奖励和荣誉体系，营造高层次人才参与本科教育教学的良好氛围

（1）开展教学名师、教学卓越奖评选表彰活动。学校2020年出台《本科教学卓越奖评选表彰管理办法（试行）》，设立本科教学卓越奖，对在本科教学中表现突出的个人和团队予以表彰奖励。具体为卓越名师奖，奖励10万元/人；卓越教师奖，奖励5万/人；卓越新秀奖，奖励3万/人；卓越团队奖，奖励10万/个。学校在每年的教学工作会议上公开授奖，引导高层次人才主动从事一线教学工作，营造将本科教学作为高校最基础、最根本的工作的良好氛围，提升他们为本科生授课的荣誉感，并在校报等媒体上予以宣传报道，号召广大教师向他们学习，发

第三节 小 结

人才培养是高校的根本任务,以高层次人才为核心的师资队伍建设是提高教育教学质量的坚实基础和根本保障。学校始终坚持和强化高层次人才在本科教育教学的核心地位和作用,充分利用高层次人才先进的教学理念、教学方法和教学手段,以及他们高水平的学术素养、丰富的学术资源,培养了一批又一批本科拔尖创新人才。高层次人才对学科专业发展的战略引领,以及面向学术前沿和国家需求的专业建设导向作用,使得传统优势专业不断改造升级和发展壮大,并衍生和带动了诸多适应时代发展的新专业,而且这些专业中部分已建成国家一流专业,取得了显著的专业建设成效,具有示范作用和推广价值。高校应该加强高层次人才队伍建设,出台一系列激励与约束的政策和措施,鼓励和促进高层次人才站在本科人才培养与专业建设的一线,充分发挥高层次人才在本科教育教学中的作用,培养一批又一批本科拔尖创新人才,为建设创新型国家贡献更大力量。

第二章 高层次人才在资源勘查工程专业发展和拔尖创新人才培养中的引领作用

专业建设和人才培养是大学的核心任务,高水平的师资队伍则是专业发展和拔尖创新人才培养的关键,而高层次人才在学科建设、科学研究、教育教学、人才培养等各方面更是具有无可替代的作用。这是因为高层次人才通常科研成果突出、学术影响力大、国内外交流与合作广泛、教学和人才培养经验丰富,具有开阔的视野和创新思维,了解科学技术和行业社会发展的态势,对专业发展趋势和人才需求变化等具有深刻的把握、敏锐的洞察和精准的预判,在专业建设和人才培养等方面具有引领作用。钱学森先生晚年曾经说过:"现在中国没有完全发展起来,一个重要原因是没有一所大学能够按照培养科学技术发明创造人才的模式去办学,没有自己独特的、创新的东西,老是'冒'不出杰出人才。"这一著名的"钱学森之问"生动说明培养方案、培养机制和培养模式是造就杰出人才的关键,而培养杰出人才的首要因素就是要有一支高层次的师资队伍来把握专业发展方向,完善培养计划和教学体系,创新培养模式,为拔尖创新人才脱颖而出创造条件。

中国地质大学(武汉)资源勘查工程专业历经70余年办学历史,不断发展壮大、推陈出新、交叉融合、改革创新,走出了一条高层次人才引领专业发展、拓展专业方向、推进地质类新工科建设、培养拔尖创新人才的特色发展道路,形成了独特的办学模式和办学思想,为新中国矿产资源和能源资源行业输送了数万名高级专门人才,作出了重要的历史性贡献。在70余年的办学历程中,以冯景兰、袁复礼、张炳熹、池际尚、袁见齐、尹赞勋、潘忠祥、杨遵义、王鸿祯、杨起、赵鹏大、翟裕生、彭志忠、李思田、夏卫华等老一辈矿床学家、石油地质学家、煤田地质学家为代表的几代资源人秉承教育报国初心,紧跟国际学术前沿和高等教育发展趋势,瞄准国家资源能源重大战略需求,在极其艰苦的条件下自力更生、艰苦奋斗,以卓越的学识、强烈的担当、开阔的视野和坚韧的改革创新精神创建了我国第一批矿产地质及勘探、煤田地质及勘探、石油与天然气地质及勘探等多个专业(资源勘查工程的前身),并在此基础上先后催生、拓展出稀有分散元素地质及勘探、放射性元素地质及勘探、建材地质、无机非金属材料、宝石学、矿产资源开发与保护、土地资源管理、油藏工程、石油工程、煤与煤层气工程、海洋科学等多个新专业或专业方向,为国家的矿产资源和能源资源勘探与开发输送了一代又一代优秀专业人才,作出了无愧于时代和历史的卓越贡献。

下面将从资源勘查工程专业的创建背景、演变历史和发展现状入手,简要回顾学术大师和著名学者在专业创办中发挥的关键作用,然后逐一分析高层次人才在教材建设、课程建设、教学和科研平台建设、创新创业教育、国际化办学等方面的作用和成效,最后总结高层次人才在专业建设和人才培养中的成效与经验。

第一节 资源勘查工程专业的创建史是一部高层次人才扎根中国大地办教育和为党育人、为国育才的奋斗史

中国地质大学(武汉)资源勘查工程专业的前身是北京地质学院建院之初创建的矿产地质及勘探、煤田地质及勘探、石油与天然气地质及勘探专业。这3个专业的主要创建人是1952年从北京大学、清华大学、天津大学、唐山铁道学院地质系调整到北京地质学院的一批中青年教授,他们中大多数有留学美国和欧洲的经历,在世界知名大学接受过系统的科学和专业训练并获得博士或硕士学位,同时具备在国内综合大学的教学科研经历,针对国内外典型矿床、煤田和油田开展过大量专门地质调查,是新中国不可多得的高级专门人才,也是新中国矿产资源/能源资源领域高等教育和科学研究的奠基人与开拓者。他们对当时矿产和能源领域的世界科技前沿以及西方发达国家在矿产与能源相关专业的课程体系及培养模式比较了解,对如何办大学和办专业有独到的思考、敏捷的眼光和开阔的视野,同时有强烈的使命担当和远大抱负,以及为党育人、为国育才的情怀。这支教师队伍的高素质和高层次决定了资源勘查工程专业的高起点和高标准,为后续几十年的专业建设、发展和创新奠定了坚实基础。

一、资源勘查工程专业建设的背景和意义

新中国成立之初,百废待兴,国家大规模经济建设和工业建设对矿产资源和能源资源提出了前所未有的需求。随着1952年北京地质学院(现中国地质大学)的成立,矿产地质及勘探、煤田地质及勘探、石油与天然气地质及勘探专业(后合并更名为资源勘查工程专业)应运而生。进入新世纪,经济的高速发展和现代化进程的快速推进使得对矿产资源的需求急剧攀升,多数大宗矿产和能源资源的国内供给严重不足,不得不依赖大量进口。最新统计资料表明,我国有32种矿产资源消费量居世界第一位,包括24种矿产资源的消费量占比超过全球的40%,铌、铬、钴、镍、锰、硼、锂、石油、铂族元素、铜、富铁矿等矿产资源的对外依存度长期处于60%以上,有的甚至达到80%~98%。我国曾经在国际上占有优势地位的稀土矿产全球占比近十年来也不断下降,优势不再甚至地位可危,国际"话语权"逐渐减弱。重要矿产和能源资源长期严重依赖国际市场的形势对国家经济安全带来严重威胁,可以预见,在未来相当长时期,我国的矿产资源需求总量仍将保持高位态势。

矿产和能源资源的足量、安全、稳定供给是经济可持发展的需要,对21世纪中叶实现中华民族伟大复兴的中国梦至关重要。要实现这一目标,必须大力加强矿产资源学科的科技创

新，而科技创新的基础和关键在于培养一大批有创新意识和使命担当的高素质人才。2017年2月以来，教育部积极推进新工科建设，先后形成发布了《关于开展新工科研究与实践的通知》《关于推进新工科研究与实践项目的通知》，目的是全力探索形成领跑全球工程教育的中国模式、中国经验，助力高等教育强国建设，为实现中华民族伟大复兴培养一大批新型工科人才。在这一形势和背景下，为解决资源形成、勘查和开发利用中的系列理论难题，突破矿产和能源资源勘探评价的技术瓶颈，大幅提升我国资源保障能力，持续输出更多的创新性高素质人才，已成为资源勘查工程专业新时期的重要使命。需要指出的是，正因为资源勘查在面向国家目标和国民经济主战场中的关键作用，她才能在70余年的发展进程中历久弥新，不断拓展新的专业方向，展现出勃勃生机和旺盛的生命力。

二、高层次人才为专业的创建和发展作出了不可磨灭的历史性贡献

高层次师资队伍决定了资源勘查工程专业的高起点和高水平，推动了专业的快速发展，在国内同类专业中起到了引领了作用。中国地质大学（武汉）的前身是1952年由北京大学、清华大学、天津大学和唐山铁道学院的地质系（科）合并组建的北京地质学院，从建校之初就继承了上述几所大学的优秀基因，汇聚了一批学术大师和高水平学者，组建了一流的师资队伍。北京地质学院最早开设的专业是矿产地质及勘探专业，两年之后又相继开设了煤田地质及勘探专业、石油与天然气地质及勘探专业（这3个专业为资源勘查工程专业的前身）。以冯景兰、袁复礼、袁见齐、张炳熹、尹赞勋、杨遵义、池际尚、王鸿祯、马杏垣、杨起、潘忠祥、赵鹏大、翟裕生等为代表的一大批欧美留学回国教授和优秀中青年骨干教师在这3个专业早期建设和后期发展的各个历史阶段都发挥了关键作用，作出了不可磨灭的贡献。在他们的带动下，资源勘查工程专业不断发展壮大，并先后拓展出7个新的专业和2个专业方向，充分体现了资源勘查工程专业的高起点以及高层次人才对资源勘查工程专业建设和发展的引领作用。

矿产地质及勘探专业、煤田地质及勘探专业、石油与天然气地质及勘探专业发展的早期阶段，虽然教育体制、教学内容和教学方法基本沿袭了苏联的高等教育体制和模式，但冯景兰、袁见齐、张炳熹、池际尚等从欧美大学留学归国的教授主张学术民主、兼收并蓄、教学相长，在学科理论、教材编写、教学内容等方面不仅有欧美矿床学的基本理论，也有苏联成矿学的观点，还有基于对中国矿床学研究的理性认识。这种兼收并蓄的学风和教风无疑对青年教师的成长、课程体系的制定、学生技能的培养产生了积极影响。

冯景兰先生是我国著名的矿床学家和地质教育家，是中国近代矿床学的主要奠基人之一。冯先生1921年于美国科罗拉多矿业学院矿山地质专业获学士学位，1923年毕业于哥伦比亚大学矿床学专业并获硕士学位，之后回国并终生献身于祖国的地质教育和矿产地质勘查事业。20世纪二三十年代，冯先生对两广地区、川滇地区、豫西地区等重要地区的矿产地质和典型矿床都开展过系统调查和研究，开辟了矿床共生、成矿控制及成矿规律等研究方向。1929年开始，冯先生先后担任北洋大学（现为天津大学）教授、清华大学地学系主任、国立西南

联合大学(简称西南联大)地学系教授和系主任,北京地质学院成立后担任该校教授,全面领导矿产地质及勘探专业的各项建设工作。冯先生与尹赞勋、张炳熹、袁见齐等教授一起系统设计了矿产地质及勘探专业的教学计划和课程安排,带领翟裕生、赵鹏大等青年教师开展教学实验室建设、教材建设和野外实践教学,使北京地质学院矿产地质及勘探专业的人才培养很快走上正轨并与欧美、苏联的同类专业培养体系全面接轨。冯先生特别重视并鼓励教材编写工作,他编写的若干教材在很长一段时间内都是国内本专业的经典教材。如1933年他就编写出版了《探矿》一书,全面扼要地介绍了当时欧美国家在矿产勘查和找矿勘探等方面的最新理论知识和技术方法,是新中国成立后第一部本专业教材《找矿勘探地质学》的蓝本和重要基础。冯先生特别重视教学与科研相结合,在他多年潜心研究矿床学问题的基础上,充分利用对国内外广大地区典型矿床考察获得的发现,深入探讨成矿理论的根本问题,在此基础上与袁见齐先生合作出版了《矿床学原理》。该书成为北京地质学院矿产地质及勘探专业和国内其他所有开设该专业的大学矿床学的经典教材。随后,冯先生又系统翻译了国外最新出版的《岩浆矿床论文集》,使之成为本专业的重要教学参考书和后期袁见齐先生主编《矿床学》教材的重要资料来源。

张炳熹先生是北京地质学院矿产地质与勘探系的创系主任,1946年赴美国哈佛大学留学,先后获得硕士和博士学位,1950年回国担任北京大学地质学系副教授,1952年开始担任北京地质学院教授,1980年当选中国科学院学部委员,1984年和1992年连续两届担任国际地质科学联合会副主席。作为主要负责人之一,张先生领导创建了北京地质学院矿产地质及勘探系和矿产地质及勘探专业,为新中国培养了一大批工业建设急需的矿产勘探人才。他亲自挂帅制订矿产地质及勘探专业的教学计划,组织各类专业课程的教学研究,安排并参加教学实习和生产实习,组织毕业论文和毕业设计,亲自规划和实施教师队伍建设方案,建立和健全教学管理规章制度等。每一项工作他都亲自过问和主持,以身作则、苦干实干,为整个矿产地质及勘探系的教师树立了榜样,为矿产地质及勘探专业的建设和发展凝聚了人心。张先生既熟悉美国的地质教育情况,又注意分析研究苏联地质教育特点,同时结合中国国情和国家需要,逐步摸索总结出自己的办学经验,一环扣一环地组织好每一项教学工作。他特别重视野外教学,每年都亲自带队到矿山实习,主持生产实习现场会议。这种重视实践教学的传统一直传承至今,是本专业人才培养的优势特色之一。他和冯景兰教授、袁见齐教授一起培养了一批年轻的教学骨干和研究生,保证了本科教学的师资力量和课程教学质量,为专业发展奠定了坚实的基础。当时因为大批学生上课,缺少矿相显微镜,他以渊博的知识和强大的动手能力与青年教师一起将数10台旧式显微镜改造成反光显微镜,保证了矿相课的实验教学。当时的矿床学课程教学缺少矿床的挂图和矿石标本,他和青年教师一起制作教学挂图,当时教学实习所用的岩浆矿床矿石组构图就是张先生亲手绘制的。他还参加挑选矿石岩石标本,配齐了一些主要矿区(如大冶铁山、铜陵铜官山等)的全套岩石、矿石标本,使学生通过矿床实习能感性和具体地认识矿床地质特征,保证了实习教学效果。当时几百人同时上课,缺少教材是突出的困难,张先生以他扎实的语言功底,带领留学归来的中青年教师一起抓紧翻译英文和俄文专业资料,编写了"矿床成因讲义"。该讲义内容丰富、论述透彻、重点突出、文字简练,深受学生和教师欢迎,不仅满足了当时教学的需要,也是后来本专业《矿床学》教材的蓝本。后来他主持编著了《中国矿床学》一书,对中国的主要矿种、矿床类型进行了实例解剖,分析了矿床的时空分布规律,提出了矿床远景评价和找矿方向,划分了综合成矿区,进行了综合成矿预测。该书被认为是"中国区域成矿学研究的杰出代表作",这种理论联系实际的成矿学专著在当时是很少见的,为今后的矿床学教学和人才培养奠定了很好的基础。张炳熹先生高度重视教师教学能力和教学团队建设。他关心青年教师成长,花费大量心血帮助他们扩展专业知识,拓宽知识面,掌握教学基本功。当时学生很多,老教师少,每年都有青年教师留校工作,但青年教师的知识结构和教学能力都还不能满足教学的需要,为此张先生每个星期三晚上专门为青年教师讲授矿床专题,持续了半年之久,对提升青年教师的教学能力帮助很大。他放手安排年轻教师讲授专业课,热情地指导他们备课、试讲,以提高他们的信心。他经常随班听年轻教师讲课,帮助他们改进教学方法,不断提高教学质量。青年教师有了疑难问题向他请教,他也不厌其烦地耐心讲解,对所有问题给出满意的回答。在张先生等教授的支持下,青年教师很快过了教学关,并且获得良好的教学效果。张先生还针对不同青年教师教学任务的特定需要个性化地指导青年教师成长,如为提高青年教师林新多矿田构造的研究和教学水平,专门为他一人开设"构造地质学"辅导讲座;为指导青年教师石准立讲授伟晶岩矿床,张先生找来用法文出版的马达加斯加伟晶岩矿床的论文,通过口译传授,指导石准立掌握了伟晶岩矿床稀有金属矿物鉴定方法,提高了教学效果。通过张先生和其他教授的努力,北京地质学院矿产地质及勘探系的青年教师迅速成长,教学和科研水平快速提升,为新专业的建设和人才培养提供了重要的师资队伍保障。

潘钟祥教授是北京地质学院石油与天然气地质及勘探专业的主要创建人和领导者之一。潘先生1931年毕业于北京大学地质系,1940年赴美国明尼苏达大学地质系学习矿床学和石油地质学,1945年获博士学位。他1946年回国后历任中山大学地质系主任、两广地质调查所所长、北京大学地质系教授。1952年北京地质学院成立后开始任该校教授,并先后担任金属及非金属矿产勘探系和石油系主任。潘先生是中国近代杰出的石油地质学家和地质教育家,中国石油勘探事业的先驱。他1941年在美国留学期间就首次提出"陆相生油"新观点,突破了当时盛行的海相生油理论,对我国近代石油工业的发展和新中国成立以来一系列大型陆相油气田的发现起到了重要的指导作用。潘先生对待教学工作十分认真,高度重视教材编写工作,亲自到生产部门搜集教材编写素材。教材初稿编写出来后,他虚心听取同事们的意见和建议,然后字斟句酌地反复修改补充,所编的教材和专著直到今天仍有重要的参考价值。石油与天然气地质及勘探专业成立不久,潘先生就结合他对中国大量油气田的考察体会及对国外一些重要产油区石油成藏条件的系统研究,领导编写了中国第一本《世界油气田地质学》教材,在那个教材匮乏的特殊年代发挥了重要作用。随后他又编写了《石油地质学原理》,主编了《石油地质学》等教材,并亲自讲授石油地质学、矿床学、古植物学等核心专业课程,培养了一大批优秀人才,为发展石油地质教育事业作出了重要贡献。

袁见齐教授是中国盐类矿床地质学的开拓者和奠基人,陆相成钾理论与高山深盆成盐模式的创立者。他的学术思想和他对盐矿资源勘探开发的重要贡献,使他在国内外地学界享有崇高声誉。袁先生自1952年开始就一直在北京地质学院工作,将自己的一生奉献给了中国的地质科学和教育事业,为本校的资源勘查工程专业建设倾注了全部心血。在北京地质学院和武汉地质学院期间,他先后担任教研室主任、系主任、教务长、院长助理、副院长等职务。不管是作为普通教师还是担任领导职务后,他都坚持在教学第一线上课,主讲了普通地质学、矿床学、非金属矿床地质学等课程。为了提高教学质量,培养合格人才,他就课程设置、实验室建设、论文选题,甚至学生的课业负担、课余活动等开展大量调查研究,开展一系列教育制度、方法、内容的改革,组织青年教师开展教育教学研究和教学观摩,不断完善课程体系和教学内容,强化实践教学。他与翟裕生和朱上庆教授合作主编了《矿床学》全国通用教材,该教材1988年获国家教育委员会优秀教材一等奖,三十多年来已成为全国地质类相关专业矿床学专业课程的首选教材。

池际尚教授(1980年当选中国科学院学部委员)是本专业创建之初少有的女教授,为专业建设和发展呕心沥血,殚精竭虑,奉献了毕生精力。池先生1949年获得美国布伦茂大学博士学位,随后到加州大学伯克利分校地质系开展博士后研究,1950年回国担任清华大学地学系副教授,1952年担任北京地质学院教授,并先后担任地质矿产专修科主任、可燃性矿产地质及勘探系副主任,协助时任系主任的王鸿祯教授创建石油与天然气地质及勘探专业。

杨起教授(1991年当选中国科学院院士)1943年毕业于西南联大地质地理气象学系,1946年研究生毕业于北京大学地质系,1952年任北京地质学院副教授,领导创建了我国第一个煤田地质及勘探专业,先后担任教研室主任、研究室主任和系副主任。煤田地质及勘探专业初创时期教材极其缺乏,杨先生同时主讲两门课,广泛查阅资料,自己编写讲义,在此基础上先后出版《煤田地质学》《中国煤田地质学》等教材和大量科研专著及教学参考书,其中《中国煤田地质学》荣获国家教育委员会全国高校优秀教材特等奖和全国优秀图书奖,这些宝贵的文献资料一直是我国煤田地质学教学、科研和人才培养的重要文献。杨起先生是新中国煤地质学科研和教育事业的奠基人和开拓者,他长期致力于我国煤田地质学、煤岩学、煤地球化学、煤层气地质学等方向的教学和科研工作,在多个领域取得了开创性成果,在煤地质学领域培养了大量优秀人才,为新中国煤田地质教育和科研事业作出了杰出贡献。

赵鹏大教授(1993年当选中国科学院院士)是新中国矿产普查与勘探专业和学科的主要奠基人之一,也是享誉世界的数学地质学家、矿产勘查学家和地质教育家,是国际数学地球科学学会最高奖——克伦宾奖章获得者(亚洲首位获奖人)。在我校的办学历史中,赵鹏大院士在办学理念、学科方向、专业发展、人才培养等诸多方面不断创新,引领了中国矿产勘查专业和学科的发展。他1952年从北京大学毕业后进入北京地质学院参与矿产地质与勘探专业的建设和相关教学工作,1954年被派往苏联莫斯科地质勘探学院攻读研究生,1958年取得副博士学位后回到北京地质学院工作至今。从苏联回到学校以后,赵鹏大承担了大量的教学和科研任务,并首次在中国招收矿产普查与勘探专业研究生。他特别重视教材编写工作,并将理论与实践相结合,1961年带领找矿勘探教研室相关教师一起编写出版了我国第一部《找矿勘探地质学》教材,首次提出了区域勘探评价的概念,强调从大区域角度研究矿床勘探程度、勘探经济及合理勘探程序。该教材在全国高等地质院校被迅速推广使用,产生了重要影响。与此同时,他带领勘探教研室年轻教师以我国著名的超大型锡矿床——云南个旧锡矿床为主要基地开展找矿勘探的产学研研究,提升了矿产勘查的教师队伍水平,为培养大批勘探人才提供了强大的师资队伍支持。在找矿勘探科研和实践教学的基础上,他在《找矿勘探地质学》教材的基础上,又组织编写出版了《矿产普查与勘探》教材,将"矿床勘探中的矿体地质研究"作为专门章节编入教材,加强了矿产勘查的理论基础,提出了系统的矿床地质及勘探方法,在勘探手段的合理选择、勘探精度的正确确定和勘探工程最佳布局等方面均提出独到见解,而且在国内首次利用数学模型模拟矿床勘探过程,受到国内外学术界和生产部门的高度重视。20世纪80年代以来,他对找矿勘探地质学和矿产普查与勘探的研究成果进行全面系统的总结,进一步完善了该学科的理论和方法,并针对矿产勘查难度日益增大的趋势,与李万亨教授一起编写出版了《矿床勘查与评价》教材,提出了集"理论找矿、综合找矿、立体找矿、定量找矿"为一体的科学找矿新思路和新方法。以赵鹏大院士为学科带头人的矿产普查与勘探学科于1988年获评国家级重点学科。进入21世纪,赵鹏大院士仍然紧跟世界科学前沿,于2001年编写出版了《矿产勘查理论与方法》教材,该教材多次修订再版或重印,是"十五""十一五"和"十二五"国家规划教材,在此基础上将矿产勘查理论与方法相继建设成为湖北省精品课程、国家级精品课程、国家级精品资源共享课,并于2020年被推荐参与首届全国教材建设奖(评审中)。在几十年的教学、科研生涯中,他出版十几部教材和教学参考书,除前述《找矿勘探地质学》《矿产勘查与评价》《矿产勘查理论与方法》等重要教材外,其他有重要影响的教材还包括《地质勘探中的统计分析》《矿床统计预测》《非传统矿产资源概论》《定量地学方法及应用》等。尤其重要的是,赵鹏大院士在20世纪六七十年代就以其高瞻远瞩的眼光和敏锐的科学思维意识到数学理论、方法和模型与传统地质学和矿产勘查学相结合的重要性,预见到这种结合将是地球科学和矿产资源学科的发展趋势与方向之一,并将它运用到其团队和专业几十年的教学与科研实践中,取得了丰硕的成果,获得了国际学术界的广泛认可和高度评价,有力促进了矿产地质与勘探、资源勘查工程专业的发展和人才培养。

翟裕生院士是我国著名的矿床学家和地质教育家,从1952年北京大学毕业后一直在我校从事教学科研工作,1999年当选中国科学院院士。在工作初期,翟裕生作为北京地质学院矿床教研室的一名助教,协助冯景兰、袁见齐、张炳熹等教授做了大量专业建设的工作。他在国内首创"矿田构造学"学科方向,并于1961年在我国高校中率先开设"矿田构造学"课程,随后主编出版我国第一本《矿田构造写概论》和《矿田构造学》教材,为推动矿田构造成为我国矿产资源学科的重要学科方向之一作出了重要贡献。20世纪80年代初期,翟裕生院士与袁见齐院士、朱上庆教授合作主编的《矿床学》一直是我国大专院校矿产类专业核心课程"矿床学"的首选教材,获地质矿产部优秀教材一等奖。翟裕生院士长期高度重视科教融合和产学研合作在专业建设和人才培养中的作用,20世纪70年代中期开始他带领本专业的科研团队和高年级学生系统研究了长江中下游成矿带铁铜多金属矿床的成矿规律,与陈毓川、李文达等专家合作建立了玢岩铁矿成矿模式和铁矿成矿系列。在他的长期努力下,本专业在长江中下游成矿带建立了6个产学研合作基地,为本专业人才培养奠定了坚实的基础。

综上所述,在一大批学术大师和知名教授的带领下,北京地质学院矿产地质及勘探系全体师生筚路蓝缕，砥砺前行，在短短10年时间内就完成和完善了矿产地质及勘探、煤田地质及勘探专业、石油与天然气地质及勘探专业的培养计划和教学体系，编写了所有主干专业课程的高水平教材、讲义和实习指导书，建成了所有主干课程的教学实验室，拓展了数十个地质填图实习区和矿山、油田、煤田生产实习基地，形成了多个教学小组和教学团队，承担了大量地质填图任务和找矿项目，将科研与教学相结合、理论与实践相结合、生产与育人相结合，专业建设和人才培养都取得了巨大成绩。20世纪五六十年代，以上专业为国家培养了万余名合格的专业技术人才，有效支撑了甘肃金川铜镍矿、大冶铁矿、克拉玛依油田、大庆油田、神府—东胜煤田等数百个矿产地的发现和开发，为新中国的工业建设和国民经济发展作出了重大贡献。

三、高层次人才引领传统优势专业的升级改造和新工科建设

资源勘查工程专业近70年的办学历史是一部不断开拓、与时俱进、创新发展的奋斗史。矿产地质及勘探、煤田地质及勘探、石油与天然气地质及勘探专业从创建开始就一直在努力创新和不断拓展，在传统专业的基础上不断拓展新的专业方向，开设新的专业，体现出强大的生命力。这种持续创新的精神和特质与知名教授和高层次人才的学术前瞻性及专业敏感性是分不开的，同时也体现了高层次人才为党育人、为国育才的情怀和担当。如放射性元素地质勘探专业的创建就与中国决心发展核武器的大局和民族需要密不可分。1955年，中央决定由陈云、聂荣臻、薄一波等领导同志负责筹建核工业，致力于发展中国自己的核武器。1956年中苏关系开始出现裂痕，1958年春中苏彻底决裂，苏联以正在和美国等国家谈判达成禁止核子试验的协定为由，停止对中国核项目的援助。中苏关系的重大转折迫使当时中国领导层下决心自力更生研制核武器，在这种大的国际形势和历史背景下，金属与非金属矿产地质及勘探专业的广大教授和学科带头人以国家需要与民族独立为己任，在已有办学基础上抽调精干力量迅速创建放射性元素地质勘探专业，致力于核工业人才的培养。当时的矿产地质勘探系从大局出发，抽调精干力量，参与创建一个全新的系（当时为了保密的需要称为三系，实际上就是核科学系），为新中国的原子能工业体系和国防建设培养专门人才。从苏联莫斯科地质勘探学院留学归国、时任勘探系主任的任湘牵头创办三系，并先后创建了放射性元素地质勘探和放射性地球物理勘探专业。这两个专业后来在全国院系调整过程中被整体并入成都地质学院（现成都理工大学），后来成为该校核技术与自动化工程学院的重要力量。随着第一个和第二个五年计划的实施，新中国的工业基础从无到有，工业体系从单一到较为系统，一些新兴工业门类开始出现并得到较快发展，对稀有分散金属元素矿产的需求增大，但当时国家很少有专门从事稀有分散元素矿产勘探和研究的技术人才。为此，在矿产地质及勘探专业的基础上于1963年新开设稀有分散元素矿产地质及勘探专业，为在较短时间内尽快查明我国稀有分散元素的资源类型、分布和潜力培养了大批急需人才。

"文革"期间，北京地质学院的矿产地质及勘探、煤田地质及勘探、石油与天然气地质及勘

探等专业的建设和教学工作受到严重影响,并于1970年被迫迁出北京,一路颠沛流离,辗转搬迁,最终于1975年定址武汉办学。1978年底召开的党的十一届三中全会标志着改革开放的基本国策正式实施,这一伟大的历史转折为本专业的发展带来了新的历史机遇。矿产资源和能源资源既具有地质属性,又具有经济属性和环境属性,矿业经济和矿产贸易与矿产勘探一样都是重要的学科领域,与国民经济建设息息相关。20世纪80年代初,我国著名勘探学家和矿业经济学家、时任金属矿产地质与勘探专业教授的李万亨和杨昌明等学科带头人敏锐地意识到,国际矿产贸易、矿业经济发展将是今后重要的学科和专业发展方向,组织论证和创建了我国高等教育史上第一个矿产资源经济专业,该专业后来并入当时新成立的经济管理系(即现在的经济管理学院),目前资源经济已成为该学院最重要和最有优势特色的学科方向。为了满足新时期城市建筑、交通运输、化学化工、硅酸盐工业、机械工业等行业对建材资源等非金属矿产的需要,由金属矿产地质及勘探专业抽调多名教授牵头于1987年创建了建材地质专业,在此基础上于1993年进一步拓展为无机非金属材料专业,现已成为我校材料与化学学院的优势特色学科方向。随着改革开放的深入和人民生活水平的提高,时任矿产系主任夏卫华教授、副主任姚书振教授、石准立教授(他们均是勘探教研室的学术带头人)等敏锐地意识到对珠宝玉石的社会需求将快速上升,经过广泛调研和论证,与1988年在全国率先创建宝石学专业。20世纪90年代初,针对当时矿产资源大规模开发引起的一系列问题,如矿业要素市场缺乏,矿业法规、制度建设严重滞后,矿业市场主体建设与市场经济体制不相适应,生态环境破坏严重等,时任系主任姚书振教授、副主任吕贻峰教授、学术带头人李江风教授、吕新彪副教授等经过充分论证和研究,于1992年创建了矿产资源开发与保护专业,随后拓展为资源环境区划与管理专业。与此同时,大规模城市建设和城镇化拉开序幕,对土地资源的需求急速上升,吕贻峰教授、李江风教授和王占岐教授于1998年创建土地资源管理专业。该专业于2012年整体与当时的政法学院合并组建公共管理学院,为我校的公共管理学科在第四轮学科评估中获得B+作出了重大贡献。另外,在石油地质及勘探专业的基础上,马正教授、费琪教授、张博全教授率领年青一代学者赵彦超教授、姚光庆教授、关振良教授、蔡忠贤教授等于1993年创建油藏工程专业,1998年进一步拓展为石油工程专业。同年,按照教育部专业目录调整方案,金属与非金属地质及勘探专业与石油与天然气地质及勘探专业合并组建资源勘查工程专业。21世纪是海洋科学的世纪,世纪之交,王华、解习农、任建业等教授为了适应新世纪对海洋科学、海洋资源、海洋工程等方向人才的需求,高瞻远瞩地提出创办海洋地质与资源专业,克服内陆大学开办海洋专业的诸多不利因素,广泛调研,反复论证,于2003年创建了海洋科学专业,现已成为我校海洋学院的主干专业和优势学科方向。随后,庄新国、焦养泉、王生维、王华等教授在其长期的科研实践和国际交流中意识到煤层气作为一种清洁能源将会在今后我国能源结构中占有越来越重要的地位,提出在煤田地质及勘探专业的基础上拓展专业方向,并于2006年成功创建煤及煤层气工程专业。2012年教育部在全国范围内再次进行专业调整,煤及煤层气工程专业与资源勘查工程专业合并,组建新的资源勘查工程专业,涵盖金属矿产、石油与天然气、煤与煤层气3个方向。

在几十年的专业发展过程中,根据国家和行业对人才的需求变化,本专业学科带头人和高层次人才不断完善专业培养计划，创新人才培养模式，提升服务行业需求的能力。1996年，经地质矿产部批准，资源勘查工程专业在全国率先设立地质工科人才培养"基地班"（工科基地班），是迄今为止全国资源勘查工程专业唯一的工科基地班，致力于培养地质矿产勘查尤其是金属矿产方向的优秀人才。工科基地班的培养模式和培养机制由姚书振教授（德国慕尼黑大学访问教授，时任中国地质大学副校长）牵头提出和顶层设计，吕新彪（教授、博士生导师，曾留学澳大利亚塔斯马尼亚大学）、胡明安（获法国奥尔良大学矿床学博士学位）、张文淮（美国地调局流体包裹体研究室访问教授）等教授直接参与论证，保证了优秀人才培养的国际化、交叉性和高起点。2008年，为满足国土资源大调查对新型人才的需求，王华、吕新彪、李江风等教授依托资源勘查工程专业在全国率先开设矿产调查与开发班，当年实现招生教学，并于2010年入选教育部首批卓越工程师计划。2017年，为满足国家和行业对新能源研究和勘查人才的需要，教育部长江学者特聘教授蒋恕、二级教授何生、地大学者学科骨干人才沈传波教授和朱红涛教授等一起论证了资源勘查工程专业新能源英才班，着眼于培养地热、天然气水合物、氢能等方向的复合型人才。目前，该方向的培养体系和培养模式已基本成型，教材建设、实习基地建设等取得显著进展，并与美国犹他大学、科罗拉多矿业学院合作共建美国西部新能源实习基地。目前，第一届学生即将毕业，学生整体素质、能力和视野令人满意。2019年，为加强大数据科学与技术在矿产资源和能源资源勘查、评价、开发中的应用，培养新型专业人才，由赵鹏大院士、夏庆霖教授（自然资源部领军人才）、左仁广教授（青年长江学者、国家优秀青年基金获得者）、陈守余教授（三级教授）、陈建国教授（三级教授、国家重点研发计划课题负责人、自然资源部重点实验室主任）提出并论证了资源勘查工程专业大数据英才班，牵头制订了培养计划，与多家单位签订了产学研合作协议，并于2020年实现招生培养。

由于学校发展和学科建设的需要，依托矿产地质及勘探、煤田地质及勘探、石油与天然气及勘探、资源勘查工程等优势传统专业创建或拓展出来的9个新专业中，除煤及煤层气工程专业并入资源勘查工程专业、石油工程专业保留在资源学院外，其他专业均相继并入学校其他学院，如无机非金属材料并入材料与化学学院，宝石学专业并入珠宝学院，土地资源管理并入公共管理学院，海洋科学专业并入海洋学院等。还有一些专业在全国的院系调整中并入到了其他学校，如放射性元素地质及勘探专业整体迁入成都地质学院。

四、高层次人才在专业培养体系建设和拔尖创新人才培养中发挥关键作用

从北京地质学院的矿产地质与勘探、石油与天然气地质及勘探、煤田地质及勘探专业到中国地质大学的资源勘查工程专业，师资队伍建设一直是专业建设的重中之重。注重引进急需拔尖人才、培养优秀青年教师一直是本专业的传统，也是本专业历经70年长盛不衰、永葆青春活力和发展动力的根本原因所在。本专业现有专职教师140余人，其中教授51人，副教授62人，实验教学和教学管理人员12人，另有博士后研究人员22人。教师队伍中包括中国科学院院士3名，长江学者特聘教授和国家杰出青年科学基金获得者5人，"四青"人才4人，

省部级人才计划入选者8人,地大学者等其他高层次人才计划入选者20名,另有二级教授8人,三级教授10人。

这些高层次人才长期工作在资源勘查工程专业建设和人才培养第一线。如中国科学院院士赵鹏大是国际数学地质学会克伦宾奖章获得者,长期担任学校领导职务,但数十年来一直指导、支持和参与资源勘查工程专业的建设,并一直坚持给本科生上课。在多年的理论研究和实践探索基础上,赵鹏大牵头的"地学类创新人才培养方法和途径"获国家教学成果二等奖。王华教授(1988年和1991年分获法国勃艮第大学硕士和博士学位)是"矿产/能源资源勘查工程"国家级教学团队(2008年入选)负责人,长期奋战在教学工作第一线,开展了大量教学研究,出版教材和教学成果专著6本,湖北省教学成果一等奖2项。李建威教授(国家杰出青年科学基金获得者、万人计划科技创新领军人才)先后主讲矿床统计预测、矿床地球化学、矿产勘查理论与方法、资源导论等本科生课程,长期参与周口店、秭归实习基地的本科生教学实习,每年均指导本科生的矿山生产实习。他牵头完成工科基地班的培养方案改革,作为骨干完成"地质学类"国家级精品视频公开课,主持完成矿石学湖北省精品视频公开课,牵头资源勘查工程国家一流本科专业建设,组织完成世界超大型矿床数据库等,高度重视教学研究和教学改革,作为主要完成人获湖北省教学成果二等奖,并被评为2020年度湖北省"十佳师德标兵"。蒋少涌教授(国家杰出青年科学基金获得者、长江学者特聘教授)一直主讲工科基地班的资源导论和面向全校新生的地球科学概论课程,常年坚持承担野外实践教学和指导生产实习。焦养泉教授负责创办了全国首个煤及煤层气工程专业,带领教师申请教育部修购专项,建成了配套齐全的专业教学实验室,近期又新建了岩芯室内教学实验室,将野外教学搬入室内,切实提高了教学效率,规划建设了野外教学基地,主持了首批全国特色专业建设和本科教学质量工程等教研项目,使新专业得以顺利运行,还结合他30年科研和教学经历编著出版《聚煤盆地沉积学》和《含煤岩系共伴生矿产》教材,其中《聚煤盆地沉积学》荣获湖北省教学成果二等奖,被专家组誉为近年来国际煤地质学和沉积学领域一部难得的优秀教科书,被教育部高校地质类专业教学指导委员会指定为推荐教材。由于长期在教学、科研和人才培养工作第一线辛勤耕耘并取得显著成绩,焦养泉教授于2019年被授予全国模范教师称号。姚书振教授与自然资源部科技创新领军人才夏庆霖教授牵头成功申报固体矿产勘查国家级实验教学示范中心并先后担任中心主任,为该中心的建设和发展投入了大量精力和心血。吕新彪教授牵头成功申请矿产资源形成与勘查开发国家级虚拟仿真实践教学中心并担任中心主任,长期担任专业核心课程矿床学的主讲教师,积极开展教学研究,获得国家教学成果二等奖(排名第二)1项,省级教学成果一等奖和二等奖3项。

长期以来,资源勘查工程专业高度重视教学团队建设,以教学团队带动教材建设、课程建设和教学改革,在20世纪80年代就形成了稳定的教学和科研团队,如以袁见齐院士、翟裕生院士和朱上庆教授为团队带头人的矿床学方向;以翟裕生院士、林新多教授、姚书振教授为团队带头人的矿田构造方向;以赵鹏大院士、李万亨教授、熊鹏飞教授为团队带头人的矿产勘查理论与方法方向;以赵鹏大院士、李紫金教授、胡旺亮教授为团队带头人的数学地质与矿床统计预测方向;以卢作祥教授、范永香教授、刘辅臣教授和张均教授为团队带头人的成矿规律与成矿预测方向;以李万亨教授、杨昌明教授为团队带头人的矿床经济评价方向;以徐国风教授、左大华教授为学术带头人的矿相学方向;以张文淮教授和陈紫英教授为团队带头人的流体包裹体方向等。在此基础上,以教学团队为单位和基础,系统开展相关专业课程和实验课的建设,组织教学改革和教学研究,实施实践教学和实验室建设等。进入21世纪以来,本专业以新的课程体系为基础,组建了8个课程教学团队和6个实践教学团队,团队负责人均由知名学者、国家级或省部级人才、二级教授或三级教授担任。另外,本专业还在每个野外实习基地组建了实践教学团队,团队负责人均由教授担任,领导实践教学团队积极拓展教学资源,优化教学路线,优化教学内容,创新教学模式,编写实践教学教材等。在此基础上由王华教授牵头申报了国家级教学团队并成功获批,统筹推进资源勘查专业的教育教学研究。

本专业还充分利用国家、地方和学校的人才引进政策,构建了一支理论水平高、工程实践经验丰富的兼职教师队伍。现有兼职教授26人,包括贾承造、金之钧、邹才能、侯增谦、康玉柱、王双明等院士,Daniel Harlov,Paul Dirks,David Selby,以及陈衍景、周美夫等国内外知名学者及何治亮、吕新华、何发岐等行业顶尖专家。这些兼职教授来自国内外著名高校、科研院所、大型企事业单位,其主要职责是为本专业本科生开设实践类课程和工程案例讲座,指导学生开展项目研究、工程设计和专业实习等,在本专业的创新人才培养过程中发挥了重要作用。

五、高层次人才引领下的专业建设效果和人才培养质量

经过近70年的发展,中国地质大学(武汉)资源勘查工程专业在冯景兰、袁复礼、袁见齐、张炳熹、尹赞勋、杨遵义、池际尚、王鸿祯、马杏垣、杨起、潘钟祥、赵鹏大、翟裕生、李万亨、徐国风等老一辈学术大师的带领下,在陈发ương、徐怀大、王燮培、孙永传、贾振远、费琪、李思田、夏卫华、石准立、范永香、卢作祥、刘辅臣、李紫金、熊鹏飞、吴冲龙、姚书振、胡明安、张文淮、张均、曹新志、赵永鑫等知名学者的传承下,在郝芳、王华、解习农、庄新国、何生、陈红汉、焦养泉、任建业、姚光庆、吕新彪、魏俊浩、夏庆霖、李建威等中青年学者的继往开来下,专业建设成就斐然,产生了重要的影响力和辐射带动作用。具体表现如下。

(1)教材建设取得丰硕成果。先后编写出版了《矿床学》《找矿勘探地质学》《石油地质学》《煤田地质学》《矿相学》《矿物中包裹体的研究及其在地质上的应用》《矿床统计预测》《流体包裹体地质学》《矿产预测的理论与实践》《矿田构造与成矿》《矿田构造学》《成矿规律和成矿预测学》《矿产预测学概论》《地质矿产点源信息系统设计原理及应用》《矿床技术经济评价》《矿产勘查与评价》《矿产勘查理论以方法》等教材和配套的实习指导书。其中,由袁见齐院士等主编的《矿床学》及其实习指导书于1987年获地质矿产部第一届全国地质类高校优秀教材一等奖,于1988年再次获得国家教育委员会优秀教材奖一等奖;由赵鹏大院士等主编的《矿床统计预测》及其实习指导书和由翟裕生院士主编的《矿田构造学》均于1996年获原地质矿产部第三届全国地质类高校优秀教材二等奖;由吴冲龙教授、汪新庆副教授等主编的《地质矿产点源信息系统设计原理及应用》于1997年获得全国优秀科技图书二等奖。《矿产勘查理论与

方法》与《矿产勘查理论与方法实习指导书》2007年获得"湖北省100种好书"称号；矿产勘查与评价和矿床学2002年获得湖北省优质课程，资源勘查理论与方法、矿床学和资源信息系统2006年获得湖北省精品课程，《矿产勘查理论与方法》和《石油及天然气地质学》被评为国家级精品课程并入选国家规划教材。这些教材都具有相当高的质量和学术水平，被国内相关高校的同类或相近专业广泛采用，有的教材经多次修编与再版，沿用至今。

(2)教学实验室建设成效显著。教学实验室从无到有，从单一到系统，从简单到综合。目前，已经建成以固体矿产勘查国家级实验教学示范中心和矿产资源形成与勘查开发虚拟仿真国家级实验教学中心为代表的高水平、综合性、复合型教学实验平台体系。其中固体矿产勘查国家级实验教学示范中心现有矿床学实验室、矿石学实验室、流体包裹体实验室、找矿勘探实验室、数学地质与遥感地质实验室、重砂与选矿实验室、地学信息实验室7个专业教学实验室和2个依托国家与部门重点实验室的大学生创新基地，实验室用房总面积约1100m^2，拥有实验仪器设备321台(套)，仪器总价值2000万元。矿产资源形成与勘查开发虚拟仿真实验教学平台由固体矿产资源形成与勘查开发模拟仿真教学实验平台、油气资源形成与勘查开发虚拟仿真教学实验平台、宝玉石设计与加工虚拟实验教学平台组成，可以开展矿床形成过程模拟、矿田构造应力场模拟、矿山勘查虚拟设计、三维矿体圈定、模拟真实矿山储量估算、矿山开采方案虚拟设计，开展构造变形的数值模拟实验、层序形成过程模拟仿真实验、含油气系统演化过程模拟仿真实验、油藏开发过程模拟仿真实验、全液压动力头钻机关键部件有限元模拟仿真实验、珠宝首饰设计仿真实验、宝石琢型设计仿真实验、JewelCAD珠宝首饰设计仿真实验、钻石光学效果数值模拟实验、钻石原石设计仿真实验、宝石合成仿真实验等实验项目，并通过网络管理平台在各实验室终端上实现实验项目的教学、练习、培训、考试等功能。基于该平台还可以根据不同类型矿床形成的地质环境、成矿场边界条件和控矿的主要物理、化学作用过程，开展热液矿床形成过程模拟、矿床成矿模式三维模拟、矿产远景区综合预测、深部矿体预测、详查阶段矿产勘查工程设计、沉积过程的仿真实验、储层类型仿真实验、烃源岩热演化及成熟生烃仿真实验、油气运移仿真实验、油气差异聚集仿真实验、油气藏的保存与破坏实验等新的模拟仿真实验项目。

(3)野外实践基地和产学研实习基地建设上新台阶。已建成周口店、秭归、北戴河、大冶、通山—咸宁和江汉油田六大实践教学基地，新开辟澳大利亚北部芒特艾萨地区、美国西部犹他地区、欧洲阿尔卑斯等海外实践教学基地，还与英国杜伦大学、新加坡国立大学、波兰什切青大学等国外一流大学合作共建海外联合野外实践教学基地。与各大矿业公司、油田企业、地勘系统单位等单位长期稳定合作，共建产学研实习基地26个，如宝武钢铁集团大冶铁矿、大冶有色金属公司、紫金矿业公司、西部矿业公司、云南锡业公司、迪庆有色金属有限公司、中石油和中石化下属多个油田、中核集团208地质队等。这些实习实践基地为培养学生的动手能力、创新意识、科学思维和综合素质发挥了重要作用，为本专业的创新人才培养提供了坚强后盾和坚实基础。

(4)专业培养体系和人才培养模式持续创新。本专业高度重视教学研究，承担了上百项教学研究项目，出版了《高等地质教育的思考与实践》《国土资源部地质工科人才培养基地建设的探索与实践》《地学类创新人才培养方法和途径》《创办资源类优势专业的理论与实践》等一批教学研究类专著,获得了多项国家和湖北省教学成果奖,如"地学类创新人才培养方法和途径"获国家教学成果二等奖,"计算机辅助区域地质填图系统""地质类理工科本科生实践能力培养模式与途径""333人才培养模式创建与实践"等获湖北省教学成果一等奖,"新型地质工科人才综合素质、能力培养的方法与途径"和"发挥传统优势专业的辐射带动作用、实现相关新专业的成功拓展"获湖北省教学成果二等奖。近年来承担了国家虚拟仿真实验教学项目、教育部地质类专业新工科建设研究与实践等教学改革项目,持续推进教学改革和人才培养机制创新,形成了较为先进的教育理念和人才培养模式,相关经验和成果多次在全国工程教育峰会、地质类专业教学指导委员会会议、中国地质教育年会、国家级实验教学示范中心联席会、地质工程学科院长论坛等会议上作邀请报告或成果交流,产生了重要影响。本专业在全国率先通过第一轮和第二轮专业认证,牵头或作为主要单位参与制定了地质类专业教学质量国家标准、工程教育认证标准(地质类专业补充标准)、卓越工程师教育培养计划(资源勘查工程专业标准)。

(5)已成为我国重要的矿产和能源资源高层次人才培养高地。在1996年、2004年、2007年全国同类专业评比中,本专业均名列第一,并在2007年被教育部认定为国家一类特色专业并评定为A++专业。在由武汉大学中国科学评价研究中心、中国科教评价网和中国教育质量评价中心共同完成的2014-2015年度中国资源勘查工程专业竞争力排行榜中,本专业在全国40家开设本专业大学排名中再次荣登榜首。2013年,资源勘查工程率先通过专业认证,是国内地质类专业第一个通过认证的专业,2017年再次率先通过第二轮认证,认证时效为6年。2019年,资源勘查工程专业入选首批国家一流本科专业。

(6)为国家和行业培养了一大批学术精英、行业领袖和数万名专门人才。本专业创建至今,已为国家培养了2万多名高级专门人才,他们中的大多数数十年如一日奋战在国民经济主战场,为寻找和开发国家矿产与能源资源贡献了毕生精力,作出了重要贡献,受到行业和社会的广泛赞誉。本科毕业生中涌现出以侯启军(国家石油天然气管网集团有限公司总经理)、李金发(中国地质调查局副局长)等为代表的一大批行业翘楚和以张彭熹、马宗晋、秦蕴珊、傅家谟、汤中立、胡见义、马瑾、钟大赉、金翔龙、欧阳自远、戎嘉余、金振民、李家彪、郝芳、潘永信15位院士为代表的学术精英。

(7)拓展和催生了11个新专业或专业方向。在70年的专业建设和发展过程中,本专业的高层次人才和几代师生不忘初心、牢记使命,依托本专业先后创建了稀有分散元素地质及勘探、放射性元素地质及勘探、非金属材料、矿产经济、宝石学、油藏工程(石油工程)、矿产资源开发与保护、土地资源管理、煤与煤层气工程、海洋科学、空间信息与数字技术11个新专业,近年来又相继开设新能源和地学大数据专业方向,近期拟在此基础上申报新专业。这些专业部分调整到其他院校,部分整合为新的资源勘查工程专业,部分合并到我校经济管理学院、珠宝学院、材料与化学学院、公共管理学院、海洋学院、计算机学院,并有效支撑了多个硕士、博士学位点和博士后流动站的建设,有力促进了我校的学科发展。

第二节 高层次人才主导教材和课程建设

一、高层次人才主导的教材建设

1. 教材建设的成果

教材建设是高校学科与专业建设的重要组成部分，是开展教学工作和课程建设、实现课程目标和培养优秀人才的重要保证。高层次人才历来重视我校传统优势专业资源勘查工程的教材建设工作，并自觉积极投身教材建设，近年来以主编身份编写出版国家级规划教材、行业规划教材、学校规划教材多部（表2-1）。如"十一五"期间出版《矿产勘查理论与方法》《石油与天然气地质学》《矿床学》《油气勘查与评价》《矿床地球化学》等教材；"十二五"期间出版3部规划教材"Reservoir Digenesis and Quality Prediction"、《聚煤盆地沉积学》和《应用层序地层学》，两部普通教材《煤地质学》和《煤深加工与综合利用》，以及10部实习教程与指导书《地震地质综合解释实习教程》《油气勘查技术与评价实习指导书》《江汉油田油矿教学实习指导书》和《石油勘探构造分析实习指导书》等；"十三五"期间出版了《油气地球化学》《周口店野外地质教学指导书》《金属矿产系统勘查学》《含煤岩系矿产资源》等规划教材，再版了《石油与天然气地质学》《矿产勘查理论与方法》等规划教材。这些教材几乎涵盖了所有主干专业课程，有效地保证了教材的选用，丰富了学生的学习内容，为教育教学和人才培养作出了重要的贡献。

高层次人才主导建设的教材也在国内不同高校被广泛使用，并多次获各类奖项。如2010年全国模范教师、焦养泉教授作为主编建设了校内胶印教材《聚煤盆地沉积学》，并开始在教学中使用。该教材于2012年申请获批为学校"十二五"重点规划教材（地大校办字〔2012〕36号文件），2015年由中国地质大学出版社正式出版。该教材是教育部、财政部首批特色专业建设（TS2307）教材，同时被列为教育部"卓越工程师教育培养计划"专业教材，以及教育部高校地质类专业教学指导委员会指定推荐教材。该教材分别荣获2016年中国地质大学（武汉）教学成果一等奖、2018年湖北省高等学校教学成果二等奖（图2-1）。2020年，该教材受学校推荐参评全国教材建设奖，焦养泉教授还受学校推荐参评全国教材建设先进个人。王华教授等主编的《应用层序地层学》是石油高等院校特色规划教材，被长江大学、西南石油大学、中国石油大学（北京）、成都理工大学、西安石油大学等多所高校使用，获中国石油化工协会优秀教材奖（图2-2）；何生教授等主编的《石油及天然气地质学》入选"十一五""十二五"国家级规划教材，2020年受学校推荐参评全国教材建设奖。

图 2-3　赵鹏大院士牵头主持《数字地质学》教材编写

二、高层次人才主导的课程建设

1. 课程教学与教改研究

高层次人才积极承担核心专业课和主干专业选修课的教学工作，近年来承担的本科生课程如表 2-2 所示，承担的教改项目如表 2-3 所示。

表 2-2　高层次人才近年承担的课程教学任务

序号	学年	学期	课程	课程性质	学时	教师
1	2018—2019	1	沉积盆地分析	选修	32	陈思、甘华军、刘恩涛
2	2019—2020	1	沉积盆地分析	选修	32	陈思、甘华军、刘恩涛
3	2018—2019	1	煤层气地质学	必修	56	甘华军、严德天
4	2019—2020	1	煤层气地质学	必修	56	甘华军、严德天
5	2018—2019	1	煤与煤层气资源勘查	必修	48	严德天、张政
6	2019—2020	1	煤与煤层气资源勘查	必修	48	严德天、张政
7	2018—2019	1	区域地质调查	必修	32	陈超、高顺宝、郑有业
8	2019—2020	1	区域地质调查	必修	32	陈超、高顺宝、郑有业
9	2018—2019	1	旅游地质资源	任选	24	陈思

续表 2-2

序号	学年	学期	课程	课程性质	学时	教师
10	2019—2020	1	旅游地质资源	任选	24	陈思
11	2018—2019	1	矿床地球化学	选修	32	赵葵东、赵新福
12	2019—2020	1	矿床地球化学	选修	32	赵葵东、赵新福
13	2019—2020	1	油气储层地质学	选修	32	李嘉光
14	2019—2020	1	含油气盆地沉积学	必修	64	陈思、杨香华
15	2019—2020	1	石油勘探构造分析	选修	32	刘晓峰、沈传波
16	2019—2020	1	资源导论	必修	16	陈红汉、焦养泉、李建威
17	2019—2020	1	资源导论	必修	16	蒋少涌、魏俊浩
18	2019—2020	1	层序地层学	选修	32	石万忠、朱红涛
19	2019—2020	1	石油及天然气地质学 A	必修	80	郭小文、何生、王芙蓉
20	2019—2020	1	专业英语	选修	32	李欢、赵葵东、赵新福
21	2019—2020	1	专业文献检索	选修	16	赵葵东、赵新福
22	2019—2020	1	煤岩、煤化及地球化学	必修	72	甘华军、李晶、庄新国
23	2018—2019	1	矿床地球化学	选修	32	赵葵东、赵新福
24	2019—2020	1	矿床地球化学	选修	32	赵葵东、赵新福
25	2018—2019	1	矿床地球化学	必修	32	赵葵东、赵新福
26	2019—2020	1	矿床地球化学	必修	32	赵葵东、赵新福
27	2018—2019	1	矿床学教学实习（大冶）	实践	32	曹晓峰、苏慧敏、杨振
28	2019—2020	1	矿床学教学实习（大冶）	实践	32	曹晓峰、苏慧敏、杨振
29	2018—2019	1	煤层气藏分析	必修	40	甘华军、严德天
30	2019—2020	1	煤层气藏分析	必修	40	甘华军、严德天
31	2018—2019	1	煤层气地质课程设计	实践	64	伏海蛟、甘华军、严德天
32	2019—2020	1	煤层气地质课程设计	实践	64	伏海蛟、甘华军、严德天
33	2016—2017	1	煤与瓦斯共采	必修	48	伏海蛟、李国庆
34	2017—2018	1	煤与瓦斯共采	必修	48	伏海蛟、李国庆
35	2016—2017	1	区域地质调查	必修	32	陈超、高顺宝、郑有业
36	2017—2018	1	区域地质调查	必修	32	陈超、高顺宝、郑有业
37	2016—2017	1	石油技术经济学	选修	32	张磊
38	2017—2018	1	石油技术经济学	选修	32	张磊
39	2016—2017	1	石油勘探构造分析	选修	32	刘晓峰、沈传波
40	2017—2018	1	石油勘探构造分析	选修	32	刘晓峰、沈传波

续表 2-2

序号	学年	学期	课程	课程性质	学时	教师
41	2016—2017	1	油(气)层物理学	必修	48	孟庆帮、王金杰
42	2017—2018	1	油(气)层物理学	必修	48	孟庆帮、王金杰
43	2016—2017	1	专业教学实习(通山—咸宁)	实践	32	李国庆、严德天
44	2017—2018	1	专业教学实习(通山—咸宁)	实践	32	李国庆、严德天
45	2016—2017	1	专业教学实习(通山—咸宁)	实践	32	陈振林、梅廉夫、叶加仁
46	2017—2018	1	专业教学实习(通山—咸宁)	实践	32	陈振林、梅廉夫、叶加仁
47	2017—2018	1	层序地层学	必修	48	石万忠、朱红涛
48	2018—2019	1	层序地层学	必修	48	石万忠、朱红涛
49	2018—2019	1	沉积岩研究方法	选修	32	孙梦迪
50	2018—2019	1	含油气盆地沉积学	必修	64	陈思、杨香华
51	2017—2018	1	矿产资源经济学	必修	40	张道涵
52	2018—2019	1	矿产资源经济学	必修	40	张道涵
53	2017—2018	1	矿产资源经济学	选修	40	张道涵
54	2018—2019	1	矿产资源经济学	选修	40	张道涵
55	2017—2018	1	矿产综合勘查技术	必修	64	赵志新
56	2018—2019	1	矿产综合勘查技术	必修	64	赵志新
57	2017—2018	1	矿床地球化学	必修	32	赵葵东、赵新福
58	2018—2019	1	矿床地球化学	必修	32	赵葵东、赵新福
59	2017—2018	1	矿床学 B	必修	64	苏慧敏
60	2018—2019	1	矿床学 B	必修	64	苏慧敏
61	2017—2018	1	煤层气藏分析	必修	40	甘华军、严德天
62	2018—2019	1	煤层气藏分析	必修	40	甘华军、严德天
63	2017—2018	1	煤层气地质课程设计	实践	64	伏海蛟、甘华军、严德天
64	2018—2019	1	煤层气地质课程设计	实践	64	伏海蛟、甘华军、严德天
65	2018—2019	1	煤深加工与综合利用	选修	32	李晶
66	2018—2019	1	煤岩、煤化及地球化学	必修	72	甘华军、李晶、庄新国
67	2018—2019	1	煤与瓦斯共采	必修	48	伏海蛟、李国庆
68	2018—2019	1	生产测井	选修	32	孟庆帮
69	2018—2019	1	石油及天然气地质学 A	必修	80	郭小文、何生、王芙蓉
70	2018—2019	1	石油技术经济学	选修	32	张磊
71	2018—2019	1	石油勘探构造分析	选修	32	刘晓峰、沈传波
72	2018—2019	1	水平井技术	选修	32	邵春、阚长宾
73	2018—2019	1	岩芯编录	实践	16	荣辉、孙梦迪、姚光庆

续表 2-2

序号	学年	学期	课程	课程性质	学时	教师
74	2018—2019	1	油(气)层物理学	必修	48	孟庆帮、王金杰
75	2018—2019	1	油藏数值模拟	选修	32	关振良、吴正彬
76	2018—2019	1	油气储层地质学	选修	32	李嘉光
77	2018—2019	1	油气地球化学	必修	64	胡守志、宋宇
78	2018—2019	1	油气地质综合课程设计	实践	80	曹强、黄耀琴、刘昭茜、马奔奔、宋宇、唐大卿
79	2018—2019	1	油气钻井与完井工程	必修	48	顾军、邵春、阚长宾
80	2018—2019	1	油田化学	必修	32	张磊
81	2018—2019	1	资源导论	必修	16	蒋少涌、魏俊浩
82	2018—2019	1	资源导论	必修	16	陈红汉、焦养泉、李建威
83	2019—2020	1	沉积岩研究方法	选修	32	孙梦迪
84	2019—2020	1	地球科学概论	任选	24	龚一鸣、贾洪彪、蒋少涌、金振民、马昌前、梅廉夫、祁士华、王国灿、王红梅、吴元保、熊熊、殷坤龙
85	2019—2020	1	地热学基础	必修	48	蒋恕、葛翔、沈传波
86	2019—2020	1	煤深加工与综合利用	选修	32	李宝庆、李晶
87	2019—2020	1	煤岩、煤化及地球化学	必修	72	甘华军、李宝庆、李晶、汪小妹
88	2019—2020	1	盆地沉积学	必修	48	陈思、杨香华
89	2019—2020	1	石油渗流力学	必修	32	王姣
90	2019—2020	1	岩芯编录	实践	16	荣辉、孙梦迪、姚光庆
91	2019—2020	1	油气地球化学	必修	64	胡守志、李水福、阮小燕、宋宇
92	2019—2020	1	油田化学	必修	32	张磊
93	2019—2020	1	资源导论	必修	16	蒋恕、陈建国、陈守余、韩元佳、焦养泉、李建威、沈传波

表 2-3 高层次人才 2017—2019 年承担的教学教改项目

序号	立项年份	项目名称	类型	负责人	参与人
1	2017	《矿产勘查理论与方法》教材修编	本科教学工程	赵鹏大、魏俊浩	
2	2018	《煤化学》实习课程教学内容建设与改革	校级	汪小妹	庄新国、王小明、潘思东、李晶、甘华军
3	2018	平面径向流模拟实验教学平台建设	省级立项	蔡忠贤	潘琳、周红、王娥、朱芳冰
4	2018	《油气地球化学》教材建设	本科教学工程	李水福	胡守志、阮小燕、宋宇、张延延、汪航、高超
5	2018	《资源勘查工程》一流本科专业建设	本科教学工程	李建威	石万忠、王华、吕新彪、陈红汉、焦养泉、沈传波、张建华
6	2018	《油气开发地质学》教材建设	本科教学工程	谢丛姣	杨峰、龚斌
7	2018	《含煤岩系伴生矿产》教材建设	本科教学工程	焦养泉	荣辉、汪小妹、吴立群、李晶、王小明
8	2019	非常规页岩油气能源地质与工程一体化开发虚拟仿真	省级虚拟仿真实验教学项目	蒋恕	王磊、陈国辉、杨峰、孙梦迪
9	2019	我校资源学院与澳大利亚詹姆斯库克大学本科生联合地质实习的研究与实践	校级	李占轲	李建威、Paul Dirks、陈志军、文广
10	2019	新工科背景下新能源英才班建设与改革实践	本科教学工程	沈传波	石万忠、朱红涛、李纯泉、蒋恕、唐大卿、葛翔、胡守志、刘强虎
11	2019	新工科背景下资源勘查工程大数据英才班建设	本科教学工程	陈建国	陈守余、夏庆霖、梅红波、徐元进、王成彬、赵江南、张洁
12	2019	《油气藏工程》MOOC课程建设（地学类专业课）	本科教学工程	蔡忠贤、周红	潘琳、王娥、朱芳冰
13	2019	《含油气盆地构造学》教材建设	本科教学工程	唐大卿	梅廉夫、沈传波、张树林、刘晓峰、刘昭茜
14	2019	资源类专业特色的秭归实践教学体系建设	本科教学工程	刘晓峰	石万忠、沈传波、谢丛姣、周江羽、王家豪、孙华山、王小明

续表 2-3

序号	立项年份	项目名称	类型	负责人	参与人
15	2019	《矿石学》MOOC 课程建设	本科教学工程	张金阳、杨梅珍	李占轲、江满容、李建威、蒋少涌、魏俊浩
16	2019	《矿床学》MOOC 课程建设	本科教学工程	吕新彪、曹晓峰	杨振、赵新福、李建威、蒋少涌、丁振举、孙华山、皮道会、王敏芳、刘锐、何谋春、苏慧敏
17	2019	《流体包裹体》MOOC 课程建设	本科教学工程	赵葵东、王晓蕊	徐耀明、杨生科、李建威、蒋少涌、伍刚
18	2019	新工科背景下石油工程国际化人才培养实训基地建设	本科教学工程	朱芳冰、王姝	潘琳、袁江、蔡忠贤、周红
19	2019	《石油及天然气地质学》MOOC 课程建设(地学类专业课)	本科教学工程	何生、王芙蓉	徐思煌、叶加仁、张树林、郭小文、陈振林、李纯泉、侯宇光、董田、韩元佳、曹强、刘建章、平宏伟、徐尚、滕长宇

2. 精品课程建设效果

精品课程建设可以汇集优质的教学资源,不仅使学校相关专业学生得到良好的教育,而且可以在全校乃至全国更大范围内实现教学资源共享。特别是 2020 年上半年"新冠肺炎疫情"期间,精品资源共享课、网络在线课程(MOOC 课)在教育教学中发挥了重要的作用。资源勘查工程专业长期以来都非常重视精品课程建设,并且这些课程都是由高层次人才进行主导,因为高层次人才具有开阔的国际视野、丰富的教学经验,具有强烈的"立德树人、为党育人、为国育才"的情怀。2006 年以来,矿产勘查理论与方法和石油及天然气地质学两门课程入选国家级精品课程,矿床学和资源信息系统两门课程入选省级精品课程,矿石学入选校级精品课程。其中,矿产勘查理论与方法和石油及天然气地质学两门课程均于 2013 年入选教育部"国家级精品资源共享课立项项目"(表 2-4)。蒋少涌教授主持的矿产资源导论获 2013 年湖北省精品视频公开课,李建威教授参与建设的地质类专业导论获 2016 年国家级精品视频公开课。2019—2020 年,建成国家一流课程 3 门,分别是:陈志军教授负责的"大冶铁矿矿床学虚拟实习"在 2019 年度获批国家虚拟仿真实验教学项目(虚拟仿真"金课"),为我校唯一入选项目,2020 年被认定为国家首批虚拟仿真"一流课程";吕新彪教授负责的矿床学和焦养泉教授负责的聚煤盆地沉积学两门课程获评 2020 年线下国家一流本科课程(表 2-4)。目前正在建设核心专业课 MOOC 课程 12 门。

表 2-4　高层次人才主导的精品课程建设统计表

序号	级别	课程名称	项目负责人	批准年份	备注
1	国家级	矿产勘查理论与方法	曹新志	2007	2013年入选教育部"国家级精品资源共享课立项项目"
2	国家级	石油及天然气地质学	徐思煌	2009	2013年入选教育部"国家级精品资源共享课立项项目"
3	省级	矿床学	吕新彪	2006	2020年入选线下国家首批"一流本科课程"
4	省级	资源信息系统	吴冲龙	2006	
5	校级	矿石学	杨梅珍	2008	
6	省级	矿产资源导论	蒋少涌	2013	湖北省精品视频公开课
7	国家级	地质类专业导论	李建威	2016	国家级精品视频公开课
8	国家级	大冶铁矿矿床学虚拟实习	陈志军	2019	2019年获批国家虚拟仿真实验教学项目（虚拟仿真"金课"），2020年被认定为国家首批"一流本科课程"
9	国家级	聚煤盆地沉积学	焦养泉	2020	2020年入选线下国家首批"一流本科课程"

第三节　高层次人才在教学及科研平台建设中的作用与成效

学院引进或培养的高层次人才在资源勘查工程专业教学实验平台建设过程中起到核心作用、引领作用和示范作用。资源勘查工程专业的高层次人才学术视野开阔，长期从事科研工作，善于开发新的教学实验、更新实验内容，并将最新科研成果与教学实验相结合进行创新，促进科研成果与教学实验的共同发展，有助于提升教学实验平台建设的前沿性和创新性。

高层次人才积极参与资源勘查工程专业教学实验平台建设，有效提升教学实验平台的创新能力。高层次人才一般都有在欧美名校任教、求学、访学、交流的经历，接受过高层次教育，他们经常活跃于学科领域的最前沿，跟踪学科前沿，学术、科研成果突出，对学科的前沿知识有着自己独到的见解，平时也经常参与引导学科发展方向的科学研究，教学经历也较丰富，在学术研究、科研创新和教学的使命上担当着领军人物的角色。

高层次人才往往具有学术造诣深、专业知识扎实、理论基础雄厚、学术思想活跃的优势，且具有丰富的经验，了解与本学科相关的边缘学科知识。同时，高层次人才大都具有较强的创新意识，敢于追求真理、挑战权威，大胆发挥自己的创造性思维，展现创新能力，在对学科前沿知识与技能的吸收、消化、掌握和再创新等方面更有自己的独到之处。他们的科学素质使他们在教学实验过程中，不仅能把知识传授给学生，而且能及时充实、更新和改革教学内容，给学生传授学科最前沿的知识，为学生展现学科的全貌及未来，使学生扎实地掌握专业基础知识，开阔专业视野，对学生的创新能力的培养起着潜移默化的影响。此外，高层次人才凭借其开阔的视野、渊博的学识、丰富的教学和科研经验，实验授课内容较为前沿、深刻，在教学实验过程中也能为学生提供更多可选择的实验方法、实验技能和动手操作机会，并注重培养学生创新能力以及独立学习知识、运用知识的能力。

高层次人才积极参与资源勘查工程专业教学实验平台建设，有效提升教学实验平台的教学效果和学生主动学习能力。高层次人才不仅治学严谨，而且具有较高的文化素养、渊博的知识、先进的理念、崇高的师德、高尚的品格以及爱国敬业、脚踏实地、乐于奉献的敬业精神。在教学实验过程中，高层次人才对学生的影响，不仅仅体现在知识和能力上，更体现在思想和人格上，能有效提高本科生的专业素质、道德素质、身心素质以及文化素质。

一、高层次人才在教学平台建设中的成效

资源勘查工程专业是融地质理论、勘查技术、矿业经济与环境及矿业政策法规于一体的综合性、应用性很强的工科专业，主要培养具有基础扎实、知识结构宽厚、专业技能熟练的研究型与实用型高级人才，具有"宽基础、重能力"的专业特色。其中，实践性强是资源勘查工程专业的主要特点之一，这对资源勘查工程专业教学实验平台建设提出"实验、实习、综合作业、设计等实验一实践环节有机结合，实现专业实践能力全面均衡发展"高标准要求和需求，这也对高层次人才在资源勘查工程教学平台建设中的作用提出了更高的要求和需求。

在高层次人才的引领下，形成了一个中心、两个市场、四个平台、五类实验、五个结合的资源勘查工程专业教学实验平台建设体系和理念(图2-4)，获批了两个国家级教学实验示范中心、一个湖北省级教学实验示范中心，即国家级固体矿产资源勘查教学实验示范中心、国家级矿产资源形成与勘查开发虚拟仿真教学实验示范中心和湖北省能源地质与工程教学实验示范中心。

资源勘查工程专业教学实验理念是：以能力培养为核心，坚持理论联系实际，培养严谨科学态度，深化理论认识，强化技能训练和工程训练，激发创新意识，促进学生知识、能力和素质协调发展。

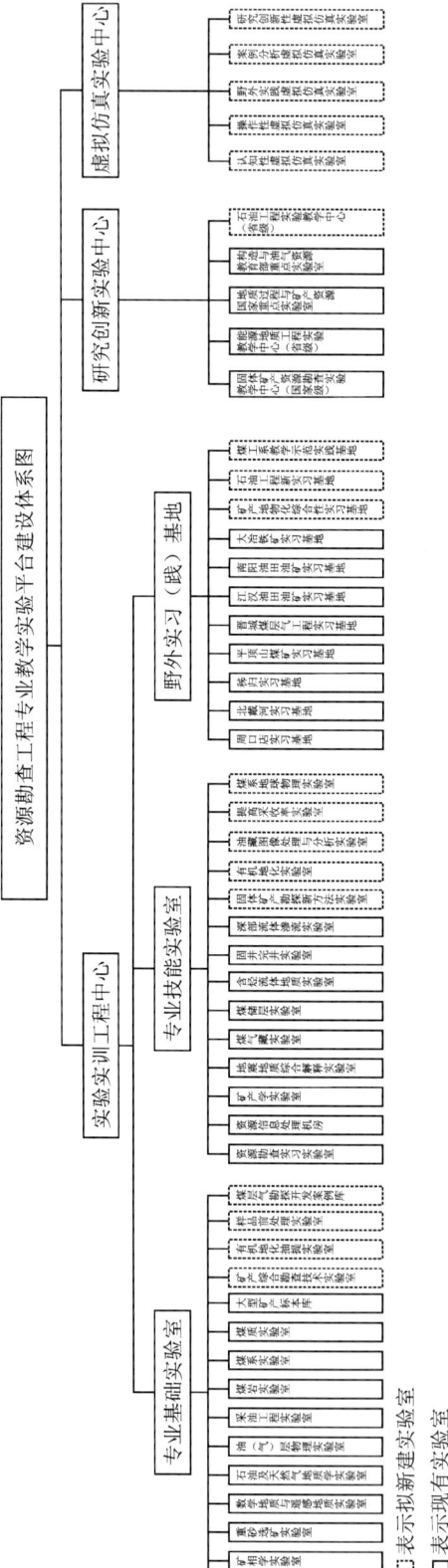

图2-4 资源勘查工程专业教学实验平台建设体系

围绕一个中心:以资源勘查创新人才培养为中心。

面向两个市场:面向国内、国际资源勘查市场培养创新人才。

建成四个平台:建成室内教学实验平台、野外实验室及实践平台、重点实验室大学生创新基地及平台、网络教学实验平台。

优化五类实验:学科基础性实验、专业基础性实验、专业技能性实验、研究创新性实验和野外实践。

实现五个结合:理论与实践相结合、室内实验与野外实践相结合、宏观观测与微观分析相结合、教学与科研相结合、传统教学手段与现代教学方式相结合。

依托国家级固体矿产资源勘查教学实验示范中心、国家级矿产资源形成与勘查开发虚拟仿真教学实验示范中心和湖北省能源地质与工程教学实验示范中心,通过与国家重点实验室、国土资源部重点实验室、湖北省重点实验室在科研和教学功能上的相互交叉与渗透,对重要方向跨课程独立设置综合型实验课,构建"室内实验室、野外实验室、重点实验室大学生创新基地、计算机网络"4大教学实验平台。

根据专业知识结构的需要和课程的设置,资源勘查工程教学实验体系包括学科基础实验和专业教学实验两大部分,其中学科基础实验包括地层、构造、岩石、矿物等地质基础实验课程;专业教学实验部分包括专业基础教学实验、专业技能教学实验、创新性教学实验和野外实践教学4个模块(图2-5~图2-7)。各部分的功能明确,连贯性和衔接性好,形成一个有机的整体,具有多层次、多阶段设置的特点。其中专业教学实验平台建设具体内容如下。

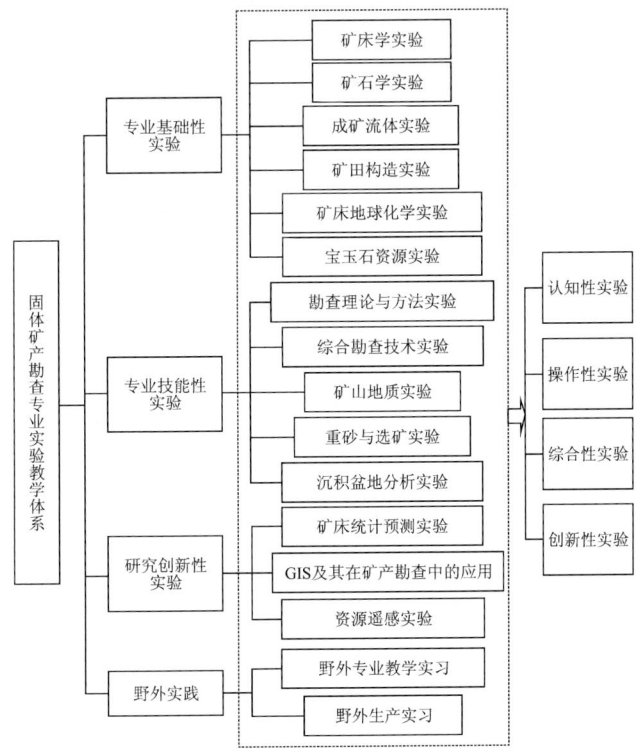

图2-5 资源勘查工程专业(基地班、固体方向、矿调方向)教学实验体系

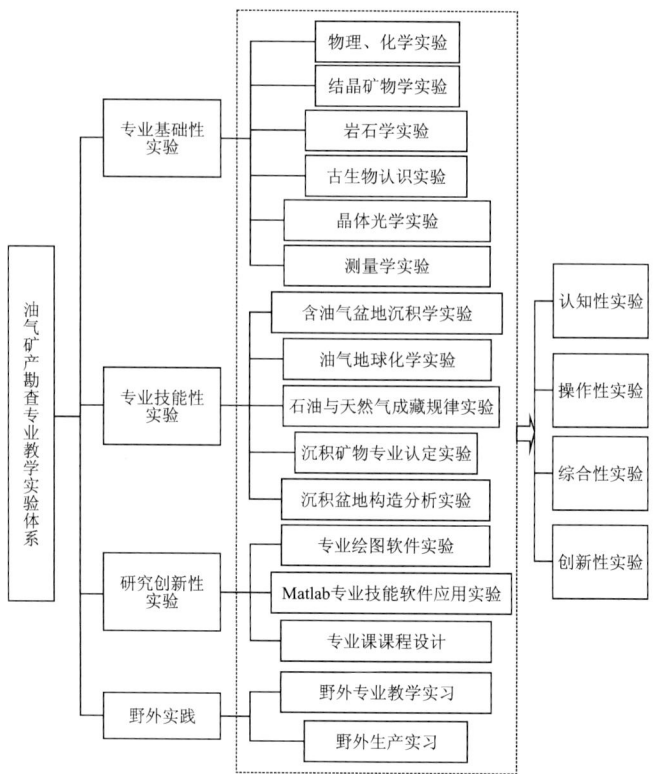

图 2-6　资源勘查工程专业（油气方向）教学实验体系

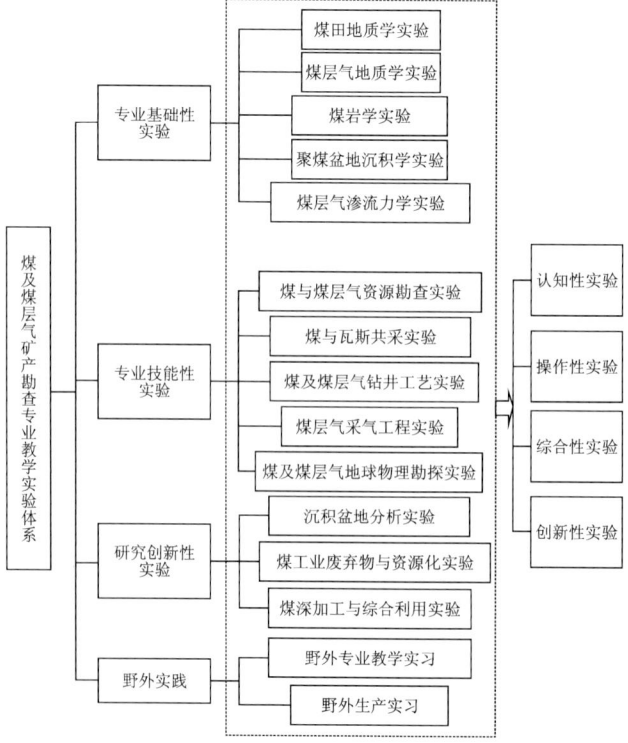

图 2-7　资源勘查工程专业（煤及煤层气工程方向）教学实验体系

(1)专业基础教学实验,开展规范化的训练。专业基础知识是指从事矿产资源基础理论研究、资源勘查评价工作所必需具备的专业基础及与其密切相关的自然科学理论知识,它是支撑一个专业知识结构的基础。该教学实验以矿床(含金属、油气田、煤田)观测与研究为主要教学内容,以专业基础课程和专业主干课程等的教学实验内容为主线,通过认识性实验和综合性教学实验,使学生对专业基础理论知识得以深化。

对于专业基础教学实验,强调的是规范化的训练。首先学生可以充分地利用网络手段,借助网络课件及国家级、省级精品课程,进行课前预习,了解实习内容和具体要求,课堂上高层次人才通过典型案例的分析解剖,提出具体的要求,对学生进行规范化的训练。也就是说,该阶段以高层次人才指导与学生动手相结合的方式进行,教学实验由高层次人才带领学生对典型案例进行逐一分析与引导,学生主要按照高层次人才的要求,完成规定的实习任务,达到规范化训练的目的。

专业基础型实验室包括流体包裹体实验室、矿相学实验室、重砂选矿实验室、数学地质与遥感地质实验室、石油及天然气地质学实验室、油(气)层物理实验室、采油工程实验室、煤岩实验室、煤系实验室、煤质实验室,拟新建矿产综合勘查技术实险室、有机地化抽提实验室、样品前处理实验室、煤层气勘探开发案例库。实验室主要面向资源学院资源勘查工程(工科基地班)、资源勘查工程(矿产调查与开发)、资源勘查工程(煤及煤层气方向)、资源勘查工程(油气方向)、石油工程,地球科学学院地质学、地球化学等方向开设专业课程。其中必修课包括流体包裹体地质学、矿石学、矿业工程概论、矿床勘查理论与方法A、资源信息工程、石油及天然气地质学A、石油及天然气地质学B、含油气盆地沉积学、含油气盆地构造学、油气层物理学、采油工程实习实验、数据库管理、数字地质调查新技术与方法、遥感概论A、遥感概论B、煤地质学、煤层气藏分析、煤岩、煤及煤地球化学、煤与瓦斯共采、煤层气采气工程,选修课包括矿田构造学、矿产综合勘查技术,以及教学实践环节煤层气地质课程设计、含煤岩系岩芯编录与相分析、煤与煤层气资源勘查工程设计等。

(2)专业技能教学实验,突出启发式教学。专业技能教学实验模块是以资源能源寻找和勘查评价为主要目的,以找、探、采、选为主线,以资源勘查类专业主干课程和选修课等课程的教学为手段,在教学实验过程中,重点强调学生观察问题、发现问题并最终通过自己实际工作解决问题能力的培养。在这一模块中,除了有验证性实验和操作性实验外,根据不同层次学生的需要,还开设了一些综合性和创新性实验项目,使学生掌握从事资源能源勘查的基本技能,具备从事资源能源勘查实际工作、解决工程实际问题的能力。同时,掌握相应的采、选矿的基本技能,为今后从事资源勘查乃至采矿和选矿等具体工作打下基础。

对于专业技能的教学实验,强调的是启发式教学。对专业技能教学实验,与专业基础教学实验明显不同。主要引入"指正式""启发式""讨论式"等多种新的教学方法,使学生逐步形成以自主式、合作式、研究式相结合的学习方式,将教学实验由"封闭式"变为"开放式",由"知识积累"变为"智能开发",可以有效地提高学生的学习积极性和学习质量,加强学生创新意识和创新能力的培养。

专业技能型实验室包括矿产勘查实习实验室、资源信息处理机房、矿床学实验室、地震地质综合解释实验室、固井完井实验室、深部流体渗流实验室、煤气藏实验室、煤储层实验室、含相互补充、能实不虚的建设原则,以地球科学新成果和现代成矿理论为基础,运用计算机技术、数字模拟、三维可视化技术、虚拟现实技术、网络技术手段,通过深度挖掘、整合、优化、拓展现有的相关国家级和省部级教学实验中心、科技平台和野外实验基地的丰富教学科研资源与实验技术条件,协同实体教学实验平台,建立基于云环境的网络化、开放型的新型教学实验系统。2014年获批国家级虚拟仿真教学实验中心(第一批)。该中心以先进的计算机技术、网络技术和信息技术为主要手段,通过学科交叉融合、产学研协同、优质资源汇聚共享等途径,充分利用现有教学实验平台和学校国家级科技平台的资源,在网络虚拟环境下,组建了多个基于云环境的虚拟仿真教学实验管理共享平台及虚拟教学实验平台。包括固体矿产资源形成与勘查矿产开发虚拟仿真平台、油气形成与勘查开发虚拟仿真平台、珠宝玉石设计与加工虚拟仿真平台和基于云环境的虚拟仿真教学实验管理共享平台。各教学实验平台与各自相应的实物实验室构成了"虚实结合、相互补充"完整的教学实验系统。该中心坚持"协同共建、虚实共存、资源共享、教学共赢"的理念,实行学校领导下的中心主任负责制,固体矿产资源形成与矿产开发虚拟仿真平台团队由吕新彪教授负责,油气形成与勘探开发虚拟仿真教学实验平台团队由石万忠教授负责,珠宝玉石设计与加工虚拟仿真教学实验平台团队由杨明星教授负责。矿产资源形成与勘查开发虚拟仿真教学实验中心作为中国地质大学(武汉)的国家级教学实验示范中心的拓展与补充,已成为我校传统优势专业及创新人才培养教学实验平台的必不可少的组成部分。

能源地质与工程教学实验示范中心,2009年获批建设,现任中心主任为我校高层次人才陈红汉教授。该示范中心前身是石油地质教研室、油区教研室和煤田地质教研室与石油地质研究所和沉积盆地研究所的专业教学实验室,随着资源共享以及新型专业人才培养的需要,经过逐步整合而成。煤及煤层气工程专业为2007年教育部第一批高等学校特色专业建设点,同时获得中央级普通高等学校修购专款650万元基础教学实验室建设经费支持。实验中心现有石油及天然气地质学实验室、煤及煤层气地质学实验室、盆地构造实验室、盆地沉积-成岩实验室、有机地球化学实验室、油(气)层物理实验室6个专业基础教学实验室和测井-地震地质综合解释实验室、微观油气信息实验室、储层地质-渗流模拟实验室、钻-固-完井实验室、采油工程实验室和煤层气工程实验室6个专业技能实验室。同时,依托大型油公司和矿山企业,在河南南阳、湖北潜江、河南平顶山和山西晋城建立了4个野外实验基地;在学校内部,依托湖北省油气勘探开发理论与技术重点实验室和构造与油气资源教育部重点实验室的大学生创新平台拥有实验仪器设备562台(套),仪器总价值2512万元,其中单台价值万元以上的设备139台(套);实验室用房总面积约1362m^2。通过多年来的教学实验实践与改革,能源地质与工程教学实验中心支持了我校资源勘查(油气地质方向)、石油工程、海洋科学(海洋地质与资源)、煤及煤层气工程、地球物理学等专业的建设。高层次人才直接参与教学实验室建设以及本科生实验(践)教学工作,为本专业教学实验效果打下了良好的基础;积极面向国家需求,促进科研成果及时转化为实验项目,并结合新引进的教学设备与时俱进地更新教学实验科目和内容,为本专业高素质、创新性人才培养创造了有利条件。

二、高层次人才在科研平台建设中的作用与成效

科技创新平台是国家创新体系的重要组成部分,是自主创新的重要阵地。作为科技创新平台的灵魂,高层次人才因其科研造诣和核心技术、战略思维和学术威望等已成为引领科研平台建设的战略性资源和决定性因素。受益于赵鹏大院士、殷鸿福院士、金振民院士、王焰新院士、成秋明院士等一大批高层次人才的积极推动,中国地质大学(武汉)逐步建立、完善具有资源勘查工程行业特色的科研创新平台体系,包括1个国家重点实验室、2个国家级实验教学示范中心、3个国家级野外科学观测研究站和国家级国际联合研究中心、4个高等学校学科创新引智基地、10个省部级重点实验室及中心。这些科技平台在院士、杰青等高层次人才带领下,围绕重大基础科学问题、"卡脖子"技术难题等开展攻关,服务于学科前沿研究,培养高层次创新性人才和增强持续创新能力。

高层次人才往往是重大科技创新平台的开拓者、倡导者和实践者。赵鹏大院士、殷鸿福院士、金振民院士等为地质过程与矿产资源国家重点实验室的建立和发展作出了奠基性的重大贡献。赵鹏大教授是中国科学院院士、俄罗斯自然科学院院士和国际高等学校科学院院士,他长期从事矿产勘查、数学地质的教学与科研工作,创立了矿产资源定量预测理论及方法体系,是数学地质领域引领者及教育家。殷鸿福院士是地层古生物学及地质学家,他创导地球生物学新方向,推动古生物学与地质学全面结合,提出地质演化突变观;出版了我国首部生态地层学专著,提出生物-有机质-有机流体生物成矿系统,并在此基础上推动建立我国生物地质学学科体系。金振民院士是著名构造地质学家,他建立超高压榴辉岩流变本构方程,为揭示大陆造山带深俯冲榴辉岩质板片拆沉机制提供约束,揭示呈对数正态分布的橄榄石位错稳态亚颗粒直径是计算上地幔流动应力大小的最佳显微构造参数发现了代表不同流动应力值的两类位错亚颗粒构造。他们出类拔萃的专业素养、超凡的领导能力和崇高的价值追求,成为决定科研平台建设的战略性资源和决定性因素。殷鸿福院士明确提出推动我国固体地球科学发展和保障国家矿产资源战略需求必须大力推进以国家实验室为引领的科技创新基地建设,加强基地优化整合,创新运行机制。正是在他们的带领下,地质过程与矿产资源国家重点实验室整合教育部"岩石圈构造、深部过程及探测技术重点实验室""地下信息探测技术与仪器重点实验室"和自然资源部"资源定量评价与信息工程重点实验室""壳幔体系组成、物质交换及动力学开放研究实验室""岩石圈构造及动力学开放实验室""非传统矿产资源开放研究室"6个部级重点实验室的基础上建设起来。整合过程中,为确保实验室建设顺利推进,殷鸿福院士对各项工作提前预判,找准工作重点,主动谋划、积极推进,同时加强部门协调,提升效率。

正是在赵鹏大院士、殷鸿福院士等一批高层次人才的积极谋划下,地质过程与矿产资源国家重点实验室于2004年9月申请并通过了科技部实验室建设立项,2005年1月通过了国家重点实验室建设计划并正式进入建设期。同年5月,实验室接受了科技部组织对地学领域国家重点实验室的评估,获得良好成绩。此后,实验室建设过程中,一批创新能力强和在国际

验室仪器开放周等科普宣传活动,每年组织约40场学术交流报告会等。

高层次人才为高水平科研平台建设提供了全方位的知识支撑体系,使科研平台能够快速开展科学研究和人才培养工作。构造与油气资源教育部重点实验室历任主任[姚书振教授(2007—2015年)、郝芳教授(2015—2019年)、蒋恕教授(2019年至今)]在学术委员会的指导下把握学术方向,审查年度工作进展,审定基金课题指南、评审课题申请、监督检查科研工作实施、评价研究成果、制订研究规划、管理开放基金、主办重大学术活动等,为实验室研究方向的凝练,科技创新效能的提升提供了重要支撑,培养了一批高层次复合人才,杰出代表有郝芳(中国科学院院士)、王双明(中国工程院院士)、彭云彪(第五届黄汲清青年地质科学技术奖、2009年科技部野外科技先进工作者)、李洪军(第二届全国"作出突出贡献的工程硕士学位获得者")、焦养泉(全国优秀教师)、蒋恕(长江学者)、韩元佳等。

实验室解习农教授依托国家科技重大专项、国家自然科学基金重点项目和行业重大项目,针对南海油气资源开展了攻关研究,取得了如下主要成果:①首次发现并证实南海北部陆缘深水区存在大型拆离断层,查明了其所控制的"宽而深"的大型拆离盆地群的区域分布规律,阐明了"地壳拆离薄化作用"为主控因素的深水区成盆机理;②精细解剖了南海西北陆缘大型深水中央峡谷系统的形态特征、沉积构成及其演化规律,完整构建了中央峡谷的源-渠-汇体系,创新性提出中央轴向峡谷控制优质砂岩储层形成分布的控砂模式。上述成果突破了传统深水盆地形成和演化为高角度正断层控制的传统认识,为科学地评价深水盆地的油气勘探潜力和我国首个自营深水大气田——陵水17-2的发现提供了重要的理论依据和有力的技术支撑。2016年度和2018年度解习农教授分别获得国家科技进步二等奖和教育部自然科学二等奖。项目组主要成员受邀担任针对南海洋陆转换带和深水盆地的国际大洋钻探计划 IODP838 Cpp-2 建议书小组成员,并作为登船科学家受邀参加了国际大洋发现计划航次。在高层次人才带领下,实验室对我国深层、深水、非常规等复杂领域的油气勘探起到了实质性的指导和推动作用。

同时实验室大力引进高层次人才,如国家级高层次人才龚斌教授、中国地质大学(武汉)首席教授邱华宁教授等。龚斌教授领导的智能油气藏研究中心以油气藏仿真模拟与智能优化技术为基础,以人工智能算法为核心,建立了"数据物理"新模型框架,在中国、北美、中东、北海(大西洋)130多个大型油气田获得成功应用。目前该中心正在围绕云计算架构、深度学习算法、增强现实等最前沿技术,致力于打造全球领先的油气藏勘探开发"数字孪生"平台,实现油气资源全生命周期的快速模拟和"数字再现",追溯历史、预测未来、优化决策。邱华宁教授建设的以"$^{40}Ar-^{39}Ar$ 测年系统"为代表的构造-成藏年代学实验室,针对我国复杂地质背景下多期构造、多期成藏和多期改造中关键的构造年代和成藏年代等科学问题,经过近几年的探索和持续建设,现已建成具有国际影响力的精确构造-成藏年代学方法体系,每年对外服务测试经费达到400多万元。目前该实验室被列入国际地时(Earthtime)组织的中国实验室,在"新冠肺炎疫情"期间通过智能化远程操作仍保持高效运行。构造与油气资源教育部重点实验室已经成为我国盆地和油气地质领域开展高层次国际交流与合作、凝聚高水平创新研究队伍、实现大型仪器设备关键技术创新、取得一流创新研究成果的重要研究平台。

依托实验室平台和取得的科研成果,在新工科建设理念下,面向能源结构转型与互联网+的国家重大发展战略的需求,协助相关学院于2015年和2019年两次对本科专业人才培养方案进行完善和优化,推进新能源英才班、大数据英才班、卓越工程师培养计划2.0,完善人才培养体系,突出多元化和个性化培养。同时依托实验室高层次人才,试行专业方向和主干课程首席教师制,及时将科研成果转化为教学资源,新开设了非常规能源勘查与评价、地学大数据、地热学基础、地热资源勘查与评价等课程,新编教材和教学实习指导书10部,建成湖北省优秀教学团队1个、湖北省优秀基层教学组织1个。借助实验室研究平台,优化课程设置和教学内容,聘请油田企业资深工程师承担专业课程教学和毕业设计20余次,新增创新创业训练基地1个,新建4个稳定的本科生海外联合实习国际交流基地,新增3门全英文课程,本科生出国率达到15%~20%。

三、高层次人才在平台建设中的启示

通过中国地质大学(武汉)资源勘查工程专业实验平台建设体系、理念和建设成果可以看出,学院引进或培养的高层次人才在资源勘查工程专业实验平台建设过程中起到核心作用、引领作用和示范作用。高层次人才学术造诣深、专业知识扎实、学术视野开阔、学术思想活跃、实践经验丰富等特点,更加有利于建设资源勘查工程专业"实践性强"的实验平台。因此,高层次人才积极参与资源勘查工程专业实验平台建设,不仅有助于提升教学实验平台建设的前沿性和创新性,促进学生创新能力的发展以及独立学习知识、运用知识的能力,还可以有效提升实验平台的教学效果和学生主动学习能力。对学生的培养,不仅体现在知识和能力上,更体现在思想和人格上,应有效提高学生的专业素质、道德素质、身心素质以及文化素质。

第四节　高层次人才在国际化人才培养中的作用与成效

国际化是拔尖创新人才培养的重要内涵。建设"一带一路",推动构建人类命运共同体,必须积极参与全球治理体系改革和建设,拔尖创新人才必须在服务国家战略的实践中体现价值,必须在国际环境中不断提升话语权。我校资源勘查工程专业一方面努力将国内学生培养成具有国际化视野和跨文化交流、竞争与合作能力的人才,另一方面积极吸引和培养具有国际背景的留学生。具有不同国际背景的学生在日常学习和生活中不断进行交流与沟通,使得不同国籍的学生们在学习专业知识的同时还能够接触不同国家的文化,促进了国内和国外学生之间的跨文化交流、竞争与合作。具有国际化视野和跨文化交流、竞争与合作的能力是我人才专业培养目标的一个重要组成部分,也是本专业立足国际、享誉世界的一个长期发展目标。

高层次人才大部分具有国外留学和访学的经历,熟悉和了解国外一流的教育体系,同时具有较高的国际影响力,对于国际化人才培养起到引领和推动作用。目前学院教师80%以上

具有国外留学或一年以上访学的经历，20余人次在国际重要学术组织和学术期刊任职，其中成秋明教授于2016年当选国际地球科学联合会主席。在高层次人才的引领下，本专业已构建起贯穿本—硕—博，包含全英文课程、海外访学、中外联合培养、国际联合实习、海外科研训练、国际学术会议、留学生培养等分层分类的国际化人才培养体系。

一、建立国际化师资和课程体系

教师国际化是人才培养国际化的重要载体，课程是教学的基本单元，是高校人才培养的核心载体。高层次人才以科研项目合作为载体，加速推进教师的国际化流动，开设国际化课程和讲座，为拔尖创新人才培养提供保障。

近年来，高层次人才通过自身的国际学术影响力广泛开展国际合作，已成功吸引到多名国外优秀人才来校工作。从美国得克萨斯大学奥斯汀分校、加拿大魁北克大学和道达尔石油及天然气公司等兼职引入Derek Elsworth院士、Brian Horsfield院士等世界级知名专家，全职引进6名外籍专家，其中两人已入选了省部级以上人才项目。外籍教师采用国外先进的教学理念，全程参与课程教学和人才培养。同时，学院以科研项目合作为载体，有计划地选派年轻教师到有合作的著名大学的知名学者专家团队内进行访问研究。例如，郝芳院士申报的"沉积盆地动力学与油气富集机理创新引智基地"和李建威教授申报的"岩浆-热液成矿系统学科创新引智基地"两个"111创新引智基地"，选派李占轲、徐尚等年轻教员赴国外开展科研合作，为年轻教师营造了一个与国际大师和国际著名学者共同开展科学研究的平台。通过以上两种形式，学院建成了一支专业背景好、学术业务精和创新能力强的国际化一流教师队伍。

课程建设方面，高层次人才邀请海外知名专家来校开设全英文课程15门次，课程体系与国际专业体系接轨。如TPA课程是法国道达尔石油及天然气公司推出的针对石油相关专业学生的全球性课程，由公司内部资深教授进行授课，课程持续5天，总计20课时。课程采取"报名—审核—授课—考核"的程序进行管理，并配备2名助教，最终通过考核的学员将会获得由道达尔石油及天然气公司颁发的证书。2013年10月，资源学院与法国道达尔石油及天然气公司TPA协会签订了协议(图2-8)，成为TPA课程的主要授课点之一。目前，TPA课程已经在资源学院讲授了9个年头，受益人数达200多人。TPA课程是资源学院借助法国道达尔石油及天然气公司优质培养平台，充分利用企业资源推出的研究生、本科生教育精品课程，是资源学院国际化教育总体工作部署的重要组成部分。在授课过程中，教授结合其在道达尔石油及天然气公司的工作经验，从实际生产出发，国际化标准授课，学员在课堂上与教授积极交流、深入讨论，拓宽了国际视野、开阔了学术思维、增长了学术见识，课程取得了预期的效果。国际著名矿床学家Peter Laznicka创建了国际超大型矿床资料库。2015年，李建威教授与Peter Laznicka教授合作，在中国地质大学(武汉)建立了国内第一个超大型矿床资料库，并邀请多名国外知名教授(香港大学周美夫教授、德国地学研究中心Daniel Harlow、美国地质调查局Albert Hofstra等)来校开设超大型矿床的全英文课程，取得强烈的反响。

图 2-8　资源学院与法国道达尔石油及天然气公司 TPA 协会签订协议和学生结业证书

二、构建海外实践育人体系

促进学生国际流动是高等教育国际化育人策略的核心任务和切入点。海外学习是学生以学术为载体开展的国际文化交流活动,是提升高等教育质量的有效实践。高层次人才具有广泛的国际视野,能够利用各类国际资源指导学院构建起完善的海外学习育人体系。

近年来,学院与国外一流大学合作,陆续建成了多个海外联合野外实践教学基地。2016年,李建威教授与澳大利亚詹姆斯库克大学共同建立海外联合野外实践教学基地,每年选派10 多名本科生赴该实习基地开展野外联合实习(图 2-9)。实习期间,中外学生同吃同住,在中外联合指导教师的指导下开展野外地质实践,共同完成野外实践报告。中外师生能充分深入的研讨,拓展了国际视野,增长了学术见识,取得了良好的效果。中国科学报以《澳大利亚荒野上的地质实习课堂》进行了专门报道,引起广泛的社会反响。随后,学院陆续与英国杜伦大学、新加坡国立大学、美国犹他大学、意大利帕多瓦大学、波兰什切青大学等国外一流大学合作建立了多个海外联合野外实践教学基地,每年选派优秀本科生参加联合野外实习。

图 2-9　资源学院与澳大利亚詹姆斯库克大学开展联合野外实习

学院全力支持研究生出国交流。博士生可通过国家公派出国攻读博士学位、国家公派出国联合培养、学校资助进行联合培养等方式,到国外一流大学、一流学科专业,师从一流的导师学习 3 个月到 4 年不等,资助费用最低 3.5 万元,最高全额。2017 年至今,学院博士生出国交流率 100%。全额资助优秀推免生开展 1~3 个月的海外科研训练,参加国际会议,近年来研究生参加国际会议 200 余人次。本科生国际交流人数大幅增加,由 2016 年的 9 人增长至 2019 年的 52 人,出国交流比例已达 15% 以上。

三、充分发挥国际学术组织的科研育人功能

学生尽早参与科研训练是提高人才创新能力培养的有效途径。学院鼓励学生尽早参加国际科研活动,参与国际竞争,了解国际科研氛围。高层次人才很多在国际学术组织和国际期刊任职,能为学生参与国际科研训练提供强有力的支撑和保障。

资源和能源领域最重要的 4 个国际学术组织,即国际经济地质学家学会(SEG)、美国石油地质学家学会(AAPG)、国际石油工程师协会(SPE)和国际数学地球科学学会(IAMG),均设立了地大学生分会,为学生参与国际学术组织活动提供了重要支撑。高层次人才参与了这些学生组织的成立工作,并担任学生分会的指导教师,指导学生分会开展各项活动。成秋明院士在担任国际数学地球科学协会主席时,指导成立了国际数学地球科学协会地大学生分会,并亲自指导学生分会开展活动。李建威教授是国际经济地质学家学会(SEG)的 Fellow,指导组建了国际经济地质学家学会地大学生分会,并邀请 SEG 的多名 Fellow 来校讲学,指导学生分会开展各项活动。郝芳院士、朱红涛教授、沈传波教授指导美国石油地质学家学会地大学生分会的建设。2016 年以来,本学科有 600 多名学生成为上述 4 个学术组织学生分会的会员,20 人次获得这 4 个学会的学生科研基金。我校 SPE 学生分会近年来在拓宽学生国际视野、促进学生学术交流、增强学生学术前沿认知度等方面起到了重要作用,每年举办的 SPE-TALK、PETROBOWL 等活动吸引了众多师生参与,为学生进行学科前沿技术交流搭建了重要平台。连续两年本科生参加海外 IPTC 与 SPE 联合组织的学生学术交流会议,SPE-CUG 学生分会两次(2016 年和 2018 年)荣获 Gold Standard 荣誉称号(图 2-10)。

图 2-10　SPE-CUG 学生分会获评 2018 年 Gold Standard 奖

四、提升留学生培养质量

响应习近平总书记构建"人类命运共同体"的号召,积极推进"一带一路"沿线国家留学生招生,深化留学生教育和培养机制的改革与创新。高层次人才熟悉和了解国外一流的教育体系,能够采用先进的教学理念来指导留学生的培养,留学生培养质量逐年提升。

中国地质大学(武汉)丝绸之路学院于2015年10月17日揭牌,来自印度尼西亚、伊朗、吉尔吉斯斯坦、塔吉克斯坦、澳大利亚等20多个国家及地区的大学校长和代表参加了揭牌仪式,这是国内首个丝绸之路学院。学院计划建设成为国际知名的、具有地球科学特色的国际化人才培养中心、地质资源环境战略中心和"丝绸之路经济带"及"21世纪海上丝绸之路"科技创新基地。目前我院留学研究生人数为150人左右,占研究生总人数的15%以上。针对留学生的特点,制订了专门的培养方案,部分专业采用整班制全英文教学。高层次人才亲自参与留学生课程设置、教学以及人才培养工作(图2-11)。本学科依托科研、教学、实验室力量和平台,尤其是依托国家重大科技专项和实践教学基地,为留学生培养创造了良好条件。近年来,留学生培养质量逐渐提高,涌现出一大批优秀学生,进入本国重要管理岗位、矿山能源企业工作。同时,越来越多的留学生开始选择到中国企业就业,在各行各业为本国和中国开展政治、经济、文化、科技、人才和学术交流积极努力。我校分别收到来自中国地质调查局成都地质调查中心、中国地质调查局西安地质调查中心、中海油安全技术服务有限公司等单位的来函,各单位除衷心感谢学校为他们定向培养优秀留学生人才外,还着重强调了我校校友在从事海外工作中为国家所发挥的巨大作用。

图2-11 沈传波教授指导加纳留学生Solomon开展科研工作,该学生博士学位论文获得学校优秀

高层次人才具备国际化的视野,熟悉国外一流的人才培养体系,能为本学科国际化的人才培养带来先进的理念,做好顶层设计。同时,高层次人才具有重要的国际学术影响力,在重要的国际学术组织任职,能为国际化的人才培养提供指导和支持。近年来,资源勘查工程专业充分利用高层次人才在国际化人才培养方面的指导和支撑作用,采取多项有力措施,大力推进人才培养的国际化,拓展学生国际视野,提高人才培养质量,发挥标杆示范作用。

第五节 高层次人才在实践教学中的作用与成效

一、领导创建野外教学实习基地

1. 实习基地创建与实践教学体系构建

野外教学实习是资源勘查工程专业的必修课,对发挥实践育人功能,将育人贯穿到实践教学的每一个环节,培养学生实践动手能力、吃苦耐劳、创新思维、团队协作精神和社会责任感,塑造"品德高尚、知识广博、专业精深、知行合一"的优秀人才具有重要的作用。从20世纪50年代起,在马杏垣院士、池际尚院士、赵鹏大院士、殷鸿福院士等前辈的带领下,我校相继在周口店、北戴河、三峡秭归等地建立了3个野外教学实习基地。其中,周口店野外实习基地为国家培养了4万余名地质工作者,包括26位中国科学院与中国工程院院士,被誉为"地质工程师的摇篮",目前已建成"全国地质实验(实践)教学示范中心"和"国家基础学科人才培养能力(野外实践)基地";依托三峡秭归实习基地,建成了教育部长江三峡库区地质灾害研究中心,其影响辐射全国。老一辈资源勘查工程专业的院士、教授等高层次人才,如姚书振教授、李思田教授、费琪教授、郝芳院士等都直接参与了三大野外实习基地的建设,并构建了资源勘查工程专业的实践教学体系(图2-12、图2-13)。

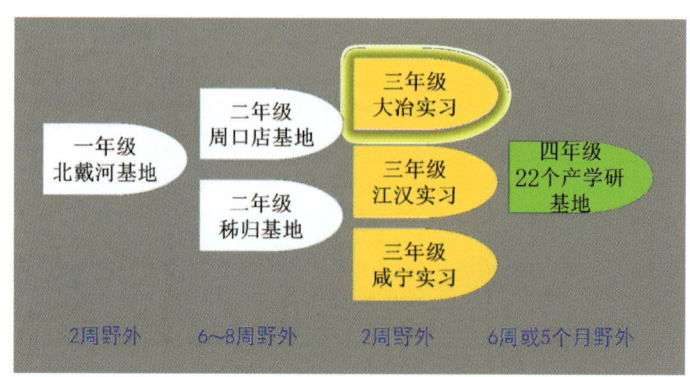

图2-12 资源勘查工程专业实践教学的安排示意图

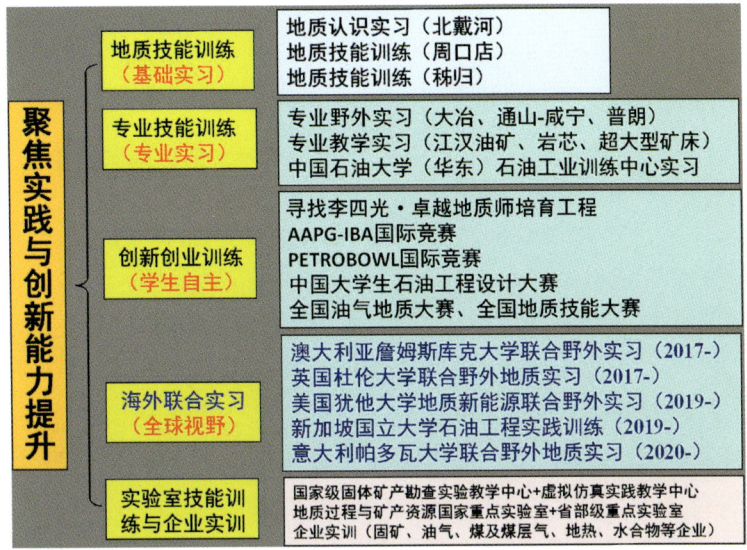

图 2-13 资源勘查工程专业聚焦实践与创新能力提升的实践教学体系

在整个实践教学体系中,明确提出了教学与生产、科研相结合的教学观念,指出实践教学要着重培养学生的基础地质技能、专业技能、实验室技能,并自主进行创新创业训练,积极参加海外联合实习培养国际视野。在低年级的实践教学中,主要是让学生树立科学的认识观与思维观,学会地学工作的基本方法,打下地学工作扎实的基本功;在高年级的实践教学中,主要是结合教师的科研项目与生产任务,让学生深入到矿山、油田、野外地调区域、地质工程现场等产学研基地,参与到工作之中进行实践教学。

近年来,针对当前能源和矿产资源勘探与开发中的具体应用及需求,在北戴河、周口店、秭归三大传统实习基地的基础上,结合新一轮教学计划修订,紧紧围绕资源勘查工程专业学科特点、教学和课程体系,以二级教授蒋少涌、李建威、梅廉夫、何生,三级教授叶加仁、周江羽、姚光庆、石万忠、陆永潮等为主的一批高层次人才不断开辟专业特色的新的教学路线,优化教学内容,目的是加强学生对地质专业知识的理解和巩固,提高学生的野外地质观察和专业实际应用能力,其中周江羽教授还牵头主编了"互联网+地球科学"教材《周口店野外地质教学指导书》(图2-14)。学院还新建了通山-咸宁、大冶铁矿、江汉油田3个专业实践教学基地,组建了实践教学团队,积极推动专业实践教学基地建设。为保证六大实习基地的教学质量,吸引更多教学经验丰富、科研水平突出、乐于野外地质技能传授的优秀教师组建实践教学团队,学院还出台了"关于加强野外实践教学团队建设的实施办法"(图2-15)。六大实习基地实践教学团队的队长均为高层次人才,有力地保证了专业实践教学和人才培养的质量。

2. 典型案例:大冶铁矿实习基地的建设

大冶铁矿实践教学与创新人才培养基地(简称大冶铁矿实习基地)是中国地质大学(武汉)资源勘查工程专业六大野外实践教学基地之一,主要用于固体矿产方向本科生的专业性实践。该基地始建于2015年,于2017完成验收,次年投入使用。该基地主要围绕大冶铁矿

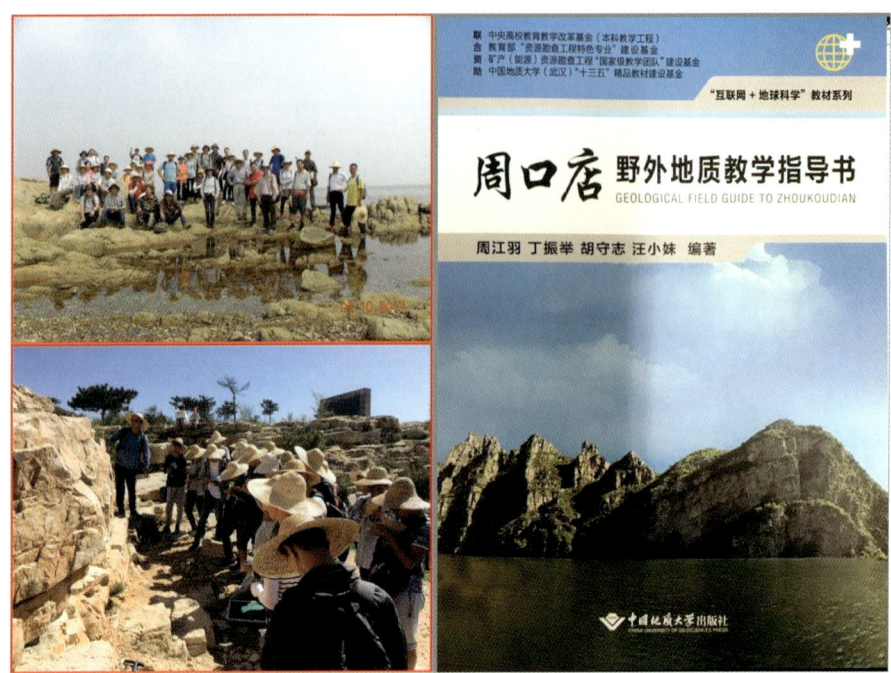

图 2-14　高层次人才参与实践教学及主编的教学指导书

中国地质大学资源学院文件

中地大资院字〔2016〕04 号

关于北戴河、周口店、秭归野外实践教学团队建设实施办法

北戴河、周口店、秭归实践教学基地是我校建设的固定野外教学实习基地。这三个实践教学基地的地层、构造、沉积、成矿成藏条件现象丰富，需要在现有教学基础上进一步拓展实践教学路线，挖掘适合资源勘查工程和石油与天然气工程专业的实践教学内容，提升实习效果和人才培养质量，为此需要组建稳定的教学团队，经学院教学委员会审定，特制定本办法。

一、野外实践教学团队设置及待遇

1. 野外实践教学团队设置

北戴河、周口店、秭归地质实践教学实习分别设队长 1 名、副队长 1 名，每 4 年为一个聘期。

（1）队长由教授或副教授担任，其主要岗位职责包括：①负责设计和规划教学实习内容和编制教学大纲，包括更新与补充新的教学点；②负责组织和实施实践基地的日常教学工作（包括野外教学路线的备课、室内讲课和日常教学安排等）；③完成适合我院专业实践教学的中英文对照实习指导书的修编和出版（包括科学研究和国内外交流等）；④每年完成计划周期的野外实践教学工作，负责团队建设的汇报和各类考核。

（2）副队长由实践教学经验丰富的优秀教师担任，其主要岗位职责包括：①协助队长完成实践基地的日常教学和实习指导书修编及教学平台建设；②每年

中国地质大学（武汉）资源学院

中地大资院字〔2015〕003 号

关于咸宁、大冶、江汉野外实践教学团队建设实施办法

咸宁、大冶、江汉野外实践教学是在周口店和秭归实践教学基础上的专业实习，以提高学生的专业实践能力为主要目标。这三个专业实践教学基地主要由资源学院主导建设。为了有效地提高这三个实践教学基地的建设和实践效果，经学院教学委员会审定，特制定本办法，具体如下。

一、野外实践教学团队设置及职责

咸宁、大冶、江汉地质实践教学实习分别设队长岗位 1 名、副队长岗位 1 名，每 4 年为一个聘期。

各岗位的年基础岗位津贴分别为 1.5 万元、1.0 万元。岗位考核实行年度和聘期双考核。聘期内第一年享受岗位基础津贴，年度考核优秀后的次年除了基础津贴外，另按 20%基础津贴递增享受奖励津贴；如考核为合格则仅享受基础津贴；考核不合格则自动重组。

1、队长：教授或副教授担任。负责组织和实施实践基地的日常教学工作（包括野外教学路线的备课和日常教学安排等）、实习指导书修编和平台建设（包括科学研究和国内外交流等），每年从事完整计划周期的野外实践教学工作，负责团队建设的汇报和各类考核。最低本科室内教学课时数减免 1/2。

2、副队长：实践教学经验丰富的优秀教师担任，协助队长完成实践基地的

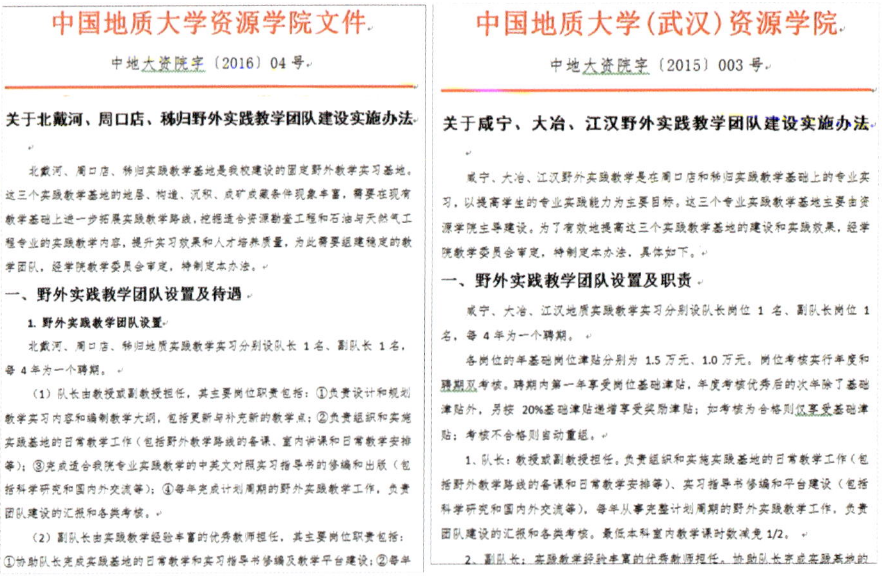

图 2-15　高层次人才主导的野外实践教学团队建设

山，开展矿床地质、矿产勘查、采矿、选矿、矿山环境治理等专业实践教学活动。

大冶基地的建立，离不开无数知名学者的研究积累。大冶铁矿床是我国最典型的矽卡岩型铁矿床，常常被选作矿床学教学的经典案例，这种地位与无数矿床学家的深入研究工作密不可分。20 世纪八九十年代，以我校翟裕生院士、姚书振教授为首的矿床学家对鄂东南地区包括大冶铁矿在内的铁铜多金属矿山进行了持续研究，出版过多部专著，如《长江中下游地区

铁铜(金)成矿规律》《长江中下游鄂城—铜陵一带遥感地质及成矿规律》《长江中下游铜金矿床矿田构造》等，提出了一些新理论和新概念，如矿浆理论、矿田构造、区域成矿、成矿系列等。近年来，蒋少涌教授和李建威教授等对大冶铁矿开展了大量科学研究，发表多篇高水平研究论文；胡明安教授等对大冶铁矿山进行了环境调查评价，编写了专著《鄂东南大型矿业基地资源开发的环境影响评价指标及生态重建示范工程》。这些科学研究提供了大量第一手教学资料，为大冶基地的建立打下了坚实的基础。

大冶基地的建立，离不开当代知名学者的大力推动。在基地建立以前，资源勘查工程专业的本科生没有独立的专业性实践，对于矿山的了解仅限于1天的参观性实习，有段时期甚至因为经费紧张，这种短暂的实习也曾一度被取消。大时长的专业性实践的缺乏成了资源勘查工程专业(固体矿产方向)广大教员的"心病"。2014年，学校开始推行本科质量工程建设，吕新彪教授、张钧教授、魏俊浩教授、蒋少涌教授等知名学者抓住该机遇，牵头组织了专业性实践基地的选址调研工作，通过实地走访鄂东南地区铜山口、小包山和大冶等矿山(图2-16)，确认大冶矿山教学资源丰富，交通便利，适合进行实践教学。次年，他们组织人员向学校申报教学立项，就此拉开了大冶基地建设的序幕。

图 2-16　铜山口矿山调研
赵永鑫教授和魏俊浩教授正在讨论(左)；蒋少涌教授正在观察(右)

大冶基地的建立，离不开当代青年学者的大力参与。为了建成为高水平的实践基地，资源学院专门组建了大冶基地教学团队，在吕新彪教授的指导下，开展了大量卓有成效的建设工作。在胡民安教授的协调下，大冶基地教学团队与武钢资源集团有限公司大冶铁矿(宝武集团大冶铁矿有限公司)签订了合作协议，并进行了挂牌(图2-17)，为实践教学的长期性和稳定性提供了有力保障。

而后，在赵永鑫教授的指导下，大冶基地教学团队依托大冶铁矿山资料等，设置了矿床地质、矿产勘查、采矿选矿、矿山环境治理4个主题的专业实践教学安排，建设成了5条观察路线和20个观察点。此外，教学团队还依托大冶铁矿悠久的开采历史，如孙权采铁铸剑、张之洞开矿办厂、毛泽东主席视察(图2-18)等，开展了思政教育主题实践活动建设。结合野外教学路线和教学内容，教学团队编制了教学大纲和出版教材《矿床学教学实习(大冶)指导书》。

近年来，国家推行虚拟仿真教学，陈志军副教授抓住机遇，以大冶实践教学为对象，开展了虚拟仿真教学建设(图2-18)，为实践教学的长期性和稳定性提供了又一层有力保障。2020

年,因"新冠肺炎疫情"的影响,学生不能到矿山现场。然而,学生通过该虚拟教学系统,均顺利完成了专业性实践。

图 2-17　大冶基地合作协议(左)和挂牌(右)

图 2-18　大冶铁矿毛泽东主席雕像(左)和虚拟学习系统(右)

大冶基地是培养理论联系实际能力、工程实践能力和专业创新意识的重要平台。自投入使用以来,已经有4届本科生近300人完成了实践教学活动(图2-19)。学生给出了一致好评,认为是继周口店基地后的又一次重要历练,各项技能得到了全面提高。同时,大冶基地也受到了国内同行广泛关注,纷纷组织人员前来参观学习。因此,大冶基地的建立功在当今,利在千秋。

图 2-19　大冶铁矿2015届本科生实习(左)和香港大学师生考察(右)

二、主导产学研合作实践基地建设

1. 引领产学研合作实习基地的建设

针对高年级的专业课实践教学、生产实习和毕业设计,高层次人才牵头,基于在矿业公司、石油公司、中国地调局、各省地矿局等单位开展的科学研究工作基础,积极与相关的企事业单位沟通,服务于企事业单位发展的需求,同时让学生深入到矿山、油田、野外地调区域、地质工程现场等,参与到工作之中进行实践教学,领导合作共建产学研合作基地,并对企事业单位专业技术人员进行专业知识培训,达到共赢的效果。目前,资源勘查工程专业已与中国石油化工集团江汉油田、云南迪庆有色金属有限责任公司、湖北省地质局、中国核工业集团二〇八地质队(简称核工业二〇八大队)等企事业单位合作建设有"江汉油田""云南普朗铜矿""湖北大冶铁矿""鄂尔多斯盆地砂岩型铀矿""安徽省庐江龙桥铁矿""天屿湖地热地质"等22个实践教学与创新人才培养基地或产学研合作实习基地(图2-20、图2-21)。在这些产学研合作基地的建设中,高层次人才起到了引领作用,并实质性参与了创建,如2019年新增的云南省普朗铜矿和安徽省庐江龙桥铁矿产学研基地,主要由吕新彪教授、夏庆霖教授、陈守余教授、陈志军副教授、孙华山副教授等参与创建。这些产学研合作基地为学生的实践教学、人才培养与交流起到了重要的作用。

图2-20 资源勘查工程专业部分产学研合作基地

图 2-21 普朗铜矿和龙桥铁矿学研合作基地挂牌仪式

2. 典型案例：含煤岩系伴生矿产产学研合作基地的建设

自从 20 世纪 90 年代国家将铀矿勘查主攻目标转移为砂岩型铀矿，特别是 2000 年在鄂尔多斯盆地发现了皂火壕特大型铀矿床以来，全国模范教师焦养泉教授就牵头组建团队与核工业二〇八大队开始了长达 20 余年不间断的科研合作研究，以此为平台双方签署了《联合办学与科研合作协议》以及《共建"紧缺战略矿产资源协同创新中心"合作协议》，从而构建了一个能够满足不同层次（本科生、硕士生和博士生）人才培养的基地——含煤岩系伴生矿产产学研基地（图 2-22）。从煤、油气到铀矿，学校在鄂尔多斯盆地的研究领域和人才培养的知识面得到拓宽，从而能够满足目前国家倡导的"多矿种协同勘查"，特别是近期实施的"煤铀兼探"和"油铀兼探"对专门人才的知识需求，在 2011 年超大型大营铀矿的找矿突破中从该基地培养的一批优秀人才发挥了关键作用。

图 2-22 联合办学签字仪式及产学研基地挂牌仪式

该产学研合作基地的优势之一是有一支由高层次人才领导的结构合理、知识水平较高的科研团队——盆地铀资源研究团队，该团队在从事盆地铀资源研究的 20 余年间，共完成国家自然科学基金、国家重点研发计划课题、国家 973 项目等项目 20 余项；优势之二是有一个稳定的平台，2009 年建立的含煤岩系伴生矿产产学研基地和 2012 年建立的铀资源协同创新基地是双方合作的根基和纽带，两个基地的建立既有针对性又有延续性；优势之三是依托该基地已经获得了一批有显示度的找矿成果和科研成果，累计发现皂火壕、纳岭沟、大营、塔木素、努和廷等铀矿床 5 个，还有一批铀矿产地，两家联合申报获得 2019 年度内蒙古自治区科技进步一等奖、2013年度全国十大找矿成果奖、2007年度湖北省科技进步一等奖、2018年度自然资源部科学技术二等奖、2013年度工信部国防科技进步二等奖等殊荣,公开出版专著3部,在国内外期刊上公开发表学术论文50余篇;优势之四是依托产学研合作基地,开辟3个联合培养野外生产实习基地,累计培养和正在培养博士生20名、工程硕士研究生39名,学术型硕士研究生15名,他们均已成为盆地铀资源方向的科技人才和业务骨干。

目前,该产学研合作基地已形成了合作共赢的产学研模式。从学校而言,通过合作弥补了传统优势学科"地质资源与地质工程"在铀矿地质学研究领域的不足,由于独到的科学见解在生产中起到了钻前预测成效而获得了长期支持,于是逐渐培育了一个以沉积型铀矿为特色的学科增长方向,形成了一支专门从事"盆地铀资源研究"的学术团队,并培养了一批该领域的高层次人才。对于核工业二〇八大队而言,不仅通过合作培养了近50人的工程硕士研究生和博士生(图2-23),人才队伍素质得到明显提高,而且从合作中提高了找矿效率,获得了诸如超大型大营铀矿等重大找矿成果。

图2-23　为核工业二〇八大队培养工程硕士

3个联合培养野外生产实践基地如下:

(1)实践基地(一)——鄂尔多斯盆地泊尔江海子野外生产基地。鄂尔多斯盆地泊尔江海子野外生产基地是支撑学生科研实践活动的重要依附单位之一,该基地隶属于核工业二〇八大队地勘二处,已有近15年的历史,主要针对鄂尔多斯盆地北部和西部的砂岩型铀矿开展勘查找矿工作,先后发现了皂火壕特大型铀矿床、纳岭沟大型铀矿床和大营超大型铀矿床等一批铀矿床和铀矿产地,一系列重大发现使东胜铀矿田跃居世界级铀矿行列,在一定程度上改变了我国"贫铀论"的面貌,为保障我国的核资源供给作出了重要贡献。该基地曾经辗转东胜区塔拉壕镇、神木尔林兔镇、伊金霍洛旗新街镇(成吉思汗陵)和宁夏磁窑堡等地,2011年为适应"大营铀矿会战"从塔拉壕迁至泊尔江海子镇。该基地是核工业二〇八大队设立的用于专门落实双方"联合办学协议"的重要实践基地之一,从2001年起就开始了密切合作(图2-24)。

(2)实践基地(二)——二连盆地二连浩特市野外生产基地。二连盆地二连浩特市野外生产基地是支撑学生科研实践活动的第二个重要依附单位,该基地隶属核工业二〇八大队地勘

图 2-24　我校焦养泉教授为产业一线地质队员讲课和为我校研究生进行野外露头培训

一处,已有近 20 年的历史,主要针对二连盆地砂岩型和泥岩型铀矿开展勘查找矿工作,先后发现了努和廷超大型铀矿床和赛罕高毕-巴彦乌拉大型铀矿床。

(3)实践基地(三)——巴音戈壁盆地塔木素野外生产基地。巴音戈壁盆地塔木素野外生产基地是支撑学生科研实践活动的第三个重要依附单位,该基地隶属核工业二〇八大队地勘四处,主要针对巴音戈壁盆地砂岩型铀矿开展勘查找矿工作,主要发现了塔木素特大型铀矿床。

通过产学研合作,以焦养泉教授为首的团队主持和参与了"大营铀矿会战",鄂尔多斯盆地于 2000 年在砂岩型铀矿领域获得重大突破。焦养泉教授及其指导的核工业二〇八大队彭云彪博士、苗爱生博士等是东胜铀矿田的主要发现者和合作者,随着皂火壕特大型铀矿床的发现,在短短几年内又陆续在鄂尔多斯盆地发现了纳岭沟大型铀矿床、大营超大型铀矿床及其宝贝沟、农胜新、柴登等系列铀矿产地,特别是超大型大营铀矿的发现使东胜铀矿田一跃成为屈指可数的世界著名铀矿行列,改变了我国铀资源供给的面貌。4 人荣获 2013 年度全国十大找矿成果奖(图 2-25)。大营超大型铀矿床的发现还得到了当时国务院总理温家宝的批示,国土资源部(现为自然资源部)汪民副部长还在现场亲切接见了以焦养泉教授为首的团队(图 2-26)。

图 2-25　焦养泉教授荣获中国地质学会 2013 年度十大地质找矿成果奖

图 2-26　汪民副部长在大营工作现场会见我校师生

三、主导海外联合实习基地建设

国际化是世界高等教育发展的时代潮流。在世界一流大学和一流学科的"双一流"建设背景下,我国各大重点院校都在大力推行本科教育国际化战略。中国地质大学(武汉)于2018年公布的一流学科建设方案中提到,"学校坚持实施人才强校、科技兴校和国际化战略,大力推进以学术卓越计划为核心的综合改革",突显了国际化战略在我校实现一流学科建设中的重要作用。国际化战略中的人才交流和培养,不仅要把海外的优秀教育和科研人才"请进来",还要把优秀的本科生"送出去"接受优质的海外教育。新工科的建设也强调学生的国际化视野的培养。而海外联合地质实习,不仅能使学生们接受更多样且优质的教育资源,促进本专业与国外大学在本科教学方面的合作与交流,而且对强化学生的国际交流能力、拓宽学生的国际视野具有重要的促进作用。

为此,为拓宽学生国际视野、提高国际交流能力和科研创新能力,本专业依托"地质资源与地质工程"一流学科建设平台,由高层次人才牵头,与澳大利亚詹姆斯库克大学合作在澳大利亚昆士兰州西北部的芒特艾萨(Mount Isa)地区共建了联合实习基地(李建威教授、李占轲副教授牵头负责)。自2017年以来每年选拔20余名优秀的本科生,由专业教师带队前往詹姆斯库克大学进行联合实习(图2-27)。在高层次人才的主导下,本专业还与英国杜伦大学合作在苏格兰地区联合开展学生的野外地质实习(李建威教授、沈传波教授牵头负责),与犹他大学合作在美国西部(蒋恕教授牵头负责)、意大利阿尔卑斯山(沈传波教授、葛翔副教授牵头负责)建立了联合实习基地,每年派出学生参加海外联合地质实习,积极推进本科生和研究生的国际化培养,将实践课堂扩展到海外。联合地质实习整体效果显著,得到了参与双方学生和老师的积极评价,也引起社会广泛关注。2019年与詹姆斯库克大学开展的联合野外地质实习,通过18天系统的地质填图培训、分组独立填图和典型矿山考察,同学们的岩石和矿物鉴定、地质填图技能、综合地质分析、专业英语和口语等能力得到系统提升。这次联合实习得到了《中国科学报》《湖北日报》《中国自然资源报》《中国矿业报》《中国青年报》《光明日报》等媒体的报道,受到社会广泛关注(图2-28)。

图 2-27　学生参与海外联合地质实习

图 2-28　新闻媒体报道海外联合地质实习

第六节　高层次人才在立德树人中发挥骨干作用

立德树人是高校的立身之本,是每一位高校教师的神圣使命与职责担当。习近平总书记在全国教育大会上指出,教师是人类灵魂的工程师,是人类文明的传承者,承载着传播知识、传播思想、传播真理,塑造灵魂、塑造生命、塑造新人的时代重任。

高层次人才素质高、能力强、贡献大、影响广,常常具有特别旺盛的创造力,在个人素质上表现为具有创新意识、创新能力、合作能力、敬业精神。高层次人才通常是自带"光环"的学术楷模,对青年学生有较大的影响力,在立德树人过程中扮演者特殊重要的角色。

资源勘查工程专业高层人才按照习近平总书记"四有好教师"的要求,发挥自身独特优势,不断提高人才培养能力,立德修身,潜心育人,在一流人才培养过程中发挥示范引领和骨干支撑作用。

一、主动融入三全育人工作体系,发挥骨干支撑作用

习近平总书记在全国高校思想政治工作会议上指出:"要坚持把立德树人作为中心环节,把思想政治工作贯穿教育教学全过程,实现全程育人、全方位育人,努力开创我国高等教育事业发展新局面。"学院在学生思想政治工作以立德树人为根本任务,完善三全育人工作格局,营造三全育人工作氛围,充分调动各个要素,不断释放育人活力。在体制机制上充分保障。出台《本科生导师制实施办法》《青年教师联合会章程》等,在一系列制度设计上集成育人资源,突出鲜明育人导向。在工作队伍上充分调动。以辅导员、本科生导师、研究生导师等工作群体为主要抓手,重点提升导师队伍思政工作本领,建强思政工作队伍。在育人实效上充分激发。推进青年成才资源供给侧改革,实现育人资源与青年学者话成长论坛、科研立项、创青春、挑战杯等平台及赛事的精准对接,整体提升思政工作育人实效。为适应学校"三步走"发展战略,不断提高学生工作服务一流本科人才培养能力,进一步丰富三全育人在学院思政工作的生动实践,学院紧紧抓住"双一流"建设历史机遇,依托强劲的学科实力与雄厚的师资力量,将高层次人才纳入三全育人格局中的重要一环,不断释放人才红利,进一步推进三全育人工作,切实发挥高层次人才在立德树人中的骨干支撑作用。

1. 全面推进知名专家学者担任本科生导师及班主任,发挥高层次人才在本科教育中的夯土垒台作用

学院90%以上的教师有国际交流与合作经历,20多位教师博士毕业于美国斯坦福大学、宾夕法尼亚州立大学、澳大利亚国立大学等国际顶尖高校,综合素质高、专业素养强、国际视野广是学院教师队伍的基本特征。近年,李建威、蒋少涌、陈红汉、朱红涛、赵葵东、沈传波、焦

养泉、严德天、陈红汉、韩元佳、龚斌、董田、李恒等高层次人才相继担任本科生班主任和学务指导老师,通过多年探索,已逐步形成稳定的高层次人才班主任导师工作团队(表2-5)。

表2-5 资源勘查工程专业2017—2020年本科生班主任情况一览表

班主任	指导班级	人才类别	班主任	指导班级	人才类别
蒋少涌	020171	长江学者、国家杰青	陈红汉	021203	中国科学院、百人计划
陈建国	021171	三级教授、博导	郭小文	021204	教授、博导
李水福	021173	教授、博导	张晓军	026181	副教授
徐思煌	021174	教授、教学名师	皮道会	026182	副教授
李绍虎	025171	教授	谭俊	020191	副教授、博导
李占轲	026171	地大优秀青年学者	王成彬	021191	副教授
徐耀明	026172	副教授	李国庆	025191	副教授
李建威	020181	国家杰青、万人计划	唐大卿	021193	副教授
王敏芳	021181	副教授、博导	刘建章	021194	副教授
杨香华	021183	教授	苏慧敏	026191	副教授
阮小燕	021184	副教授	杨振	026192	讲师
甘华军	025181	副教授	刘锐	021205	副教授
吴昊	021201	副教授	张道涵	021206	SEG
李宝庆	021202	副教授			

李建威教授担任2018级本科生基地班班主任,他深知本科生教育是研究型学院建设和一流人才培养的重要一环。他以课程思政为牵引,引导学生树立远大志向。在资源导论课上,他以"矿产资源和中国梦"为题,讲出资源能源在民族复兴中的基础性、战略性作用,把"专业强国"的志向融入学生的青春梦想。他发挥自身国际合作交流的优势,注重在中国特色和国际比较中增强学生国际理解力,牵头建立澳大利亚詹姆斯库克大学海外实习基地,每年遴选10~15名优秀本科生参与野外联合考察,开拓了学生国际视野,激发了学生追求卓越的动力。同时,他也常年坚守野外教学一线,在疫情防控常态化背景下的秭归实习中,他担任020181班带队老师,手把手指导学生进行野外地质现象观察、测量和采样,帮助他们迅速掌握野外工作技能。1个月下来,班上同学都成了他的"迷弟""迷妹"。

资源学院2017级本科生万晓帆结合自己的新能源专业方向,选择了沈传波教授作为她的本科生导师。沈传波教授针对万晓帆的个人特长,提供学术会议、技能培训等资源,以便使她了解该领域的基本知识与热点前沿。万晓帆在掌握一定量的专业知识后被沈传波教授推荐参加了中国地质学会地热专业委员会2020年会暨第二届地热青年论坛,并在会上做了口头报告。凭借着扎实的专业基础与科研成果,万晓帆获得中国地质学会地热专业委员会青年论坛三等奖、全国第二届研究生论坛优秀报告奖,她也成为整个论坛唯一获奖的本科生。

资源学院2012级本科生王佳宁结合自己研究方向,本科阶段便加入沈传波教授课题组开展研究性学习,并凭借扎实研究基础成功入围"挑战杯"国赛。在备赛期间,还在美国学习交流的沈传波教授克服时差的影响,每天与王佳宁保持2~3封邮件往来,指导备战。从项目基础、研究思路、成果展示等方向进行梳理,并在王佳宁感到困难无助时常常对她说"将来的你,一定会感谢现在拼命努力的自己"。最终经过努力拼搏,师徒二人一举斩获第十四届"挑战杯"全国大学生课外学术科技作品竞赛二等奖(图2-29)。

图2-29 沈传波教授指导王佳宁参加十四届"挑战杯"全国总决赛

2. 依托"青年教师联合会",发挥高层次人才在本科教育中的榜样塑造作用

青年学者的成长历程本身就是励志的代名词。学院于2017年成立"青年教师联合会",在"团结互助、修身修德、协同发展"的团队宗旨中全面助力青年学者的成长,并专门搭建"青年学者话成长论坛",通过主题团日、班长团支部例会等平台,邀请青年学者为广大同学讲述青年学者的奋斗足迹。自论坛开办以来,韩元佳(特任教授)、王磊(特任教授)、董田(特任教授)、张道涵(特任副教授)等15位青年学者,以《青年学子如何成长成才》《求学路上的昨天、今天与明天》《我的学术进阶之路》《我的科研成长之路》为题,走上论坛,成为广大同学的青春偶像。

在2020级本科生专业介绍会上,90后"小哥哥"特任教授韩元佳,在讲坛上为210名本科新生讲述自己是如何在10年左右的时间从一名本科生成长一名行业翘楚,并结合自己在德国访学的经历,鼓励2020级本科生树立远大志向,锚定努力方向,资源能源行业是大有可为的,投身资源能源行业不仅可以接触到丰富的地学知识、锻炼严谨的辩证思维、掌握资源能源行业的基本方法论和技术手段,更可以涵养高尚的家国情怀,为人类的永续发展作出贡献。他用自身的成长经历为新生注解了青春奋斗的航向。

在学院第三期"青年学者话成长论坛"上,董田教授以"我的学术进阶之路"为主题做报告,他讲述了自己从中国地质大学(武汉)到加拿大阿尔伯塔大学再到入选首批"地大百人计划"的学术成长之路(图2-30)。他认为读博本身是一个痛并快乐的过程,现在的科研工作更是一项伟大的事业。青年学子投身科研,可以磨炼自己的意志品质,形成金字塔式的基础知识结构,还可以释放追求卓越的狠劲,在理想的舞台上实现伟大的人生抱负。021174班罗庆来在会后感慨道:"听了董老师的分享,我受益良多,在我看来在追梦之路上坚定前行很需要勇气的,董老师对梦想的执着追求让我感到很敬佩。"

图2-30　归国学者董田教授作客青年学者话成长论坛

3. 发挥高层次人才在本科教育中的成长导航和价值引领作用

学院针对人才培养过程中同学们面对的实际问题,针对学业规划、困难资助、就业创业等模块问题,常态化、制度化开展"师生面对面谈心工程""结对领航工程""两访两创"等,并在由疫情导致的"史上最难就业季"面前,以"六稳六保"为工作遵循,以"全员抓就业"的思维推进就业工作。其中,"高层次人才队伍"冲在前、走在先,全面融入日常思政工作。庄新国、赵葵东、严德天、朱红涛、沈传波等教授对就业困难学生实行"包保制",帮助学生推荐工作、联系单位,跟学生谈心谈话掌握学生及学生家庭面临的实际困难,对困难家庭学生还会提供实际资金资助等,以高尚的教育情怀和扎实的工作本领帮助学生解决思想上的困惑、生活中的困难,在言传身教中实现对学生的价值引领。

二、探索课程思政创新机制,落实立德树人根本任务

课程思政深化了我们对高等教育本质的认识,为办好中国特色社会主义高等教育提供了新的发展思路,课程思政是将立德树人根本任务贯穿教育教学全过程的有效途径。习近平总书记先后在全国高校思想政治工作会议和思想政治理论课教师座谈会上系统阐释了课程思政的内涵及任务,提出课程思政要把显性教育和隐性教育统一起来,挖掘其他课程和教学方

式中蕴含的思想政治教育资源,明确了实现全员全程全方位育人的要求。资源勘查工程专业主要研究矿产资源成矿成藏机理和勘探开发技术方法,要在课程教学中把马克思主义立场观点方法的教育与科学精神的培养结合起来,培养学生发现问题和解决问题的能力,要注重科学思维方法训练和工程伦理教育。同时本专业主要为石油、矿产等国家支柱型能源行业,毕业生承担着守护国家自然资源生命线的重任,对于国家长期稳定发展具有战略意义。本专业行业具有野外实践多、工作环境艰苦等特点,需要在教学过程中培养学生的艰苦奋斗和无私奉献精神,并且地质行业正处于转型的关键时期,面对日益提升的环保要求,必须平衡好资源开发与环境保护,要在课程内容中引导学生理解习近平总书记"绿水青山就是金山银山"的生态文明思想,辩证思考"共抓大保护,不搞大开发"的丰富内涵。

作为一流学科建设专业,资源勘查工程专业高度重视课程思政建设,尤其是近年在推进一流学科建设过程中,对课程思政建设做了有益探索。其中,高层次人才在探索课程思政创新做法,发挥了中流砥柱作用(图 2-31)。

图 2-31 李建威教授主讲地质类专业导论

(1)带头示范,激发思政意识。"教育大计,教师为本"。高层次人才因其开阔的学术视野,丰富的知识储备,在学生中具有很高的影响力,不仅肩负传播科学知识的责任,同时还要向学生传播先进的思想文化,引导学生树立社会主义核心价值观。资源学院制订课程思政建设实施方案,通过制度设计,选派优秀高层次人才,领衔课程思政立项研究和建设,激发全体教师课程思政意识。将教师开展课程思政的情况作为首要考虑因素,规范教师师德师风,营造全员开展课程思政的价值追求。注重挖掘高层次人才中优秀的师德典型作为鼓舞和感染教师队伍建设的重要力量,也使教师的道德塑造功能在学生群体中不断强化。近两年涌现了"全国模范教师"焦养泉、"湖北省十佳师德标兵"李建威、"湖北省名师工作室"徐思煌等先进教师榜样,极大促进了青年教师树立高尚师德师风,引导学生涵养家国情怀和高尚人格。焦养泉教授是资源学院盆地矿产系系主任、我校盆地铀资源研究团队首席科学家,从教 33 年来,他培养的学生普遍成为核工业及其地质系统的业务骨干,负责创办了全国首个煤及煤层气工程专业。他创建的新型找矿技术为国家节省勘查经费10多亿元,率领的团队被誉为"产学研"合作的典范。他还多次走进央视,为大众科普默默奉献力量。焦养泉教授紧密围绕国家战略与需求,用实际行动,诠释了新时代有理想信念、有道德情操、有扎实学识、有仁爱之心的"四有"好老师的责任与担当。焦养泉教授以他的不懈奋斗、拼搏进取,在地质教育领域开辟了一番新天地,他多次获评"最受同学欢迎的老师""研究生的良师益友",多次荣获湖北省、学校优秀学位论文指导教师,多次荣获学校"教师教学优秀奖"等。

(2)主动担当,打造精品课程思政案例。"一流学科"建设汇集了国家和高校最多最好的人力物力投入,是高校里非常稀缺的优质教育资源,也具有开展课程思政的巨大潜力。本专业汇聚地质资源领域一流专家团队,采取"集团作战"的组建模式,汇集优质的教学力量,协力打造地质类(资源能源)导论课,主讲入学教育系列专业引导讲座。这支教学团队由国家级人才和二级、三级教授组成,他们精通教学之道,紧跟国际前沿,长期在第一线开展教学与科研工作,有利于把握课程建设精髓,同时引领中青年教师梯队的成长。课程全面介绍地质资源学科前沿,用本学科服务国家需求和地质行业创新发展的生动案例激励青年学生涵养献身地质事业的情怀。在此基础上,唐辉明、李建威等教授领衔开设的地质类专业导论课程跻身国家精品视频公开课。通过该课程的学习,学生和社会公众可初步了解地质类专业的专业内涵、社会需求、培养目标、培养方案、课程体系和发展前景。沈传波教授参与主讲学校课程思政精品项目国土安全形势政策课,系统论述资源安全和国家安全,通过向学生普及我国主要产出的矿产类型、世界各类主要矿产的产地以及全球供需关系,认清我国能源安全的基本情况,增强学生总体国家安全观,凸显强烈的问题意识、忧患意识和担当意识,引领广大学生深入学习领会习近平总书记关于坚持总体国家安全观的重要论述,提升国家安全意识,强化维护国家安全的责任担当。课程在全面开展大学生国家安全教育的同时,主动融入学校特色学科,寻找最佳结合点让思政课程和学科特色"同轴共转",推动行业特色高校思政课程的价值创新。

(3)躬身实践,挖掘课程思政元素。地质资源与地质工程研究内容涉及各类能源矿产的形成机理以及人与地球如何和谐共生的命题,是一个具有丰富"德育"资源的富矿。在专业课程中可有效融入科学精神、爱国主义教育和社会主义核心价值观。在专业课教学的过程中通过介绍老一辈地质工作者"以找矿立功为荣"的艰苦奋斗历程,激发学生勇担时代使命的爱国之情。通过向学生系统讲解资源能源开发和可持续发展,培养学生辩证思维。资源勘查工程一门实践性很强的专业,每年会组织学生开展2周至5个月不等的野外实践教学。本专业组建由高层次人才担任学术顾问或队长的北戴河、周口店、秭归、江汉油田、咸宁通山、大冶铁矿6个实践教学团队。高层次人才在实习实践中与学生同吃同住同实践,通过野外实践教学中的言传身教,潜移默化培养学生锤炼学生艰苦奋斗的意志品质和献身地质事业的家国情怀。除了基地实习,老师们还把课程开到高山大漠、矿山油田,引导学生"读万卷书,行万里路",走出校园了解真实的国情、民情、社情,通过积累实践经验增长本领开阔眼界。

三、全力构建科研育人体制机制,培养学生创新意识和创新能力

科研育人是以科学研究活动为载体,包括高层次人才在内的广大教师通过指导学生参与科学研究活动,在培养他们的科学素养和研究能力的同时,全面提升学生的思想品德、意志品质、人格操守等,实现立德树人根本目标的一种创新教育模式。科研育人作为一种隐性教育模式,是习近平新时代中国特色社会主义高等教育发展的内在要求,也是新时期我国高校思想政治教育改革、发展、创新的重要手段,是推进高校"三全育人"的重要载体。

资源勘查工程专业作为国家一流学科建设专业,围绕战略性关键矿产资源预测和勘查、常规和非常规能源勘探开发等关键领域,承担着为国家资源能源领域培养和输送高质量研究型人才的重要使命。在推进一流学科建设和研究型人才培养的过程中,更加重视人才培养与科学研究有机融合,形成了较为全面的科研育人体系,其中高层次人才发挥了带动牵引作用。

(1)吸纳学生参与项目研究,构建学习共同体。学院自2017年起全面推行本科生导师制,出台《资源学院本科生导师制实施办法》,重点选聘高层次人才担任本科生导师。将"指导学生进行研究性学习和实践锻炼"纳入导师职责,将高年级本科生纳入导师科研团队进行管理,鼓励本科生加入导师科研项目,进入专业实验室,提前参与科学研究。本科生导师支持对科研有浓厚兴趣的、学有余力的本科生申报院校级基础科研立项,从撰写申报书、答辩展示等方面给予充分指导。2017年以来学院本科生年均申报科研立项80项,基本做到本科生全覆盖,支持资助学生参与国内国际重要学术会议和海外短期访学,指导本科生参与制作国际学术会议展板和撰写学术论文。近两年本科生参与科研氛围明显浓厚,校科技论文报告会获奖率逐年提升。2017级本科生朱晓萌从本科二年级开始跟随本科导师李水福教授参与科学研究,从简单的实验操作,到数据分析,再到成果的整理总结,在导师的认真指导下参与页岩油领域研究,主持大学生创新创业项目1项,并于大三阶段以第一作者身份在中文核心期刊上发表学术论文《页岩油可动性表征方法研究进展》,成为同学们眼中的"真学霸"。2016级本科生刘思祺酷爱野外地质工作,在本科二年级加入蒋少涌教授团队后,就时常跟随导师参与科研项目研究,在导师野外手把手教导下,逐渐掌握扎实的野外地质技能,并以优异的表现通过学校遴选,成为赴澳大利亚与国外学生共同参与联合野外地质考察的一员。每次提及本科的收获时,他总强调,是蒋少涌教授一丝不苟的探索精神和扎实过硬的本领引领他不断突破自我,收获到了许多课本中学不到的内容。通过导师制和学术科技活动的串联,高层次人才在育人中发挥了重要的引领作用,在指导学生的过程中传授技能,传递精神,将立德树人和创新人才培养理念贯穿在学生参与科研创新实践全过程,助力一流本科生教育。

(2)指导学生学术活动,丰富第二课堂内涵。"寻找李四光·卓越地质师培育工程"系列活动是学院科技实践活动的主平台和主渠道,是学校独具特色的科技活动,为学校营造蓬勃向上的校园文化注入生机活力。该项目涵盖专业兴趣培养、专业知识强化、专业技能训练及科学探索研究4大板块的30余个子项目,其中地学专业知识竞赛、校园周边路线考察竞赛等竞赛项目吸引广大本研学生参与。高层次人才根据专业研究领域不同,分别在各项竞赛活动

中担任专业指导教师,参与到竞赛全过程,以周江羽教授、张金阳教授为代表的一批高层次人才,十年来坚持加入到"寻找李四光"活动的筹办之中,积极参与竞赛各环节的设计指导工作。为把第二课堂建设到祖国的大好河山上,高层次人才发挥自身优秀,主动参与校地合作,共建实践育人基地,开辟了随州大洪山、罗田天堂寨等位于自然风景区之内的野外考察路线,带领学生在提升地质专业能力的同时感受自然的旖旎秀美与豪迈壮阔。参赛学生在竞赛中领略风光,更加增强对地质事业的认同;"培育工程"作为本科教育教学的补充,极大丰富了第二课堂内涵,在高层次人才的支持下,成为促进学生全面成长成才的重要平台。

(3)指导学生学科竞赛,引导学生追求卓越。按照竞赛类别,学院在高层次人才的引领支持下建立学科竞赛指导团队,建立专项经费配套保障和激励机制,以机制推动竞赛,用竞赛带动科研创新,构建竞赛与科研有机融通,不断鼓励广大师生积极投入学科竞赛活动,以赛促学,以赛促练。近年来,学科竞赛成果喜人,焦养泉教授团队指导的学生团体获得全国煤炭地学竞赛特等奖,蒋少涌教授团队参与指导的学生获全国大学生地质技能大赛特等奖,沈传波教授团队指导的学生团体获挑战杯国家级竞赛二等奖,陈建国教授团队指导的学生获全国数学建模大赛二等奖。

(4)加强配套政策保障,提高科研育人积极性。制订资源学院本科生创新创业自主学习学分认定表,学生在学校认定的各级各类学科竞赛、科学研究、创新实验、发明创造、学术论文发表、社会实践等方面取得对成果,可以获得相应的创新学分;加大对本科生科研训练指导教师的奖励力度和学生在科研训练中获奖的奖励力度,本科生完成的科研成果作为其参与评优、推荐免试攻读硕士学位、国内外推荐交流等事项的重要参考。开放学院全体教学实验室供学生开展探索性、自主性学习;将推进导师制落实情况和指导大学生参与科研项目作为教师年度考核和职称评聘中的参考指标。

在高层次人才参与科研育人的过程中,将立德树人和创新人才培养理念贯穿在学生参与科研创新实践全过程,学生通过学习科研方法,扩充了知识,提升了理论;通过运用科研方法,参与调查、分析、归纳、综合等,培养了逻辑思维能力、分析问题和解决问题能力、实践和动手能力等,有助于培养学生用马克思主义的立场、观点、方法辩证地看待事物,促使学生恪守学术规范,遵守学术道德,助力一流本科生教育。

第七节　资源勘查工程专业人才培养成效

在高层次人才的引领作用下和几代师生的艰苦奋斗中,中国地质大学(武汉)资源学院资源勘查工程专业为国家和社会培养了数万名各类人才,为我国资源能源事业和国家经济建设作出了重大贡献,向时代和社会交上了一份出彩的答卷。全国各大油田公司、地勘单位、矿山企业都活跃着他们的身影,国家资源能源领域重大工程、重大科技攻关项目都凝聚着他们的智慧。金之钧、郝芳、李家彪、王双明、潘永信5位校友当选两院院士,李金发、侯启军、邓军、国梁、周宗文等,有的成为学界翘楚,有的成为政界精英,有的成为商界名流,有的成为行业骨干。本专业人才培养质量得到国内外高度认可,该专业于2013年和2017年两次通过中国工程教育专业认证,并牵头制定本专业国家质量标准,2019年被认定为国家级一流专业建设点。

一、学生德、智、体、美、劳全面发展,拔尖创新人才脱颖而出

近年来,资源勘查工程专业依托地质资源与地质工程世界一流学科建设契机,突出战略导向,加强顶层设计,围绕立德树人根本任务,抓住全面提升人才培养能力的核心点,建立健全拔尖创新人才培养体系,在校生学习成效明显。

思想政治素质过硬。本专业坚持以习近平新时代中国特色社会主义思想为指导,全面贯彻党的教育方针,坚持立德树人根本任务,坚持"四为"方针,坚持党建引领,弘扬"艰苦朴素 求真务实"的校风学风,完善"三全育人"培养体系,努力培养品德高尚、基础厚实、专业精深、知行合一、堪当民族复兴大任的时代新人。学生牢固树立"四个意识",坚定"四个自信",做到"两个维护",积极培育和践行社会主义核心价值观,政治思想和精神风貌健康向上。"艰苦朴素 求真务实"的校训精神深入人心,献身地质事业的家国情怀成为群体认同。

专业能力扎实。学生学习态度端正,学习风气浓厚,学业质量提高明显,学习优秀率占总人数约1/2以上。本科生积极参与科研训练,每年本专业学生参与国家级大学生创新创业训练计划、大学生自主创新资助计划、大学生基础科研训练计划和学院"寻找李四光"专项基金等课外科技活动立项100余项,实现高年级本科生科研立项全覆盖。本专业90%以上的同学参与各级各类创新创业活动,每年100余名学生积极参加挑战杯、互联网+、全国地质技能竞赛、中国石油工程设计大赛、数学建模竞赛等各项学科竞赛,近年来累计获得校级及以上奖项300余项,进入各类人才培养计划60余人次。研究生百分百参与导师科研项目,参加并做学术报告,50%以上的研究生赴产学研基地和研究生工作站开展实践训练和研究。杨锐、吴亚飞、李伟获李四光优秀博士生奖,苟启洋获第十届李四光优秀硕士生奖提名奖,葛翔、杨锐、吴亚飞、曾智伟、李丁获评"长江学子",王佳宁团队获第十四届"挑战杯"全国大学生课外学术科技作品竞赛全国二等奖,芮笙任和佘晓慧获得第五届全国大学生地质技能竞赛特等奖2项、一等奖1项、二等奖1项,刘紫璇等荣获全国煤炭地学大赛全国一等奖,杨阳等40余名同学获得中国石油工程设计大赛一等奖1项、二等奖2项、三等奖7项,颜昴阳等8名同学获得全国石油工程知识竞赛特等奖1项、1等奖1项,昌佳等6名同学入选博士后创新人才支持计划。

国际交流日益频繁。本专业国际化培养资源丰富,建有覆盖本科至博士的海外学习育人体系,如"111"引智计划、联合培养、国际交换生、海外访学、海外科研训练、国际联合实习、国际学术会议等国际交流项目。每名博士生能获得至少6个月的出国交流的资助,近年来,博士生出国开展联合培养或攻读博士学位128人次,学院博士生出国交流率100%。2018年起,本专业陆续开辟澳大利亚詹姆斯库克大学、英国杜伦大学、新加坡国立大学、美国犹他大学、意大利帕多瓦大学、波兰什切青大学6个海外联合野外地质实践教学基地,近年来,共选派38名优秀的本科生全额资助参加海外联合实习。资源和能源领域最重要的4个国际学术

组织,国际经济地质学家学会(SEG)、美国石油地质学家学会(AAPG)、国际石油工程师协会(SPE)和国际数学地球科学学会(IAMG),均在本学科设立了地大学生分会,协会每年资助学生分会开展学术交流、野外考察、英语学习、文化感悟、经验分享等活动100余场次,陶欢等20余名同学获得国际学术组织学生科研基金资助,获奖人数在国内高校中居于最前列。近5年,本专业学生国际交流率达20%。

综合素质全面发展。依托本专业丰富的第二课堂活动,学生德智体美劳全面发展。学生积极参加震旦讲坛、校友指南针论坛、高雅艺术进校园、素质拓展等人文艺术活动,参与率超90%。本专业体育氛围浓厚,学生积极参加群众性体育活动和竞技性体育比赛,每年开展各类球赛等院级体育活动100余场次,学生参与率超90%,形成"资源er健身季"系列运动品牌。学院在学校运动会中成绩名列前茅,学院多次荣获早操优秀集体和校群众体育先进单位,学生体质测试合格率达到95%。学生积极参加社会调查和社会实践活动,大二全员参与社会调查课程,每年20余支团队开展寒、暑假社会实践活动。依托区校共建项目和校外实践基地,所有党团支部每学期至少开展1次志愿服务活动,"红星志愿服务"已经成为洪山区文化品牌,相关活动获得省教育厅和团省委立项资助,两个团支部获评共青团湖北省委"百生讲坛"活动活力团支部,李丁获评"全国大学生自强之星",林少伟、李丁获评湖北省"百生讲坛"优秀主讲人。

二、毕业生职业发展后劲足,服务行业的能力突出

毕业生就业质量高。近年来,毕业生初次就业率均在90%以上。出国率和读研率稳步提升,到2020年超过50%,本专业的部分学生因理论基础扎实,学习能力和科研能力突出被哈佛大学、帝国理工大学、得克萨斯大学奥斯汀分校、亚利桑那州立大学、北京大学、南京大学、同济大学、浙江大学、中国科学院、中国地质大学(北京)等国内外知名大学及研究机构录取为硕士研究生和博士研究生。毕业生在与专业相关行业就业的比例占到70%以上,主要分布在石油、地质、冶金、建材、有色、核工业等行业,从事基础地质和矿产地质调查、成矿成藏理论与规律研究、矿产资源勘查开发、数据采集与解释等工作,其中90%以上的毕业生从生产一线做起,逐渐发展成为资源勘查工程方面的专业人才,完成硕士或博士学位的毕业生主要进入资源能源领域大型企事业单位、高等学校或科研院所从事科学研究或工程技术开发等方面的工作。从就业地区分布来看,20%的毕业生扎根西部,40%左右的毕业生留在湖北继续升造或服务地方经济。

毕业生职业发展力强。本专业毕业生普遍受到企事业单位青睐,有着较强的就业竞争力。毕业5~10年后,工作岗位普遍得到一定的升迁,成长为单位骨干,不少毕业生获得各类国家级奖项。

2011届资源勘查工程基地班毕业生34人,目前22人在中国地质调查局、新疆地质调查研究院等地勘单位或大型矿业公司工作,岗位由项目骨干升迁为技术负责、项目负责、副总工、总工等中高级岗位,职称由助理工程师晋升为工程师、高级工程师。9人在高校从事专业

教学,1人获聘特任教授,2人从事与石油和地矿相关出版编辑工作,1人考取公务员。34人中,32人获得硕士学位,占比94%,14人获博士学位,占比41%,6人曾在哈佛大学、亚利桑那州立大学等海外知名院校留学。

2011届资源勘查工程(油气方向)毕业生35人,目前31人在石油和地勘单位工作,岗位由基层技术员升迁为项目骨干、项目负责、主管等中级岗位,职称由助理工程师晋升为工程师、高级工程师。4人从事与石油和地矿相关的矿权交易评估、科技信息咨询、仪器研发等工作。35人中,18人获得硕士学位,7人获得博士学位。

2010届本科毕业生张世佳,毕业后选择回到家乡青海煤炭地质勘查院煤勘分院工作,投身西部地质事业一线。他致力于柴北缘地质构造,带领团队先后在鱼卡煤田申请多项青海省级财政资金煤及煤层气勘查项目,累计经费超2000万元,成功在鱼卡煤田深部揭露巨厚煤层,取得深部找矿突破。个人先后获青海煤炭地质勘查院2011年度职工技能大赛第一名,青海煤炭地质局2012年度职工技能比赛"状元",中国煤炭地质总局2015年"优秀共青团员"、2016年"青年岗位能手"、2018年"科技创新先进个人",中央企业2017—2018年度"青年岗位能手",中国地质学会第三届青年野外地质贡献奖——"金罗盘奖"等各类殊荣。工作仅4年就被提拔为青海煤炭地质勘查院资源调查部副主任。

2013届硕士毕业生欧阳永棚,毕业后进入江西省地矿局九一二大队工作,长期在朱溪钨铜矿区野外一线从事地质找矿和勘查工作,作为主要成员参与了朱溪世界最大钨矿床的勘查和综合研究工作,朱溪世界最大钨矿床的探获超额完成了我国找矿突破战略行动"358"钨矿找矿第二阶段目标(全国钨矿目标200万t),进一步确立了我省"世界钨都"的重要地位,增强了我国钨矿的世界话语权,对矿产资源储备、指导钨矿勘查及开发均具有里程碑意义。他入选江西省百千万人才工程和江西省青年讲师团,先后荣获全国第十七届青年地质科技奖(银锤奖),江西省地矿局科学技术二等奖(R1),江西省生态地质环境学会优秀科技工作者、江西省地矿局文明职工和先进生产(工作)者、江西省地矿局"不忘初心、牢记使命"3位先进典型人物之一,鹰潭青年五四奖章等奖励及荣誉。所在朱溪钨铜矿项目曾获得全国工人先锋号称号、全国十大地质找矿成果、国土资源科学技术奖一等奖、江西省地矿局科学技术进步特等奖、全国质量信得过班组。工作仅6年就被提拔为大队副总工程师兼自然资源调查院院长。

优秀毕业生不断涌现。建校以来,本专业为国家和社会培养了数万名各类高素质复合型人才,他们的身影活跃在众多矿山、油田中,为我国的资源能源事业和国家经济建设作出了重大贡献。他们当中,有建功资源能源科技创新的学术精英,有为保障新中国成立初期工业建设和改革开放以来经济建设作出重要贡献的行业骨干,有引领珠宝行业发展的商界名流,有奋进在为人民服务新征程上的政界精英……

建校以来,本专业有15人当选中国科学院或中国工程院院士,相当于每1000名毕业生中就产生1名院士,如欧阳自远院士、傅家谟院士、殷鸿福院士、汤中立院士、金振民院士、金之钧院士、郝芳院士、李家彪院士、潘永信院士、王双明院士等。1978年以后的毕业生中,金之钧、郝芳、李家彪、王双明、潘永信5位校友当选两院院士,他们为成藏成矿理论创新作出了巨大贡献。

1986届毕业生焦养泉率先组建了盆地铀资源研究团队,创建了"铀储层沉积学"理论技术体系,在砂岩型铀矿床的勘查预测和系列找矿突破行动中,取得了突破性成果,为国家节省勘查经费 10 多亿元,创造潜在经济价值百亿元以上。先后为鄂尔多斯盆地等六大盆地铀资源基地建设作出了重要贡献,同时培养了一批高层次紧缺专门人才,被业界誉为"产学研合作"的典范。2012 年,在参与超大型大营铀矿找矿突破会战中,焦养泉教授从铀成矿规律和空间定位预测的角度紧密服务于钻前勘查优化部署,为全球性超大型铀矿(居世界第 14 位)、中国最大的砂岩型铀矿——大营铀矿的发现作出重要贡献,结束了中国无世界级铀矿的历史,摘掉了"中国贫铀"的帽子,找矿成果荣获 2013 年度"全国十大找矿奖",并得到时任国务院总理温家宝同志的批示。

1987 届石油及天然气地质专业校友、渤海石油管理局总地质师薛永安带领团队,经过 18 年的理论探索、技术攻关,于 2019 年 2 月发现渤中 19-6 大型凝析气田。经自然资源部油气储量评审办公室审定,此气田天然气探明地质储量超过千亿方,凝析油探明地质储量超亿方,其三级储量如果全部探明,油气当量将会是渤海湾盆地第一大油气田!该气田是中国东部发现的第一个大型凝析气田,也是首次在中国陆相湖盆发现的大型凝析气田。该气田开发后可大大增强京津冀地区天然气稳定供应能力,为京津冀地区提供绿色、清洁、安全的能源保障,已被国家发展改革委员会列为天然气保供重大项目。薛永安长期从事渤海油田勘查工作,首次提出渤海油田"立体勘探""精细勘探"指导思想,成功指导了渤海油田不同阶段的勘探工作,开拓了渤海油田新的勘探领域。提出深层天然气成藏的"被子模式"、浅层"汇聚脊"油气运移模式,分别成功指导了渤海深层、浅层油气勘探。提出"湖盆咸化-地壳减薄-走滑改造"3 因素共控的浅盆成烃的新认识,提升了渤海边缘浅凹的勘探潜力。带领团队建立复杂海陆过渡带地震高精度采集、处理技术,地震资料品质大幅提高,保障了区域整体研究。带领团队建立海上平台受限空间特稠油-超稠油测试技术,突破了勘探新领域,获得了一大批大中型油气发现。曾获多项国家科技进步奖、李四光地质科学奖等,享受国务院政府特殊津贴。

1963 届校友叶天竺,曾担任中国地质调查局局长,1986 届校友李金发担任中国地质调查局副局长,1988 届校友侯启军担任国家石油天然气管网集团有限公司总经理,1989 届校友邓军曾任中国地质大学(北京)校长,1989 届校友曹新建担任中国海洋石油集团有限公司总经理助理……

1982 届校友周宗文创办周大生珠宝股份有限公司,1994 届校友林明杰创办千叶珠宝股份有限公司,相继成为我国珠宝行业的领军人物。2014 届校友唐克非,2014 年、2015 年先后在中国成都、泰国曼谷、缅甸创建高档宝石公司 P.N.GEMS,并登陆香港国际珠宝展,成为国内首位获瑞士古柏林 Level 3 证书和瑞士巴塞尔 SSEF 实验室高级宝石专家证书的学员,2019 年、2020 年在缅甸捐助成立"红宝石小学""蓝宝石小学",成为新一代珠宝公司典范。

1994 届校友熊友辉创办武汉四方光电科技有限公司,从事气体传感器、气体分析仪器研发、生产和销售,公司是湖北省首批知识产权示范建设企业,承担了国家重大科学仪器设备开发专项、工信部物联网发展专项等国家科技开发项目,截至 2020 年 11 月底,公司及子公司拥有 105 项境内外注册专利(其中国内 103 项、国外 2 项),发明专利共有 34 项(境内 32 项、境外 2 项)。四方光电及子公司湖北锐意入选工信部 2019 年工业强基传感器"一条龙"应用计划示范企业。四方光电获得中国物联网产业应用联盟颁发的"最具影响力物联网传感企业奖"。

2006级资源勘查工程专业基地班马小刚,本科毕业后保送至本院攻读硕士研究生,2011年获得荷兰特文特大学博士学位,现任美国爱达荷大学计算机系教授、美国地质学会地学信息分会主席(2019)、国际地质科学联盟驻国际科技数据委员会代表(2017年至今)、哥伦比亚大学跨学科地球数据联盟技术咨询委员会委员(2017年至今)、爱达荷大学西北知识网络技术咨询委员会委员(2017年至今)、国际科技数据委员会跨联盟数据标准协调工作组主席(2016年至今)、国际数学地球科学协会理事,Computers & Geosciences 等4种国际学术期刊的副主编和编委。2015年获国际数学地球科学协会"安德烈·鲍里索维奇·维斯捷利乌斯"奖,2014年获国际科学理事会世界数据系统委员会首届数据管理奖。

2006级资源勘查工程专业韩元佳,本科毕业后保送至本院攻读硕士研究生,后获得德国地学研究中心博士学位,现任中国地质大学(武汉)教授、博导,2019年获美国石油地质学家协会(AAPG)优秀论文奖,此奖项每年全球仅评选1人,韩元佳是获此殊荣的第一位中国青年学者。

三、人才培养质量得到广泛认可和高度评价

毕业生跟踪调查结果显示,本专业毕业生初次就业率均在90%以上,在地勘行业单位就业的比例占到70%以上,反映出本专业毕业生专业就业符合度高。学生经过4年的学习,对选择就读本专业的满意率为98%;学生普遍认为,本专业的课程设置以及教学实践活动安排均十分合理,学院师资力量雄厚,学习风气浓厚,课外科技活动丰富多彩,并有机会参与国内外、校内外交流活动,极大地锻炼了自主学习、沟通交际以及组织协调能力。学生通过4年学习,基础理论扎实,动手实践能力强,社会能力、专业水平及专业能力提升明显,这些能力和素质成为学生的工作竞争优势,使得他们能够在工作岗位上表现更为出色。

以2019年毕业生调查为例,调查对象中,96%认为学院的师资队伍配置基本合理,94%认为学院的课程设置基本合理,90%认为学院的教材建设与使用情况基本合理,97%认为学院的教学方法与教学手段基本合理,98%认为学院的教学实习活动安排基本合理,96%认为学院的新生入学教育安排基本合理,94%认为学院的专业指导教育安排基本合理,95%认为学院的社会实践活动安排基本合理,89%认为学院的学习风气良好,95%认为学院的课外科技活动开展基本合理,90%认为学院在社会上的声誉及影响良好。

用人单位调查显示,用人单位普遍反映本专业毕业生思想素质好、专业基础优、动手能力强,对资源勘查的新技术、新方法了解较为全面,具有岗位普适性,能够胜任资源勘查岗位专业技术工作和管理工作。以新疆地矿局为例,目前,资源勘查工程专业共有158名毕业生在该局工作,其中近3年合计51人。新疆地矿局和下属单位对毕业生知识面与基础理论、动手实践能力、创新意识与能力、责任心与态度、团队合作精神、组织管理能力6个毕业生表现维度的评价都在较好以上等级。对资源勘查工程专业办学声誉与社会影响、知识传授与单位需求符合度、毕业生素质与单位需求3个学校育人维度评价都在较好等级以上。江汉油田勘探研究院反馈毕业生具有良好的敬业精神和很好的团队精神,基础理论知识扎实,综合素质高,

具有较强的动手能力和实际工作能力。

接收本专业学生就读硕士、博士的学校和科研机构的调研反馈信息表明，本专业学生基础知识和专业基本功扎实，具有创新思维、团队意识和协作精神，对行业的发展趋势有明确的认识，实践能力过硬，有发展潜力，特别是北京大学、中国科学院等知名高校和研究机构接收我校本专业推免生的数量稳中有升。

研究机构第三方评价显示，全国第四轮学科评估，中国地质大学地质资源与地质工程学科评价A+，排名全国第一。2017年、2018年、2019年中国大学本科教育分专业排行榜，中国地质大学(武汉)资源勘查工程专业等级为5星。2019年，中国科教评价网发布了《2019年中国大学本科教育分专业排行榜(192个)》，对全国20个资源勘查工程本科专业进行了评价排行，中国地质大学(武汉)资源勘查工程专业水平为五星级别。

通过毕业生、用人单位调查和研究机构第三方评价，本专业培养目标达成度高。毕业生知识、能力、素质各方面全面发展，能够胜任矿产和能源勘查评价、开发与管理及技术创新工作，职业发展力强。

第三章 高层次人才在石油工程专业建设与本科人才培养中的引领作用

石油工程专业是在我校优势专业资源勘查工程的培育下，逐渐发展壮大起来的。自1993年石油工程专业创办以来，高水平高层次专业人才及其团队在各个阶段的专业建设和人才培养方面始终发挥引领、带动和核心关键作用。本章从专业顶层设计到教育教学改革、从教学团队到"四个"大学课堂教学一线、从创新实践教育到国际化一流人才培养等4个方面，阐明高层次人才在石油工程专业教育教学领域发挥的引领作用及其显著的人才培养教育成果。实践证明，石油工程专业高层次人才及其优质团队成功培养出一大批"品德高尚、基础厚实、专业精深、知行合一"的社会主义优秀建设者和可靠接班人，为我国能源安全和科技发展提供高水平的支撑。

第一节 高层次人才引领下的专业发展历程

一、高层次人才引领专业交叉融合，面向社会需求培育新专业

1987年我校石油地质系成立，王启军、王燮培、张家骅、费琪等教授先后担任系主任。20世纪90年代开始，石油系张家骅、费琪、徐怀大、孙永传、马正、贾振远、徐献中、张博全、陈建瑜、李蕙生、王岫云等一批教授从事开发地质及油气田开发工程领域研究，并培养了一批该方向研究生。工程学院探矿工程方向汤凤林院士、鄢泰宁院士、杨凯华教授等知名学者长期从事钻井工程及钻具研究。在开发地质和钻井工程两个主要方向学科带头人的引领带动下，我校发展壮大了开发地质学、钻井工程、油藏工程等学科方向，1993年油气田开发工程硕士点获得教育部批准，开始了硕士研究生率先招生。

1993年在石油系系主任张家骅教授等老一辈学科带头人的大力推动下，石油地质专业大三学生转入油藏工程专业方向学习，实际上开始承办油藏工程专业，并于1995年有第一届油藏工程毕业生。1995年在大一学生中正式招收油藏工程专业一个班的学生。1998年教育部

对本科专业目录进行了重大调整,油藏工程、采油工程及钻井工程专业合并称为石油工程专业,同年我校油藏工程专业也正式转向招收石油工程专业本科生,招生规模为两个班。至此,石油工程专业正式创立,这是专业建设的标志性事件。在20世纪90年代中后期,一批德高望重的高层次教师陆续退休,年轻教师不断成长,教师队伍实现新老交替,年轻一代教员承担起专业建设的重担,郝芳、何生、陈开远、梅廉夫、陈红汉、赵彦超、张树林、姚光庆、叶加仁、关振良、蔡忠贤、谢丛姣、顾军等年轻老师在此阶段逐步成长起来,并在石油工程专业发展过程中起到了重要作用。

二、发挥优秀青年教师作用,专业建设不断上台阶

进入新世纪,石油工程专业成立以来,在学院领导推动下,高层次人才通力合作、优势互补、共同努力、石油工程学科平台建设取得长足进展。在以长江学者、国家杰出青年基金获得者郝芳教授为首的高层次人才团队带领指导下,2003年油气井工程硕士点及油气田开发工程博士点获教育部批准,2003年12月油气田开发工程学科被批准为湖北省重点学科。2004年在地质资源与工程学科内,自设"钻井工程"博士学位点。2007年4月获准设立石油与天然气工程博士后流动站,2010年获批石油与天然气工程一级学科博士点。

同期,湖北省油气勘探开发重点实验室获得批准建设,教学实验室建设系列化、规范化,研究生教学水平突飞猛进,国际化办学开始展开,课程及教材建设有了长足进展。在科研方面,开发地质学、储层地质学、油藏描述、油藏模拟、完井工程等优势方向初步建立,完成了许多重大项目。毕业生在社会和企业中得到广泛认可,供不应求。期间为专业发展作出重要贡献的高层次人才有郝芳、何生、蒋国盛、窦斌、赵彦超、张树林、姚光庆、陈红汉、梅廉夫、顾军、谢丛姣、段隆臣、关振良、蔡忠贤、王生维等教授(图3-1)。

图3-1 石油系部分青年教师与老教师合影(2005年)

三、高层次人才带动下师资队伍不断发展壮大

2015年石油工程系从石油地质系中剥离出来,正式成为独立三级单位,为石油工程专业的壮大发展提供了组织和人员保障,蔡忠贤教授为第一任系主任。此时,石油行业国际、国内背景发生了重大变化,国际上以美国为代表的页岩油、页岩气实现技术突破,产量直线上升,而油价却在政治和经济博弈中直线下降,传统石油企业遭受重大损失,不断减员。国内在低油价驱动下,三大油公司实施减员增效等一系列措施,新员工招聘基本停止。这样的背景给高校石油工程专业人才培养和毕业生就业带来重大影响。一方面,大量海外人才学成后回流,专业师资力量、数量和质量大幅度提升;另一方面,毕业生就业困难,转行人数增多,第一志愿报考人数减少。

2015—2020年,石油工程系6年时间内引进高层次人才25人,国外留学1年以上的教授及副教授18人,其中取得国外知名高校博士学位或具有博士后经历人员13人(图3-2、表3-1)。我校石油与天然气工程,在中国研究生教育评价报告中,连续多次保持学科全国排名第三,2017年"双一流"学科评估等级为B-。

图3-2 石油工程系教员及油田开发地质教学组部分教师合影(2018年)

表3-1 2020年石油工程专业在职高层次人员情况一览表

姓名	年龄	进本专业时间	获得学历的机构	最高学位	人才类型	海外留学
关振良	57	1985-07	中国地质大学(武汉)	硕士	教授	半年
蔡忠贤	57	1985-07	中国地质大学(北京)	博士	教授	半年
姚光庆	56	1988-07	中国地质大学(武汉)	博士	教授	一年
谢丛姣	54	1988-07	中国地质大学(武汉)	博士	教授	一年半
顾 军	54	2005-07	成都理工大学	博士	教授	
蒋 恕	44	2019-01	中国地质大学(武汉)	博士	长江学者、教授	十年以上
李 恒	39	2019-10	南加州大学	博士	地大学者、教授	五年

续表 3-1

姓名	年龄	进本专业时间	获得学历的机构	最高学位	人才类型	海外留学
龚 斌	43	2019-10	斯坦福大学	博士	千人计划、教授	五年
潘焕泉	59	2019-12	浙江大学	博士	地大学者、教授	十年以上
王 磊	34	2018-10	中国地质大学(北京)	博士	湖北百人、特任教授	
许星光	33	2019-12	科廷大学	博士	湖北百人、特任教授	三年
钟 志	30	2019-12	西弗吉尼亚大学	博士	湖北百人、特任教授	八年
陈国辉	34	2019-12	中国石油大学(华东)	博士	湖北百人、特任教授	二年
王立柱	42	2020-09	宾夕法尼亚州立大学	博士	湖北百人、特任教授	八年
于 龙	32	2020-12	卡尔加里大学	博士	湖北百人、特任教授	六年
朱芳冰	54	1983-09	中国地质大学(武汉)	博士	副教授	半年
袁彩萍	57	1983-12	中国地质大学(武汉)	博士	副教授	一年
周 红	52	1994-07	中国地质大学(武汉)	博士	副教授	
潘 琳	51	1995-07	中国地质大学(武汉)	博士	副教授	
邵 春	48	1998-07	中国地质大学(武汉)	博士	副教授	
骆 杨	35	2013-07	中国地质大学(武汉)	博士	副教授	
李嘉光	36	2014-12	荷兰代尔夫特理工大学	博士	楚天学子、副教授	四年
杨 峰	33	2016-03	中国石油大学(北京)	博士	副教授	二年
郭超华	32	2016-04	美国密苏里科技大学	博士	特任副教授	五年
王 姝	34	2016-10	中国地质大学(武汉)	博士	特任副教授	一年
王金杰	33	2017-01	中国石油大学(华东)	博士	特任副教授	二年
孙梦迪	30	2017-09	中国地质大学(北京)	博士	特任副教授	一年
张 磊	33	2017-10	中国石油大学(华东)	博士	特任副教授	
孟庆帮	30	2017-10	中国地质大学(北京)	博士	特任副教授	
吴正彬	29	2018-06	中国石油大学(北京)	博士	特任副教授	
阚长宾	41	2018-08	中国石油大学(北京)	博士	特任副教授	
张 琪	33	2018-08	中国石油大学(华东)	博士	特任副研究员	半年
邹双梅	34	2019-03	澳大利亚新南威尔士	博士	特任副教授	五年
任双坡	31	2019-03	中国地质大学(武汉)	博士	特任副教授	二年
张 恒	32	2020-09	中国地质大学(武汉)	博士	特任副教授	二年

石油工程专业也已发展有多个专业优势方向,包括油气田开发地质、油气钻采工程、多尺度渗流理论与应用、新能源地质与工程、油田大数据与智能决策等。专业的定位是坚持"立德树人",培养德智体美劳全面发展,适应社会经济发展需要的,具有良好人文社会科学素养、高

度社会责任感与高尚工程职业道德,能够解决资源能源复杂工程问题,具有扎实油田开发地质基础的石油工程技术人才,主要服务于我国能源事业。专业特色继续坚持在高层次人才及其团队引领下,强调地质—工程一体化、常规油气与非常规油气开发一体化、表征建模与智能化大数据一体化原则,加大对非常规油气开发研究和新型工科发展方向拓展,加大力度发展地热工程、天然气水合物开发、油田大数据与智能化等方向拓展新的增长点和新专业优势。

第二节　高层次人才主导下的专业建设和教育教学改革

一、对标"双一流"不断更新教学计划

新技术的发展、人才培养目标要求、国家经济战略需要是教学计划制订的根本遵循,近30年来,高层次人才高屋建瓴地引领未来专业发展方向,为10年后乃至更长时间专业领域科技的需求培养复合型创新性人才,是每4年一度的教学计划修订的原则。

(一)石油工程(油藏工程)专业培养方案和教学计划

我校石油工程(油藏工程)专业培养方案和教学计划修订与本专业的成长阶段相对应,经历了5个阶段,每个阶段高层次人才起到核心和引领作用。

1993—1995年,培养石油地质与勘探专业(油藏工程方向)本科生,教学计划以石油地质类课程为主。

1995—1999年,培养油藏工程专业本科生,教学计划以开发地质类课程和油藏工程课程为主。

2000—2006年,开始正式培养石油工程专业本科生,开办了具有地质大学特色、完整系统课程计划和培养方案的石油工程。

2007—2018年,实行完全学分制,并与美国知名石油工程专业看齐,做到了"压缩课程、不压缩精华;减少课程、增加新知识"的要求,每4年一次修订教学计划和课程设置,使其进一步系统完善。

2019年至今,毕业要求课时进一步压缩至170学时。专业课开始划分为两个方向,即油藏工程—开发地质方向、钻采工程方向,选修课设置进一步增加(表3-2)。最新的教学计划,是在原有计划基础上,以龚斌教授、蒋恕教授为核心,通过细致研究得到的,是高层次人才引领本专业顶层设计的具体例证,具体工作如下:

(1)对标国外一流大学及一流专业人才培养计划,开展调研与先进性研讨。先后对标了斯坦福大学、得州大学、科罗拉多大学、犹他大学、堪萨斯大学等国际知名大学石油工程专业教学计划与课程设置体系,吸取了其中先进思路和课程体系。

(2)对标国内一流大学及一流专业人才培养计划,开展调研与先进性研讨。先后对标了中国石油大学、西南石油大学等国内A+知名大学石油工程专业教学计划与课程设置体系,

并邀请专业负责人到校现场研讨指导并编写教学计划,保证了教学计划的先进性。

(3)多次多方听取用人单位代表对专业教学计划修订和人才培养目标的意见和建议。邀请三大油公司油田专家座谈用人需求和专业发展方向,将企业专家意见,尤其是关于实践动手能力培养的意见吸收进来。

表 3-2 2019 年石油工程专业课程分类统计表

课程类别		通识教育课程		大类平台课+学科基础课	专业主干课	专业选修课	实践环节	创新创业自主学习	学时总计	学分总计
		必修	选修							
钻采工程方向	学时/学分	576/31	192/12	892/52.5	288/18.5	240/15	36周	5周	2860	170
	学分所占比例	25.3%		30.9%	10.9%	8.8%	21.2%	2.9%		100%
油藏工程与开发地质方向	学时/学分	576/31	192/11.5	892/52.5	288/22	184/11.5	36周	5周	2860	170
	学分所占比例	25.3%		30.9%	12.9%	6.8%	21.2%	2.9%		100%

(4)本专业全体教师座谈论证会,充分听取大家意见,尤其是海外归来的年轻特任教授、特任副教授老师意见,把握未来专业技术发展方向。

(5)本专业毕业生、在校生调查问卷及座谈会,通过往届学生的学习体会和成才过程,吸取教学计划优良继承部分及需要不断调整改进部分内容,适应学生的需求。

(6)专业教授委员会充分讨论,制订教学计划大纲及初稿,并一致审议通过初步方案。

(7)学院教学指导分委员会专家审定通过,并提出指导意见,报请校教学指导委员会最后审定,教务部门公布实施。

(二)2019 年石油工程专业培养方案

1. 专业培养目标

(1)培养学生的爱国情怀,使学生具有社会责任感、创新精神和实践能力,遵纪守法,具有良好科学文化素养和服务社会的职业道德,德智体美劳全面发展。

(2)掌握基础地质、油气工程设计和管理的基本理论和方法,具备扎实的工科基础理论和较全面的石油工程专业知识。

(3)毕业后能在石油工程领域从事油气田开发地质学、油气钻井与完井、采油气工程、油气藏工程、油气藏管理与评价等方面的科学研究和生产管理等工作。

(4)通过毕业后五年的工作实践,能够成长为石油工程领域的专业认证工程师。

2. 专业毕业要求

(1)能够将数学、自然科学、工程基础和专业知识用于解决复杂的石油工程问题。

(2)能够应用数学、自然科学和工程科学的基本原理,识别、表达,并通过文献研究分析油气资源开发过程中的复杂工程问题,以获得有效结论。

(3)能够设计针对油气田开发与油气井工程施工中复杂工程问题的解决方案,设计满足特定需求的系统、单元(部件)或工艺流程,并能够在设计环节中体现创新意识,考虑社会、健康、安全、法律、文化以及环境等因素。

(4)能够基于科学原理并采用科学方法对石油工程领域内的复杂工程问题进行研究,包括设计实验、分析与解释数据,并通过信息综合得到合理有效的结论。

(5)能够针对石油工程领域内的复杂工程问题,开发、选择与使用恰当的技术、资源、现代工程工具和信息技术工具,包括对复杂工程问题的预测与模拟,并能够理解其局限性。

(6)能够基于工程相关背景知识进行合理分析,评价石油工程专业工程实践和复杂工程问题解决方案对社会、健康、安全、法律以及文化的影响,并理解应承担的责任。

(7)能够理解和评价针对石油工程领域内复杂工程问题的专业工程实践对环境、社会可持续发展的影响。

(8)具有人文社会科学素养、社会责任感,能够在石油工程实践中理解并遵守工程职业道德和规范,履行责任。

(9)能够在多学科背景下的团队中承担个体、团队成员以及负责人的角色。

(10)能够就石油工程领域内复杂工程问题与业界同行及社会公众进行有效沟通和交流,包括撰写报告和设计文稿、陈述发言、清晰表达或回应指令,并具备一定的国际视野,能够在跨文化背景下进行沟通和交流。

(11)理解并掌握石油工程领域内工程管理原理与经济决策方法,并能在多学科环境中应用。

(12)具有自主学习和终身学习的意识,有不断学习和适应发展的能力。

二、教学与人才培养模式创新

1. 教学研究项目及成果

为了不断推动专业建设与人才培养,尤其是推动新时代新工科专业和交叉学科建设,本专业团队带头人姚光庆、谢丛姣、蒋恕、徐思煌等教授先后负责或者参与湖北省或教育部教改研究项目和课程及专业建设项目10项(表3-3),一系列教学研究成果完善了石油工程课程体系,创建了"333"人才培养模式,为国际化创新型人才培养提供了范例。

表3-3 石油工程专业负责人获得省部级以上教改项目一览表

项目名称	负责人	项目来源	起止时间(年)
教育部第二批新工科研究与实践项目:新工科背景下资源勘查工程专业改造升级的探索与实践	沈传波	教育部	2020—2022
教育部本科教学质量工程项目:国际化创新人才培养"石油工程"专业综合改革试点	姚光庆	教育部	2015—2017

续表 3-3

项目名称	负责人	项目来源	起止时间(年)
湖北省重点教学研究项目(项目编号:2013151):资源勘查与开发类工程师人才培养模式与创新实践	姚光庆	湖北省	2013—2015
湖北省精品课程:"油气储层地质学"	姚光庆	湖北省	2007—2009
湖北省教学研究项目(立项编号:2009112):发挥优势学科人才培养的辐射作用,全面提高研究生的培养质量	王华	湖北省	2009—2011
湖北省教学研究重点项目(立项编号:20060172)资源类传统优势专业的承办及在新专业创办中的应用实践	王华	湖北省	2006—2007
湖北省教学重点研究项目(项目编号:2001122),提高工程硕士研究生培养质量的措施与途径研究	姚光庆	湖北省	2001—2003
油气渗流虚拟仿真实验室建设项目	潘琳	湖北省	2018—2020
石油地质国家精品课程建设	徐思煌	教育部	2001—2003
优秀教学基层组织建设	谢丛姣	湖北省	2020—2021

在教学实践和教学研究过程中,高层次人才教师团队先后出版教材及教辅16部,教学研究论文40余篇。表3-4列举了姚光庆教授团队主要教学改革与研究论文、专著及自编、主编教材情况,表3-5、图3-3为姚光庆教授团队获得的省部级以上教学成果奖5项。

表 3-4 姚光庆教授团队主要教学改革与研究论文、专著及自编教材情况一览表

	论文题目/专著、教材名称	期刊名称、卷次/出版社	出版时间(年)
教学改革与研究论文	大学生野外地质实习与系统地质思维培养	中国地质教育(4)	2020
	网络课堂:大学生的"第四课堂",教与学的新空间	中国地质教育(1)	2020
	资源勘查与开发工程类专业"333"人才培养模式内涵及实践	中国地质教育(3)	2018
	我校石油工程专业培养方案与新教学计划的制定	现代高教研究(3)	2000
	《油气储层地质学》课试用英语教学的体会	中国地质教育(2)	1998
	基于创新人才培养的实验室开放管理研究	实验室科学,19(5)	2016

续表 3-4

	论文题目/专著名称、教材名称	期刊名称、卷次/出版社	出版时间(年)
教学改革与研究论文	发挥优势学科的辐射作用,全面提高研究生的培养质量	人力资源管理,10	2011
	科研成果转化为教学资源是发挥国家级教学团队作用的重要途径	中国地质教育(4)	2010
	高效创办资源类新专业的途径探讨与实例分析	中国地质教育(4)	2008
	工科专业野外实践教学基地网络化研究	高等教育与学术研究,3(3)	2008
	关于地学类传统学科发展机遇和挑战的思考	中国地质教育(1)	2007
	石油与天然气工程领域工程硕士培养质量评价指标体系	重庆科技学院学报(自然科学版)(3)	2004
	石油工程和地质工程领域工程硕士研究生培养的几点思考	中国地质教育(4)	2003
	"石油工程课程设计"的教学实践与体会	中国地质大学学报(社会科学版),1	2002
教材/专著	《油气储层地质学实训教程》	武汉:中国地质大学出版社	2016
	《发挥优势学科人才培养的辐射作用全面提高研究生的培养质量》	武汉:中国地质大学出版社	2012
	《创办资源类传统优势专业的理论与实践》	武汉:中国地质大学出版社	2007
	《油气储层地质学原理与方法》	武汉:中国地质大学出版社	2005
	《提高工程硕士研究生培养质量的措施与途径研究》	武汉:中国地质大学出版社	2003

表 3-5　姚光庆教授团队获得省级教学成果奖一览表

项目名称	奖励名称	奖励级别	时间(年)
资源勘查工程专业"333"人才培养模式持续创新与实践,证书编号 2018082	湖北省高等学校教学成果奖	一等奖	2018
发挥优势学科人才培养的辐射作用,全面提高研究生的培养质量,证书编号 20130354	湖北省高等学校教学成果奖	一等奖	2013
石油工程专业油藏地质类课程体系、教材建设与新型人才培养,证书编号 2009138	湖北省高等学校教学成果奖	二等奖	2009

续表 3-5

项目名称	奖励名称	奖励级别	时间（年）
资源类传统优势专业的承办及在新专业创办中的应用实践，证书编号 2009135	湖北省高等学校教学成果奖	二等奖	2009
提高工程硕士研究生培养质量的措施与途径研究，证书编号 20050158	湖北省高等学校教学成果奖	二等奖	2005

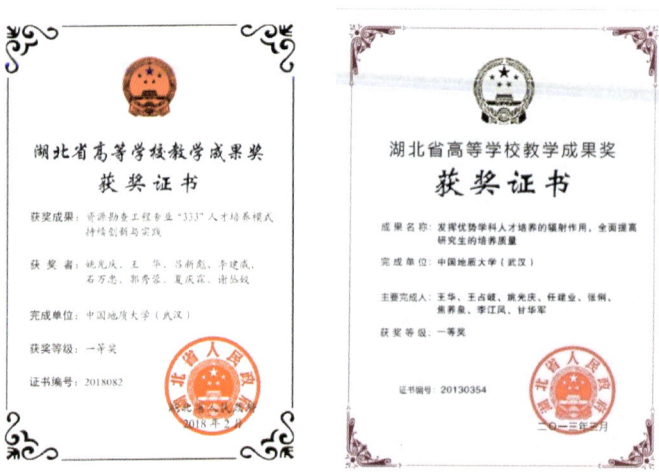

图 3-3 姚光庆教授团队教学成果获奖情况

2. 新的人才培养模式

20 世纪 90 年代，赵鹏大院士提出的中国地质大学（武汉）应该培养具有"爱国心和责任感强、基础理论强、创新意识和创造能力强、计算机和外语能力强及管理能力强"的"五强"人才，成为地质工科人才培养的指导思想，这一思想抓住了学生创新意识和能力培养这一核心。

在继承前人教学理念和人才培养的成功经验基础之上,提出新的专业人才培养"三有、三课、三型"的培养模式,简称"333"人才培养综合模式,该模式内涵如下。

"三有"指培养"有知识、有能力、有素质"的毕业生,是人才最为重要的本质属性,是人才培养的理念,贯穿于整个教育教学过程。

"三型"指培养"国际型、工程型、创新型"人才目标,反映本专业适应社会需要的宽口径与多样性专业人才培养目标。

"三课"指"课堂教学(第一课堂)、课余科技训练(第二课堂)、野外基地实践训练(第三课堂)",体现人才培养既有机联系,又相互衔接的三个教学环节,是实现"三有""三型"人才培养的重要途径与教学手段。

"333"人才培养模式的内涵体现以学生成材为本的教育理念、教学目标、教学过程的深度融合,体现"三个课堂"全过程的有机衔接,这也正是工程教育认证本质要求,是新时代新工科建设的时代要求。

三、立德树人与课程思政建设

1. 发挥支部带头作用,围绕"立德树人"开展思政课程建设

落实立德树人根本任务,必须将价值塑造、知识传授和能力培养3者融为一体,要寓价值观引导于知识传授和能力培养过程中,帮助学生塑造正确的世界观、人生观、价值观。要围绕政治认同、国家情怀、文化素养、宪法法治意识、道德修养等重点优化课程思政内容供给。从石油工程专业全链条育人过程看,课程思政元素体系应包括基本修养、国家情怀、人文素养、工程技术、专业发展、课程知识6个元素单元,各元素单元内涵及对应课程类型见表3-6。

表3-6 专业课程思政元素体系分类表

课程思政元素名称	课程思政元素内涵	相关课程体系	实现途径
基本修养元素	正确的世界观、人生观、价值观; 良好品德、品格、品行; 吃苦耐劳树立远大理想与高尚追求	思政课、选修课、 通识课、课外教育	课堂—自学—社会
国家情怀元素	爱国、爱党、爱人民; 弘扬优秀传统文化; 致力民族复兴,实现中国梦	思政课、选修课、通识课、 课外教育、专题讲座	课堂—实训—自学—社会
人文素养元素	人文知识; 人文精神; 追求文明和谐	思政课、选修课、通识课、 课外教育、专题讲座	课堂—实训—自学— 野外—社会

续表 3-6

课程思政元素名称	课程思政元素内涵	相关课程体系	实现途径
工程技术元素	工匠精神,工程伦理,职业道德; 铁人精神; 科学真理与科学家精神	专业课、选修课、实践课、科研训练、专题讲座	课堂—实训—自学—野外—社会
专业发展元素	国家能源资源安全; 爱岗敬业献身的先驱与优秀人物; 地矿遗迹	专业课、选修课、实践课、科研训练、专题讲座	课堂—实训—自学—野外—社会
课程知识元素	技术史,科学史,发明创造史; 身边的科学家; 科技的力量	专业课、选修课、实践课、科研训练、专题讲座	课堂—实训—自学—野外

石油工程支部在支部书记谢丛姣教授的带领下,2018 年获批教育部思政司首批全国高校"双带头人"教师党支部书记工作室,2019 年又获批湖北省高校省级优秀基层教学组织称号。以高层次人才为核心的支部成员,紧紧围绕"立德树人"全方位开展思政课程建设,走在了全校的前面。

2. 优化课程思政设计

课程思政元素体系需要通过精细课程思政多维度教学顶层设计与规划来落实,以教学计划和教学大纲的方式固化下来,贯彻执行下去,是关系到实现"全员、全过程、全方位"人才培养成效的关键。为此,在教学委员会和支部推动下,姚光庆教授团队积极参与研究,制订了以下 4 个维度课程思政规划设计图(图 3-4),详细解释如下:

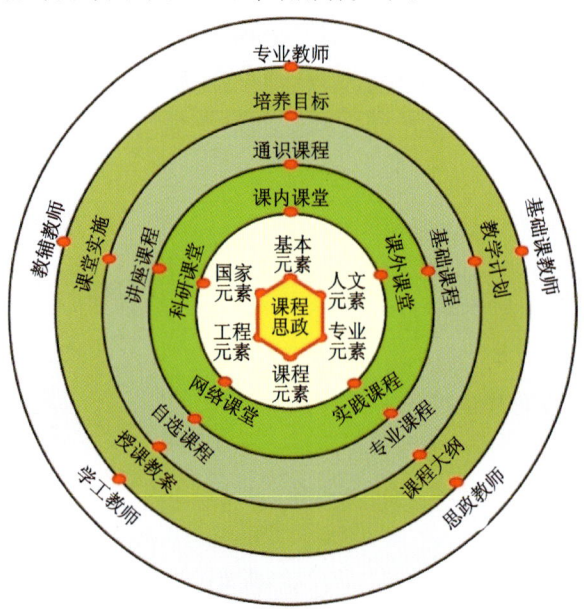

图 3-4　课程思政多维度教学设计图

(1)构建全员育人模式。教师,尤其是高层次人才,是课程思政的传播者和主导者,课程思政不仅仅是思政系列老师的任务,更是高层次专业教师、基础课教师、学工教师和教辅管理教师等教职员工的责任和义务。合格的老师是学生成长的领路人,更是率先执行"立德树人"课程思政的模范。

(2)闭合全过程的思政设计。从专业培养目标、教学计划、课程大纲、授课教案、课堂实施5个环节修改完善入手,细化课程思政规划设计方案,把课程元素体系分解到课程,细化到课堂,做到逐次展开、有机关联,形成全培养过程的课程思政闭环。

(3)贯穿全环节课程体系。专业大学生从一年级到四年级教学计划安排分为5类课程体系,即通识课、基础课、专业课、自选课和实践课,不仅要做到"课课有思政",还要做到"课课思政有新意"。思政课程有"雨如决河倾"的效果,大张旗鼓地讲授思想政治课程内容,发挥育人领跑作用。而专业课程的思政元素融入,要有"春风化雨润物细无声"的效果。

(4)融入全方位课堂空间。课堂是课程思政的主阵地,探索思政元素体系通过合格的教师群体贯彻于全系列课堂之中,推动第一课堂与第二、第三、第四、第五课堂思政联动与整合,打造课内课外相结合、线上线下相结合、校内校外相结合、实践与理论相结合的全方位课堂思政模式。

3. 课程思政课堂教学

在课时有限情况下,既要高质量完成专业教学内容,又要恰如其分融入课程思政元素信息,并且做到二者天衣无缝的有机结合,需要高层次人才团队高屋建瓴,提前设计课程大纲和具体场景教案,做到精细设计、润物无声,"寓育于教"更是体现教师的高水平。

(1)专业课课堂教学。姚光庆教授、李嘉光副教授、任双坡副教授共同讲授的油气储层地质学课程是石油工程开设的专业课程,主要讲授储层形成演化、储层非均质性评价、储层动态变化及建模等内容,涉及广泛的评价技术方法,如野外露头及现代环境观察、现代钻井取芯、测井、地震、实验测试、开发动态、计算机建模等。教师团队首先要统一思想,并一致回答几个问题:①思政元素和专业知识能否共融于一堂课之中?②如何拿捏分寸使得课堂自然流畅不会形成"两张皮"现象?③课程思政元素加入后教学质量和课堂效果是否得到改善?为此,教师团队围绕课程特点重点设计几个场景自然引入思政相关元素。

第一,唯物辩证法思路。课程引言中,在讲授储层非均质性层次概念时,体现出物质无限可分、均质是相对的非均质是绝对的辩证唯物主义思想。从哲学角度理解物质构成,从而加深理解储层的复杂性和研究的不确定性。

第二,铁人精神。在有关大油气田储层特点部分,引入大庆油田的发现、意义及历史贡献,传授老一辈石油人在面临严重"卡脖子"极端困境条件下,"宁可少活二十年、拼命也要拿下大油田"的铁人精神,以及突破高新技术封锁实现油田高产极限的新铁人精神,激发同学们学习热情和报国壮志。

第三,科学家的首创故事。在储层成因演化部分有几个理论是我国科学家首创,这样的

"故事"引人入胜。一是,潘钟祥教授于1941年创立的"陆相生油"理论,打破了陆相不能形成大油气田的魔咒,为后续油气田的发现奠定了理论基础;二是,孙永传教授首先创立了"水下冲积扇"沉积理论,在我国东部地区开辟了一个找油的新领域,由此理论指导下发现了一大批水下冲积扇储层油气田,课堂展示文献原文,激发学生们专业自豪感。

第四,工程风险意识。在课程实习过程中,利用宝贵的钻井岩芯资料讲解石油工业的高投入、高回报、高风险意识,立足精益求精,一丝不苟工作精神,避免人为的钻井设计失误。

(2)野外实践基地教学实习。野外教学实习是专业的必修课,我校创建的北戴河实习基地、秭归实习基地和周口店实习基地均为国家级示范教学中心,被称为地质工程师的"摇篮"。本专业谢丛姣、姚光庆、蔡忠贤、关振良等教授长期坚持一线野外教学,在野外实践教学过程中发现课程思政元素并在实践中加以应用,教授们发现的主要切入点主要包括:

第一,系统地质思维的培育。低年级大学生地质思维是一张白纸,野外地质实习可以达到训练学生有关地球形成演化过程中时间观、空间观进行初步构建,带队老师正确引导认识地球演化、地貌演化、能源资源形成、生态乃至人类生存发展环境变迁,认识时间与空间关系、固定与活动关系、突变与渐变关系为基本辩证关系,从而树立正确世界观、人生观,树立建设美好地球家园的理想。

第二,艰苦朴素、求真务实精神锻造。野外地质找矿和地质调查异常艰辛,需要坚强的意志品质,通过野外工作最能深刻理解温家宝校友提出的"艰苦朴素、求真务实"校训内涵,这也是地质人的文化传统和精神实质。学生通过2~4周野外实习对校训的理解逐渐深化,体会到"求真"是追求真理的伟大理想,"务实"是实事求是脚踏实地,"艰苦"是吃苦耐劳的工作作风,"朴素"是生活简朴心灵向善的追求。

第三,人文与地质遗迹。每个野外实习基地都有丰富的地质遗迹,承载着丰富的文化及人文故事。北戴河及其周边是著名的旅游胜地,万里长城起点老龙头、天下第一关山海关承载着深厚的长城文化,是国家历史、文明、爱国主义教育的天然基地。秦皇岛抚宁县有中国北方标准组级地层亮甲山组(O_1l)命名地点亮甲山及其所出露的奥陶纪地层,是叶良辅、刘季辰先生1919年首创亮甲山石灰岩一名的原地址。周口店地区更是著名的人文地质遗迹景点,周口店猿人洞遗址年代范围从500万年前到距今1万多年前,周口店遗址的发现是地质学与考古学的完美结合,是了解地质环境变化与人类生存发展的实物教科书。

秭归实习基地具有国际金钉子剖面和众多地层标准剖面,一方面说明本区具有国际上无与伦比、丰富的地质现象,另一方面也揭示了以李四光为代表的地质学家的国际贡献。全球年代地层界线层型剖面点GSSP简称"金钉子",在国际上具有科学性、权威性和先进性,宜昌地区奥陶系有两个层的金钉子剖面。1924年春,李四光先生全面调查了秭归县至宜昌城区的地质构造,建立了我国南方中震旦系、奥陶系、志留系的标准剖面,创立了震旦系这一地层单位,为国际地质学界所认同。

第三节 高层次人才在专业全课堂教学中的核心作用

一、全课堂的功能分解及分类施策

姚光庆、王华、谢丛姣等(2018年)按照大学教学活动空间及功能的差异性,提出了大学"三个课堂"功能定位划分方案。第一课堂是指校内课堂教学活动,第二课堂是指校内课余活动与科技训练活动,第三课堂是指校外教学基地实践训练活动。大部分教育学者认可第一课堂和第二课堂的定义,但第三课堂的内涵不同学者有不同理解和认识。

2020年上半年"新冠肺炎疫情"全国蔓延,全国高校学生无法开学到校,学校"停课不停学",在第一课堂无法开展的情况下,网络课堂必然成为学生临时学习的主课堂。因此,姚光庆等将第四课堂定义为移动互联网技术支持下虚拟空间的网络教学活动(表3-7)。

表3-7 基于教学空间的大学生"五个课堂"类型及其功能

课堂	空间范围	教与学	特点	作用功能
第一课堂	校内(教室+实验室)	教师面对面传授	"严":严谨的教学计划与教案,严格的时间规定,严肃的课堂纪律	知识传授+能力培养,教学主阵地
第二课堂	校内(课余活动)	学生自主学习与训练	"多":多样自由选择的活动形式,团队训练为主	素质拓展+综合能力训练,课外补充
校外实践课堂	校外基地	导师指导下现场实践	"实":扎实的实际操作与训练	实践训练+动手操作,实践强化
网络课堂	虚拟空间或者科技训练	网络在线、讲座、讲课、交流、答疑等	"活":自由选择全世界优良在线教育资源,学习时间地点、内容、互动等比较灵活	知识传授+虚拟演示,第一课堂补充
科技活动课堂	多场景多空间,实验室和科研基地为主	导师和现场人员指导下创新实践训练	"真":真实场景,真实数据,真刀真枪,解决真实问题,训练独立工作能力和创新精神	发现问题及解决问题的科技能力训练,科技素养培养

1. 第一课堂

第一课堂指在校内以班级为基础的课堂教学,主要场所是教室和实验室,是传统教学的主要形式。鉴于高校优越的教学条件和教授名师现场教学方式。第一课堂是大学生最直接、最有效、最快速获取专业知识的方式,第一课堂教育教学主阵地的地位和作用永远无法被替代。大家对第一课堂的认识是统一的,其特点为"严",即严谨的教学计划与教案,严格的时间规定,严肃的课堂纪律。

2. 第二课堂

一般认为,第二课堂是校内课余活动与训练活动的综合,是课程教学计划之外的补充部分,目的是培养科研兴趣、锻炼实践动手本领、提升综合素质与能力。在提倡素质教育的背景下,第二课堂得到了广泛认可,也成为高校第一课堂的主要补充方式,其特点是"多",即多样自由选择的个人或团队活动形式。

3. 校外实践课堂

目前,大家对第三课堂的认识不尽相同,有的学者认为是"互联网+教育",有的认为是学生全部课余活动。从工科高校的实际教学活动和培养计划看,大学生普遍都安排有校外(甚至国外)基地(企业)实习和实践教学。比如,地质类高校每年安排2~6周野外地质实习。我们把教学计划内安排在校外(野外或企业)基地的教学活动统称为第三课堂,其特点是"实",即扎扎实实的实际操作与训练。

4. 网络课堂

第四课堂实现了"互联网+教育"目标。在2020年网络课堂元年,史无前例全面开展网络在线教学活动,即使在开学复课之后网络课堂也会一直存在,并且发挥越来越重要作用。网络课堂所表现出的教学方式具有"活"的特点,除了体现在自由选择全球优良在线教育资源外,还体现在学习时间地点、内容、互动等方面有其优势与特色(图3-5)。

图3-5　2020年石油工程专业部分本科生云答辩现场

5. 科技活动课堂

科技能力训练及科研素质培养是大学生早日成才的必修课程,学生在老师带领下,通过实验室和科研基地进行有目的性的科研活动。科技课堂的特点是在真实场景下,有真实数据,真刀真枪解决真实问题,训练独立工作能力和创新精神。

二、高层次人才引领团队建设,耕耘在教学和人才培养第一线

各类课堂的实施者是教师,教师是课堂教学的核心与灵魂,教学团队是保证教学实施的核心力量,而高层次人才为核心的教学团队梯队的领头羊。

在长期实践过程中,尤其是近年来,基于本专业特色与优势以及学科发展与交叉未来趋势,石油工程专业形成了6个教学团队,分别是油藏地质教学团队、油藏工程教学团队、采油工程教学团队、钻井与完井工程教学团队、非常规能源团队、油田大数据与智能化油田团队。各个团队负责人都是本专业领域带头人、主干课程主讲人,他们在各轮次学科评估、专业评估和认证、一流专业建设中都发挥着核心和骨干作用(表3-8),并实现教授全员上课。

表 3-8 石油工程专业本科教学团队

教学团队	组长	成员	承担部分课程
油藏地质教学团队	姚光庆	谢丛姣、朱芳冰、李嘉光、孙梦迪、任双坡、邹双梅	油气开发地质学、油气储层地质学、地下地质学、沉积相沉积环境、岩芯编录、沉积岩方法、野外地质实习
油藏工程教学团队	蔡忠贤	钟志、潘琳、周红、骆杨、吴正彬、王娓、孟庆帮、张琪	油气(藏)工程、油(气)层物理学、石油渗流力学、油藏精细描述、生产测井
采油工程教学团队	关振良	许星光、于龙、袁彩萍、郭超华、雷霆、王金杰、杨宝林、张磊、于晓聪	采油(气)工程、油田化学、提高石油采收率原理、试井分析、油藏数值模拟、油气层压裂
钻井与完井工程教学团队	顾军	王立柱、邵春、唐金玉、黄耀琴、阚长宾	钻井与完井工程、石油技术经济学、钻井液工艺学、水平井技术
非常规能源团队	蒋恕	陈国辉、杨峰、张钰莹、张磊	地热能开发与应用、热储工程、非常规油气
油田大数据与智能化油田团队	龚斌	李恒、潘焕泉、王磊、罗国平	信息化技术、数字模拟、智能油田、石油工程计算机应用

三、立体化构建课程及教材体系

在赵彦超、姚光庆、关振良、蔡忠贤、顾军、谢丛姣、徐思煌教授及其团队带领下,本专业从1998年开始逐渐开设了齐备的课程体系,满足两个石油工程本科班的教学需要。率先出版了《石油地质学》《地下地质学》《油藏描述》《储层地质学》《开发地质学》《油藏渗流力学》等教材。2015年以来,龚斌、蒋恕教授及其团队,以及新一代高层次人才队伍面向本科生和海外留学生开设了一批中英文课程,出版了《页岩气评价》《建模与油藏数值模拟》等教材系列,也出版了满足留学生教学需要的英文版教材。

在教授委员会专家指导下,按照经过专家论证和国内外高校对标确定的2019版专业培养计划,目前本专业开设的专业主干课程主要有8门,包括:石油及天然气地质学、油气钻井与完井工程、采油(气)工程、油藏工程、油气开发地质学、油(气)层物理学、石油渗流力学、储层地质学或油田化学。与2015版比较,主干课程由11门减少至8门,相反选修课程分为两个方向,共有25门课程,大大增加了14门,学生选择余地更大(表3-9)。2019版专业课程设置增加了实践教学环节课程和课时,目前开设有9门不同类型的实习课,包括:测量实习、地质认识实习(北戴河)、地质教学实习(秭归)、油矿教学实习(江汉)、石油工程课程设计、生产实习、毕业论文(设计)、岩芯编录、石油工程综合技能实训。

油气开发地质学、油藏工程两门创建MOOC课程,油气开发地质学长期开设双语、全英文课程,在课程建设中逐步加入思政元素,开发线上线下融合教学模式,提高教学质量。

专业课教材选用一方面选用国家通用教材,比如《油气钻井与完井工程》《采油(气)工程》,另一方面鼓励高层次人才和教学经验丰富的老师编写教材,做到每门课程对应一部教材。近年来,我系教员编写各类教材16部,满足了本科生课堂教学需要(表3-10、图3-6)。

表3-9 石油工程专业课程设置情况一览表

	2015版专业课程设置	2019版专业课程设置
主干课程	石油及天然气地质学、油气钻井与完井工程、采油(气)工程、油(气)藏工程、油气开发地质学、油(气)层物理学、地球物理原理、石油渗流力学、石油技术经济学、油田化学、储层地质学	石油及天然气地质学、油气钻井与完井工程、采油(气)工程、油藏工程、油气开发地质学、油(气)层物理学、石油渗流力学、储层地质学或油田化学

续表 3-9

	2015版专业课程设置	2019版专业课程设置
选修课程	油藏精细描述、沉积相与沉积环境、油藏数值模拟、试井分析、提高石油采收率原理、水平井技术、钻井液工艺学、石油工程计算机应用、沉积岩研究方法、油气层压裂、生产测井	石油工程、石油技术经济学、石油工程计算机应用、地球物理原理、储层保护技术、岩石力学、信息化技术、非常规油气藏开发理论与技术、石油工程实践案例分析 选修系列一：地热能开发与应用、热储工程、油气藏动态分析、气藏工程、地下地质学、油藏精细描述、沉积相与沉积环境、沉积岩研究方法、生产测井、试井分析、油藏数值模拟 选修系列二：油气井增产增注技术、提高石油采收率原理、水平井技术、钻井液工艺学、海洋钻采工程、钻采工程方案设计
实践课程	测量实习、地质认识实习(北戴河)、地质教学实习(秭归)、油矿教学实习(江汉)、石油工程课程设计、生产实习、毕业论文(设计)、岩芯编录、石油工程综合技能实训	

表 3-10　近年公开出版的中英文教材

序号	作者	教材名称	出版社
1	谢丛姣、杨峰、龚斌	《油气开发地质学》	中国地质大学出版社
2	谢丛姣、向祖平、王洪峰	《高级油藏管理》	中国地质大学出版社
3	姚光庆、蔡忠贤	《油气储层地质学》	中国地质大学出版社
4	姚光庆、袁彩萍、李嘉光	《油气储层地质学实训教程》	中国地质大学出版社
5	姚光庆、李乐、蔡明俊	《湖相白云岩与致密白云岩储层》	科学出版社
6	周红、潘琳、王娬	《油气藏工程动态分析案例库建设(1册)》	中国地质大学出版社
7	潘琳、王娬、周红、蔡忠贤、朱芳冰	《渗流力学基础实验指导书》	中国地质大学出版社
8	周红、朱芳冰、潘琳、王娬、蔡忠贤	《油气藏工程实习指导书》	中国地质大学出版社
9	朱芳冰、周红、潘琳、蔡忠贤、王娬	《地下地质学实习指导书》	中国地质大学出版社
10	蔡忠贤等	《世界典型碳酸盐岩油气田储层》	石油工业出版社
11	蒋恕等	《页岩气发展模式与启示》	华东理工大学出版社
12	黄耀琴	《石油工业技术经济学》	中国地质大学出版社
13	周红、潘琳、王娬	《油气藏工程动态分析案例库建设(2册)》	中国地质大学出版社
14	袁彩萍、周红、邵春	《江汉油田油矿实习指导书》	中国地质大学出版社
15	周红、朱芳冰、潘琳、王娬、蔡忠贤	*Petroleum Reservoir Engineering Practice Guidebook*	中国地质大学出版社
16	朱芳冰、周红、潘琳、蔡忠贤、王娬	*Subsurface Geology of Oil and Gas Fields Practice Guidebook*	中国地质大学出版社

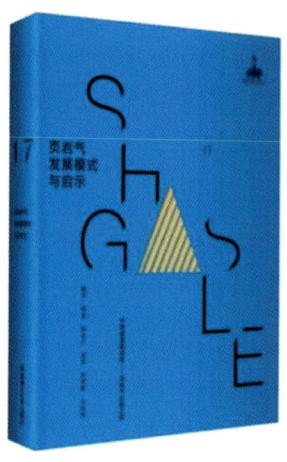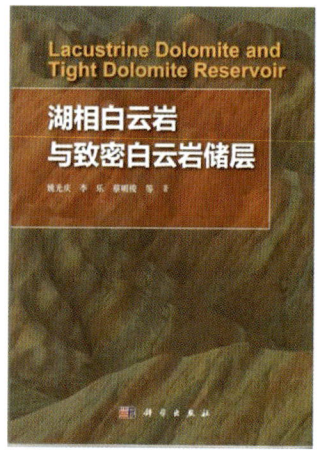
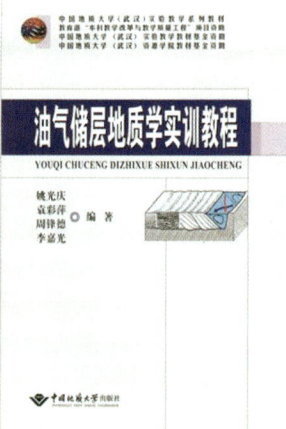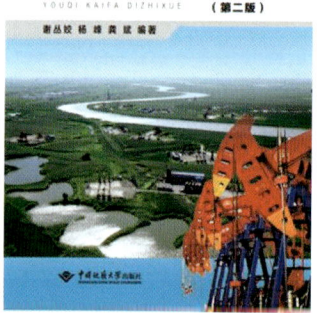
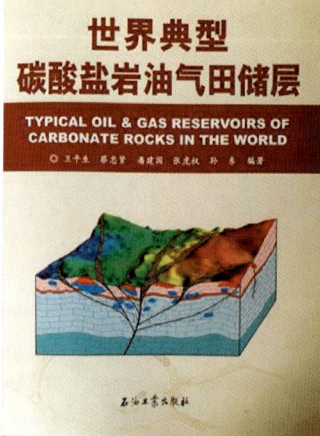

图 3-6　近年公开出版的教材

续图 3-6

四、创建和完善教学实验室体系

在蔡忠贤、龚斌、蒋恕、谢丛姣等教授推动下,2019—2020 年依托中央高校改善基本办学条件专项资金——石油工程专业实验教学平台设备购置项目Ⅰ期计划[执行经费 945.672 万元,购置实验设备 125 台(套)]、Ⅱ期计划[执行经费 797 万元,购置设备 116 台(套)]新建教学实验室 5 个,改造升级教学实验室 5 个。本项目建设完成后将有 13 个实验室构成,其中 4 个专业基础型实验室,6 个专业技能型实验室,1 个虚拟仿真实验室(图 3-7)。相关实验室都有教授牵头,对应课程体系和教学任务,并对大学生开放。

2018 年和 2019 年"直线渗流物理模拟与虚拟仿真实验教学建设"和"非常规页岩油气能源地质与工程一体化开发虚拟仿真实验教学"两个项目成功获批省级虚拟仿真项目。

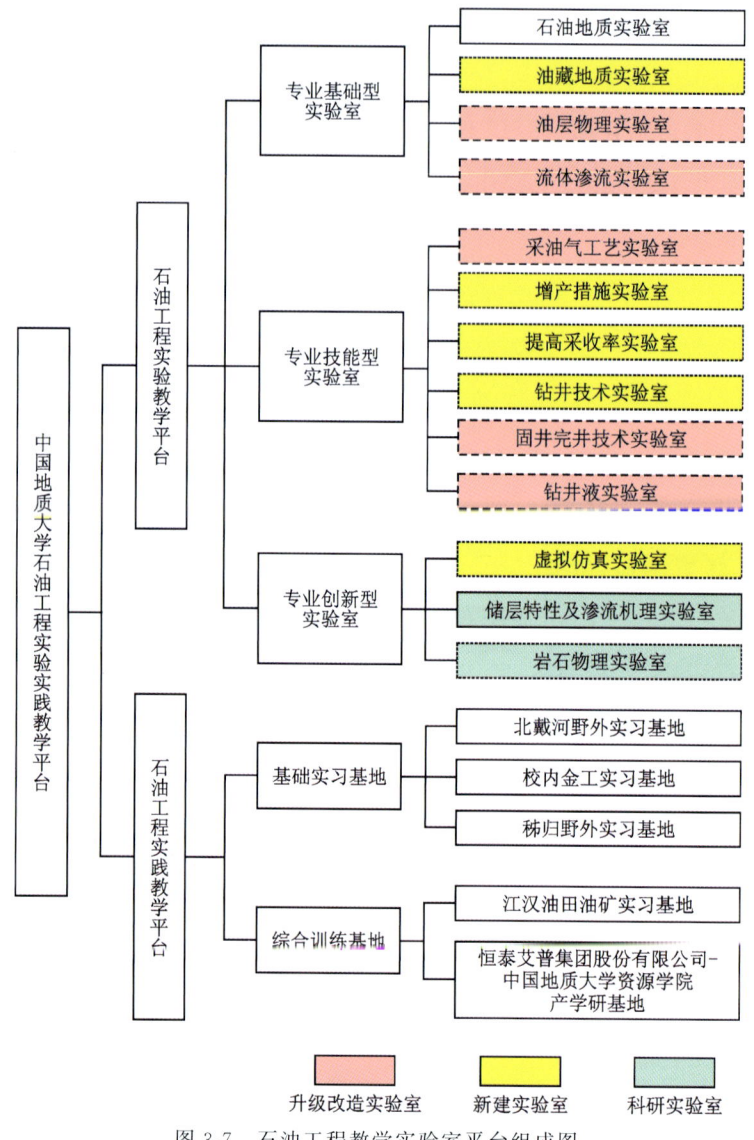

图 3-7　石油工程教学实验室平台组成图

五、牵头野外实习基地建设和野外教学实习

1. 野外实习基地及团队负责人情况

从 20 世纪 50 年代起,学校相继在周口店、北戴河、三峡等地建立了教学实习基地。其中秭归实习基地是石油工程专业学生进行地质教学实习的常用基地,为了加强学生在地质基础方面的训练,石油工程专业在 2015 版人才培养方案中增加了 2 周北戴河的地质认识实习,从 2016 年 7 月起石油工程专业学生在大一下学期进入北戴河实习基地,运行 4 年效果良好。大

一末的北戴河基地地质认识实习和大二末的秭归基地基础地质教学实习为学生地质思维的培养打下了建设基础。

为了提高本专业的实践能力，石油工程专业已经建成一个专业基础实践教学基地，即江汉油田实践基地。石油工程专业本科生在大三下学期将进入江汉油田实习基地进行油矿教学实习以提高学生对专业知识的领悟和理解。除了秭归、北戴河、江汉油田3个野外实习基地外，学校内部建立的实习基地还有金工实习基地和南望山测量实习基地等（表3-11、图3-8、图3-9）。各个基地都有教授及其团队负责建设，并承担指导大学生每年的实习任务（表3-11）。

2019年本专业和美国犹他大学合作新建了北美油气实习基地，同年与新加坡国立大学新建了石油工程实践基地，进一步拓展和提升学生石油工程专业技能培养，开拓了国际视野。

在广大教师和学校共同努力下，依托三大油公司共建了20多个产学研联合培养基地长期供学生课程实习、实际操作、科研训练等使用。这些生产性实践教学基地或实习点每年都接收石油工程专业学生。

表3-11 近3年进入专业基础实践教学基地的实习情况一览表

基地名称	校外合作方	教授负责人及团队成员	承担的教学任务	学生在基地考核方式
秭归实习基地	学校自建	谢丛姣教授，王家豪、李嘉光等	三峡地质教学实习（秭归）	综合测评
北戴河实习基地	学校自建	姚光庆教授，吴正彬、孙梦迪等	地质认识实习（北戴河）	综合测评
校内金工实习基地	学校自建	关振良教授，杨峰等	金工实习B	综合测评
江汉油田实习基地	中国石油化工股份有限公司江汉油田分公司	顾军教授，袁彩萍、杨宝林等	油矿教学实习（江汉）	综合测评
南京大学生实习基地	南京特雷西能源科技有限公司	龚斌教授，王磊等	生产实习	实习报告、毕业设计
中国石油大学（华东）石油工程实训中心	中国石油大学（华东）	蔡忠贤教授，王金杰等	专业实习	综合测评

2. 北戴河实习基地地质认识实习

以姚光庆、杨香华等教授为负责人的团队，长期负责北戴河实习任务。该实习安排在大学一年级末，为期2周，定位为"快乐地质"入门实习。北戴河地质认识实习的主要内容涉及现代地质作用和古地质作用两大部分，具体教学点有现代风化壳、河谷地貌和河流沉积物、三角洲、岩溶作用和岩溶地貌、海水的物理化学性质和波浪作用、基岩海岸和沙质海岸的地质作用、滨岸海洋生物、沉积岩和地层、火山岩和侵入岩、地壳运动和地层不整合接触关系、褶皱和断层构造等。此外，要学习如何使用和掌握地形图、地质罗盘、地质定点、岩层产状测量、野外记录簿记录、地质素描图和地质剖面、地质标本采集和地质报告初步编写等基本地质工作方法。

在教授团队带领和指导下，通过北戴河地质认识实习，使学生们在野外能够认识和描述

图 3-8　姚光庆教授指导秭归野外教学实习(2015年)(左)及北戴河教学实习(2019年)(右)

图 3-9　谢丛姣教授指导秭归野外教学实习(2014年)(左)及顾军教授指导江汉油田教学实习(2019年)(右)

典型的地质现象,初步分析和归纳地质过程,达到感性地认识和掌握普通地质学课程的基本知识和基础理论的目的;逐步形成科学的地质思维方法,建立正确的地质时空观念;初步掌握野外地质工作的基本技能和方法;树立艰苦奋斗、实事求是的生活作风和科学作风,感受"快乐地质"的内涵。

3. 秭归实习基地基础地质实习

以谢丛姣、姚光庆、刘晓峰、蔡忠贤教授为负责人的团队,多年坚持指导秭归地质实习任务,该实习安排在大学二年级末,为期4周,定位为"培养兴趣,启迪思维,学习知识,锻炼能力,衔接专业"的基础地质实习,该实习涉及实习区内的地貌、区域地质、三大岩类、褶皱以及断裂等各个方面,三峡大坝工程以及震旦系国际地层命名剖面均在实习区内,极大地丰富了实习内容。实习主要包括华南古老的南华纪及震旦纪、寒武纪、奥陶纪、二叠纪地层以及黄陵岩浆岩体、岩浆岩体与岩脉、变质岩和典型的地质构造现象(如长阳褶皱等)等。实习内容主要是古老地层地质现象,碳酸盐岩地层较多,这些内容很好地与北戴河认识实习相区别与衔接。

实习要求掌握野外地质工作的基本方法与步骤;掌握三大岩类的野外观察方法与描述内容以及地层系统的建立原则;掌握野外褶皱、断层等构造现象的识别、观察与描述;掌握野外相关地质图件的绘制与要求;具备一定的资料综合分析和整理能力,独立完成实习报告的编写。

4. 野外实习地质思维训练方法

教授及其团队直接负责野外实习,在学生地质思维训练方面有重要促进作用。在野外地质教学中地质思维培养也无疑一直是野外教学的重点和难点。大一学生还是地质门外汉,是一张白纸,野外指导教师的作用显得极其重要。导师可以比作撬动学生地质思维的"支点",也是学生地质入门及地质事业的"垫脚石"(图 3-10)。在野外启发引导学生对地质现象进行观察、描述、认识、理解;再观察、再描述、再认识、再理解,重复训练,直至掌握。教会学生这些基本方法就像是交给学生一个地质思维与地质工作的"金箍棒"(图 3-10),可以使学生受益终身。

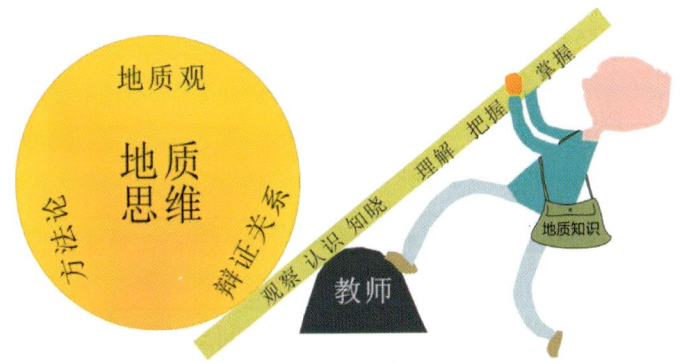

图 3-10 地质思维训练培养杠杆原理图

野外教学实习基地丰富的地质现象,为学生们提供了丰富多彩的教学案例,高层次教授一线带队,采用强化地质思维训练的方法,达到了良好教学效果,学生在低年级就对复杂的地质现象与问题开始了独立思考,大大加强了学生们发现问题、剖析问题及解决问题的能力。

第四节 高层次人才在国际化教育中的带动作用

一、国际化高层次人才聚集效应

国际化是当代高校人才培养的趋势,也是科技创新型人才的必由之路,而国际化教育的前提是要有国际视野及国际化背景的高层次师资队伍。石油工程专业高层次人才在学校政策支撑下,在前辈教授们的吸引下已经形成国际化人才及其团队的聚集效应。

石油工程专业现有全职教师 43 人,具有海外知名高校一年以上访学或留学经历的教师超过 90%,其中获得海外博士学位的教员占 31%,基本实现了国际化师资目标。近年来,石油工程系全球选聘高层次海外人员 18 名,其中被评为国家级高层次人才 2 人,省部级人才 2 人,地大学者、百人计划学者 16 人(表 3-12)。

表3-12　2015年以来石油工程专业高层次人才引进一览表

序号	姓名	年龄	海外学术机构	海外学习和工作时间	现聘任职位	人才称号
1	龚斌	43	斯坦福大学	五年	教授	千人计划
2	蒋恕	44	科罗拉多大学、犹他大学	十年以上	教授	长江学者
3	潘焕泉	59	斯坦福大学	十年以上	教授	学科领军人才
4	李恒	39	南加州大学	五年	教授	学科骨干人才
5	许星光	33	科廷大学	三年	特任教授	地大百人
6	钟志	30	西弗吉尼亚大学、堪萨斯大学 德州大学奥斯丁分校	八年	特任教授	地大百人
7	土立柱	42	宾夕法尼亚州立大学	五年	特任教授	地大百人
8	于龙	33	卡尔加里大学	六年	特任教授	地大百人
9	李嘉光	36	荷兰代尔夫特理工大学	四年	副教授	楚天学子
10	骆杨	35	新南威尔士大学	二年	副教授	地大学者
11	杨峰	33	德国亚琛工业大学	二年	副教授	地大学者
12	郭超华	32	美国密苏里科技大学	五年	特任副教授	地大学者
14	王娖	34	英国杜伦大学	一年	特任副教授	地大学者
15	王金杰	33	莱斯大学、新加坡国立大学	二年	特任副教授	地大学者
16	邹双梅	34	澳大利亚新南威尔士大学	五年	特任副教授	地大学者
17	任双坡	31	怀俄明大学	二年	特任副教授	地大学者
18	张恒	32	德州大学奥斯丁分校	二年	特任副教授	地大学者

这些具有海外学历或经历的年轻学者,有的是国际组织和国际会议负责人,有的是国际期刊主编、副主编,且大多是知名期刊审稿人和主编者,已经成为国际化师资队伍的中流砥柱。由龚斌教授发起并组织的"地大•东湖油气资源前沿科技论坛"于2017年4月1日在武汉东湖国际会议中心首次举行。中国地质大学(武汉)王焰新校长莅临开幕式并发言,来自北美、新加坡等国以及必和必拓公司与国内三大油气公司(中海油、中石油、中石化)的油田企业代表,资源学院、环境学院、地空学院的师生参加了本次论坛。美国斯坦福大学叶荫宇讲席教授(运筹/优化学术界国际最高奖项冯•诺依曼理论奖唯一华人获奖者)、美国 Oklahoma 大学邬星儒教授(2016年深海油气开发大数据论文引用量最高的学者)、原美国雪佛龙石油公司杰出研究员 Pallav Sarma 博士、美国罗格斯大学王洪刚教授、必和必拓(美国)岩石物理专家徐赤诚博士、中国地质大学(武汉)石油工程系龚斌教授等业界著名专家学者就数据分析、量化模拟、最优化方法、数据物理、随机优化、智能油藏等方面做了大会报告(图3-11、图3-12)。

蒋恕现任中国地质大学(武汉)资源学院教授、博导和学科首席、长江学者、国家自然科学基金海外合作基金获得者,教育部构造与油气重点实验室主任,长期从事全球陆相到深水沉积储层表征、常规油气和非常规清洁能源(页岩气、致密砂岩气、煤层气及地热)地质、地球物理和工程结合的研究。对中国、北美、南美、欧洲、非洲、澳洲、中东及大西洋两岸等国家和地

图 3-11　2017 年龚斌教授发起并组织第一届地大·东湖油气资源前沿科技论坛

图 3-12　石油工程部分教授参加国际学术交流

区的盆地开展了大量从板块尺度到纳米尺度的基础地质理论和应用相结合的研究。近年来,主持了全球 36 个跨国石油及能源公司(如埃克森美孚、雪佛龙、康菲、英国石油、法国道达尔、荷兰壳牌、意大利埃尼、挪威 Equinor、中石油、中石化、中海油等)的国际合作项目和政府组织(如自然基金、自然资源部、地勘单位)纵向项目 40 余项。在 AAPG *Bulletin*、*Marine and Petroleum Geology*、SPE *Journal*、*Journal of Petroleum Science and Engineering*、*Fuel*、*Ener-*

gy & Fuel 及《石油学报》《沉积学报》《地球科学》等领域内主流期刊发表论文 100 余篇,编著或参与编著 6 本图书。论文近年来被引用 1000 多次,曾 3 次(2009、2014、2017)获得 AAPG 国际会议报告前 10 名,担任 AAPG 及 SEG 协会联办的 Interpretation 期刊的董事会成员和常务副主编及 Petroleum Science 等期刊的副主编,组织、召集和主持了 AAPG 和 IPTC 等众多国际学术会议。

潘焕泉现任中国地质大学(武汉)资源学院石油工程系教授、博士生导师、学科领军人才、世界著名流体多相平衡计算专家、国际石油工程师学会的会刊 SPE Journal 编辑委员会的委员。长期致力于油藏数值模拟(numerical reservoir simulation)软件的研发和管理。在世界著名的油藏数值模拟研发中心美国斯坦福大学能源与资源工程系 SUPRI-B 担任研究员和资深研究员超过 17 年,参与开发,指导和管理 SUPRI-B 两个新一代油藏数值模拟软件 GPRS 和 ADGPRS,熟悉大型软件的设计与开发,精通各种计算机语言(C++、Fortran、Python、Java 等)。在 SPE Journal,AIChE Journal,Industrial & Engineering Chemistry Research,Chemical Engineering Science,SPE Reservoir Evaluation & Engineering,SPE Production and Facilities 等世界著名期刊上发表多篇计算流体复杂多相平衡以及油藏数值模拟的研究论文。

二、国际化师资为学生搭建国际交流平台

聚集在一起的新一代高层次人才及其团队,国际化视野开阔,国际交流活跃,为学生搭建了多种国际化交流平台,实现了学生多元化参与国际交流的愿望,使得专业建设更上一层楼。

1. 成立 SPE 学生会组织

在谢丛姣教授等老师带领下,我系是国内最早一批成立 CUGSW 学生石油工程师协会组织的单位,CUGSW 协会是全球性的石油科研官方组织美国石油工程师协会(SPE)亚太地区组织在华中地区的分支机构,该协会在我校石油工程专业教育教学过程中发挥了较为积极的作用。2016 年美国 SPE 总部(Society of Petroleum Engineers,国际石油工程师协会)全面评定,特授予中国地质大学(武汉)SPE-CUG 学生分会 2016 年度"Gold Standard"荣誉称号。此称号是该组织授予学生分会的最高荣誉。

"Gold Standard"是全球 SPE 总部用于奖励世界各地学生分会在活动举办、专业教育和规划蓝图等方面优异表现的荣誉称号。2016 年度共有来自美洲、欧洲、亚洲、非洲、中东及北美超过 368 个 SPE 分会参评该奖项,共有 20 个 SPE 分会赢得此项殊荣,我校 SPE-CUG 分会则为亚洲的两个获奖分会之一。

我校 SPE-CUG 学生分会近年来在拓宽学生国际视野、促进学生学术交流、增强学生学术前沿认知度等方面起到了重要作用。每年举办的 SPE-TALK、PETROBOWL 等活动为学生进行学科前沿技术交流搭建了重要平台。连续两年本科生参加海外 IPTC 与 SPE 联合组织的学生学术交流会议(图 3-13)。

2. 道达尔国际课程

2013年在郝芳副校长的关心指导下,资源学院与法国道达尔石油及天然气公司TPA协会签订了协议,成为TPA课程的主要授课点之一。目前,TPA课程已经在资源学院讲授了7个年头,受益人数达500多人。TPA课程是资源学院借助法国道达尔石油及天然气公司优质培养平台,充分利用企业资源推出的研究生、本科生教育精品课程,是资源学院国际化教育总体工作部署的重要组成部分。在授课过程中,教授结合其在道达尔石油及天然气公司的工作经验,从实际生产出发,国际化标准授课,学员在课堂上与教授积极交流、深入讨论,拓宽了国际视野,开阔了学术思维、增长了学术见识,课程取得了预期的效果。

3. 国际化实习、国外访学及竞赛

中国地质大学系"高水平行业特色大学优质资源共享联盟""地球科学国际大学联盟""七校联合办学"重要成员,学校提供了多种留学模式,供本科生参与出国学习。比如,游学模式、"2+2"留学模式、申请国外留学生等。"2+2"留学模式每年6~10人申请,分别前往俄罗斯的圣彼得堡大学、莫斯科大学,加拿大滑铁卢大学、多伦多大学,英国诺丁汉大学,美国圣地亚哥州立大学、布莱恩特大学等有合作办学协议的学校。近年来,蒋恕教授、龚斌教授在美国犹他州和科罗拉多州建立了油气地质与工程实习基地,开始安排学生定期开展实习。

在国际交流资助方面,启动专项基金支持学生参与AAPG、SPE、SEG、IPTC年会等活动,通过参加国际知名会议扩大本科生的国际视野,如2019年5月,教学组申请双一流建设经费,资助20名石油工程专业的本科生到新加坡国立大学访学一周,每年组织参加Petrocup、Petrobowl等国际知名赛事,获得了多项竞赛大奖,最终达到强化学生专业能力、培养国际型人才的目的(图3-13)。

2018年以来,选派学生赴美国犹他大学(7人)和新加坡国立大学(25人)开展工程实践。

图3-13 本科生参加海外IPTC与SPE联合组织的学生学术交流获奖情况

三、面向"一带一路"沿线国家的国际化人才培养

石油系老一辈科学家费琪教授、马正教授及其团队早在1990年就开始招收油藏工程专业海外留学生,早期毕业的留学生来自中东和非洲等"一带一路"国家和地区,30年来石油工程专业各类留学生人数累计超过600人。近年来,石油工程专业承担来自全球20余个国家

及非洲、中东、南美等"一带一路"沿线国家和地区本科、硕士、博士留学生培养任务,任课教师开设本科生全英语课程18门,谢丛姣、叶加仁、王国昌教授及李嘉光、郭超华海外博士学位获得者等高层次人才直接授课,保证了留学生培养的质量(表3-13)。他们在本国政府、部落、企业、科研院所等单位的关键岗位上担任重要职务,是为国家战略服务的高端国际人脉资源。与此同时,越来越多的留学生开始选择到中国企业就业,在各行各业上为本国和中国开展政治、经济、文化、科技、人才和学术交流积极努力。

这些学生主要来自52个"一带一路"沿岸国家,包括:马达加斯加、安哥拉、巴布亚新几内亚、巴基斯坦、贝宁、玻利维亚、朝鲜、赤道几内亚、俄罗斯、刚果(布)、刚果(金)、哥伦比亚、哈萨克斯坦、吉尔吉斯斯坦、几内亚、加纳、加蓬、喀麦隆、科摩罗、科特迪瓦、老挝、利比里亚、卢旺达、马里、毛里塔尼亚、蒙古、秘鲁、缅甸、莫桑比克、纳米比亚、南非、尼日尔、尼日利亚、塞拉利昂、塞舌尔、苏丹、苏里南、索马里、坦桑尼亚、突尼斯、土库曼斯坦、委内瑞拉、乌干达、乌兹别克斯坦、叙利亚、牙买加、也门、伊朗、越南、赞比亚、乍得、中非等(表3-14)。

表3-13 石油工程系开设留学生英文专业课程一览表

序号	课程名称	学时	任课教师
1	信息技术应用,Infromation Technology Application	48	罗国平
2	研究方向文献综述,Research Direction Review	48	周锦文
3	油藏工程,Reservoir Engineering	48	周红
4	油气地下地质学,Petroleum Subsurface Geology	48	朱芳冰
5	非常规油气藏,Unconventional Petroleum Resources	48	郭超华
6	科技英语写作与交流,Technical English Writing and Communication	48	李孝奎
7	储层表征与建模,Reservoir characterization and modeling	48	谢丛姣
8	沉积环境,Sedimentary Environment	48	陈思、王任
9	油气层物理学,Hydrocarb on Reservoir Physics	48	蔡忠贤
10	油藏精细描述,Fine Description of Reservoir		赵彦超
11	现代钻井技术,Modern Drilling Technology		杨宝林、邵春
12	油气测井地质学,Petroleum Logging Geology	48	赵彦超
13	石油及天然气地质学,Petroleum Geology	48	李纯泉、王芙蓉、郭小文等
14	油气钻井新技术新理论,New Theory and Technology of Oil and Gas Drilling	48	顾军
15	石油生产工程,Oil Production Engineering	48	杨峰
16	油藏动力学,Hydrocarbon Accumulation Dynamics	48	叶加仁、郭小文、平宏伟等
17	储层地质学,Reservoir Geology	48	李嘉光、张恒
18	石油开发地震学,Petroleum Development Seismology	48	李兰斌、唐大卿
19	提高原油采收率,Enhanced Oil Recovery	48	王金杰
20	油藏数值模拟,Reservoir Numerical Simulation	48	王金杰、孟庆帮

续表 3-13

序号	课程名称	学时	任课教师
21	油田化学与环境保护,Oilfield Chemistry	48	杨宝林
22	气藏工程,Gas Reservoir Engineering	48	郭超华
23	渗透力学,Percolation Mechanics	48	潘琳
24	试井分析,Well Test Analysis	48	雷霆
25	页岩气藏水力压裂,Shale gas hydraulic fracturing	48	王国昌

表 3-14 石油工程专业招收国际学生情况一览表(2010—2015)

序号	学号	中文名	护照姓名	性别	国籍	经费来源
1	20100022		RONALD SOFE	男	巴布亚新几内亚	中国政府
2	20100039	苏林	MOHAMED ABDALLA MOHAMED SULIMAN	男	苏丹	个人自费
3	20100001	穆斯塔法	CHAIFOU MOUSTAPHA ADAMOU	男	尼日尔	中国政府
4	20100002	阿里	ALI AL-MATARI	男	也门	中国政府
5	20100006	艾尔	AL-OMAISI MOHAMMED ALI SALEH	男	也门	中国政府
6	20100008	赛特	NTELO SERAPHIN ARTHUR BRUNEL	男	刚果(布)	中国政府
7	20100010	莫贝	MOMBEKI TSOMAMBE COLVIS	女	刚果(布)	中国政府
8	20100013	艾莎	ZAWEDDE AISHA NAKIMULI LUBWAMA	女	乌干达	中国政府
9	20110016	艾晗	BAYGELDIYEV AYMYRAT	男	土库曼斯坦	中国政府
10	20100009	陈风	CHIEKHNE EL HADI ABDERRAHMANE TOLBA	男	毛里塔尼亚	中国政府
11	20100011	林平	NUWAGABA PETER	男	乌干达	中国政府
12	20100012	卡马克	KOMAKECH ALFRED OCHENG	男	乌干达	中国政府
13	20100018	依巴塔	MONDONGO-IBATA SAINT NICOLAS ZHYTA	男	刚果(布)	中国政府
14	20100019	高克雷思	GANTSIO DOUN RONY COCLES	男	刚果(布)	中国政府
15	20100021	穆拉	KUVANJOV MURATNAZAR	男	土库曼斯坦	中国政府
16	20100030	马格布	MAGBOUL MOHAMED MAGBOUL ABDALLA	男	苏丹	个人自费
17	20100033		TEGANI MOHAMED	男	苏丹	个人自费
18	20100004	艾亚	AL-THARI MOHAMMED YAHYA AHMED	男	也门	中国政府
19	20100020	叶问	JELALETDIN MELAYEV	男	土库曼斯坦	中国政府
20	20100024	多福乐	ACHILOV DOVLET	男	土库曼斯坦	中国政府
21	20100004	欧坦	OTAN RASHITULY	男	哈萨克斯坦	个人自费
22	20120023	以萨	ABDOULAYE BAARE ISSAKA	男	尼日尔	个人自费
23	20100010	贝哥	ARAZOV BEGENCH	男	土库曼斯坦	个人自费
24	20100011	叶尔肯	TUMET YERKIN	男	哈萨克斯坦	个人自费

续表 3-14

序号	学号	中文名	护照姓名	性别	国籍	经费来源
25	20110018	迈高	MEKAN JUMALYYEV	男	土库曼斯坦	中国政府
26	20110007	阿依贝克	KAZHKENOV AIBEK	男	哈萨克斯坦	中国政府
27	20110004	托马司	TOMAS PASCUAL OBAMA ESONO	男	赤道几内亚	中国政府
28	20110005	马叶	MANE EYANG FLORENCIO MAYE	男	赤道几内亚	中国政府
29	20110006	伊森	ISSIN RUSTEM	男	哈萨克斯坦	中国政府
30	20110012	汉娜	DIOFFO HANNATOU SOULEY	女	尼日尔	中国政府
31	20110014	拉明	OMER ELHARITH MOHAMMED ELAMIN AHMED	男	苏丹	中国政府
32	20110019	马心志	HAM MUSINGUZI	男	乌干达	中国政府
33	20110020	王如诗	RUTH EMMANUELLA MWIMA	女	乌干达	中国政府
34	20110022	沙迪	SHADI HUSSEIN OMAR BA SALEM	男	也门	中国政府
35	20110023	阿民	HASSANE AMINE DJOUMA	男	乍得	中国政府
36	20110024	道沙	TIDJANI DAOUSSA	男	乍得	中国政府
37	20120018	哈丽亚	IBRA HADIZA MOUMOUNI	女	尼日尔	中国政府
38	20100012	阿迪力	OMER BASHIR KASHIF ADEL	男	苏丹	个人自费
39	20100026		BABIKER ALI MANSE ABDOALAZIM	男	苏丹	个人自费
40	20110008	温尼莎	VANESSA KOMBILA NKOMA MARLENE	女	加蓬	中国政府
41	20110082	阿合	AKHMETGALI ZHUMUROV	男	哈萨克斯坦	个人自费
42	20110035	田木兰	TEMIRLAN SARSEMBAYEV	男	哈萨克斯坦	个人自费
43	20110036	阿依达克	AIDAR DOSZHANOV	男	哈萨克斯坦	个人自费
44	20110027	西尼	SEYNI MAHAMADOU ABDOULAYE	男	尼日尔	个人自费
45	20110034	叶尔克西	YERKESH IZBASSAROV	男	哈萨克斯坦	个人自费
46	20120003	山巴铁	HENRY SSEMBATYA	男	乌干达	中国政府
47	20120014	弗莱德	FRED ERIC YANNICK BITSY	男	刚果（布）	个人自费
48	20120017	哈比波	HABIBOU HAMED HAMED	男	尼日尔	中国政府
49	20120004	卢西阿诺	LUCIANO ANTONIO ZANDAMELA	男	莫桑比克	中国政府
50	20120005	何依格	LOICK HEYE-ISSAKA	男	中非	中国政府
51	20120017	万毅	OKOT FRANCIS	男	乌干达	中国政府
52	20110021	夏飞龙	LAMINA FOTOTRA ZAFIRY VELONTAHINA	男	马达加斯加	中国政府
53	20110046	张三丰	ELSON FLORIEN BENOAVY	男	马达加斯加	中国政府
54	20130003	约书亚	JOSHUA MOLLI	男	巴布亚新几内亚	中国政府
55	20130004	巴比伦	MUHAMMET BABYLOV	男	土库曼斯坦	中国政府
56	20130008	嘎塔	TOUSSAINT DONO NGARTA	男	乍得	中国政府
57	20130012	韩柱革	HAN JUHYOK	男	朝鲜	中国政府

续表 3-14

序号	学号	中文名	护照姓名	性别	国籍	经费来源
58	20130013	莫莱默	MOVLAMOV SETDAR SETDAR	男	土库曼斯坦	中国政府
59	20130007	穆拉德	MURAD ESSAM ABDULALEM MOHAMMED AL-QUBATI	男	也门	个人自费
60	20130006	多蜜	OWOUA NGALA DOMINIQUE ELISABETH	女	刚果(布)	个人自费
61	20130011	孙哲学	SON CHOL HAK	男	朝鲜	中国政府
62	20130002	陌陌	ABOU OUMAROU MOHAMED	男	尼日尔	中国政府
63	20130005	多娜/都娜	DONA DAILLA DE HUGUES ONDONGO	女	刚果(布)	个人自费
64	20110077	伊娜	ZAFITIANA PATRICIA INNOCENTE ZAFIMANDIMBY	女	马达加斯加	中国政府
65	20110088	陈涛	TOJO RAMAMONJY	男	马达加斯加	中国政府
66	20120007	虎泽	ZE AKUE JEAN BERNARD	男	加蓬	个人自费
67	20130015	塔利克	TAREQ MOHAMMED HUSSEIN AL-SURAIHI	男	也门	中国政府
68	20130016	艾明	AYMAN ABDALLA SEDIG MOHAMED	男	苏丹	个人自费
69	20141005020	塞一德	MOHAMMED ABDO SAEED SAEED	男	也门	中国政府
70	20141005022	朱奥	JOAO NKULA NSANA	男	安哥拉	中国政府
71	20141005023	阿卜杜拉	GHAMDAN QAID MOHAMMED ABDULQADER AL-KHULAIDI	男	也门	中国政府
72	20151005014		ERNESTO MARIN CANAVIRI LIMACHI	男	玻利维亚	中国政府
73	20130019	瑞未	MAHMOOD ABDO ABDULJABBAR RAWEH	男	也门	中国政府
74	20140001	加克	JEAN JACQUES NAPHI GLEN JEFFREY NDINGA	男	加蓬	个人自费
75	20130003	艾明乐	SEBULIME ISAAC	男	乌干达	个人自费
76	20130010	哈佳娜	BOUBACAR S ZATAOU HADJARA	女	尼日尔	个人自费
77	20140003	优悠	VOUVOU VISHTI THEYCIA MERTIS	女	刚果(布)	个人自费
78	20130004	文森	SSUKWE WILSON	男	乌干达	个人自费
79	201515005	巴雅	GRACIA CELENE OBA BOUYA	女	刚果(布)	个人自费
80	201515006	可卡	ALICIA ASSITOU NKOUKA	女	刚果(布)	个人自费
81	201515010		BEKSULTAN MASALBEK UULU	男	吉尔吉斯斯坦	中国政府
82	201515015		ELTON WALDICK R. DE ALMEIDA CONCEICAO	男	安哥拉	中国政府
83	201515018	吉娜布	ADAMOU CHEFFOU ZEINABOU	女	尼日尔	中国政府
84	201515001		HENRY MBULULO	男	坦桑尼亚	个人自费

第五节 高层次人才引领下的专业人才培养成效

一、学生创新能力培养成效

大学生在校四年,在高层次人才及其团队引领下,经过知识、技能、素质训练,尤其是通过第一课堂、第二课堂及第三课堂深度融合严格训练,具备了创新潜质和国际化、工程化基本能力,表现在大学生科技活动和综合竞赛中成绩突出,屡屡获奖。

主要科技成果包括大学生发表学术论文、湖北省优秀学位论文等,技能竞赛、知识竞赛、建模比赛、科技活动、挑战杯赛、创新创业训练等都取得系列成果(表3-15～表3-17,图3-14～图3-16)。

表3-15 2012—2015年本专业本科生获得奖项统计情况表

序号	奖项名称	获奖情况			
		2012学年	2013学年	2014学年	2015学年
1	国家奖学金	4人	2人	2人	2人
2	国家励志奖学金	7人	10人	8人	9人
3	湖北省优秀本科毕业生论文	2篇	2篇	2篇	2篇
4	国家大学生创新创业训练计划	1项	2项	0	1项
5	社会实践优秀团队	校三等奖2项	校三等奖1项	校三等奖1项	校二等奖2项
6	社会实践优秀个人	湖北省优秀个人1人	0	0	校级1人
7	"助人 筑梦"征文	无数据	二等奖2 三等奖1	一等奖2 二等奖2	无数据
8	中国石油工程设计大赛	0	全国二等奖1项 全国三等奖1项	全国一等奖1项 全国二等奖1项 全国三等奖2项	全国一等奖1项 全国二等奖1项 全国三等奖1项

表3-16 2012—2015年本专业获湖北省优秀本科毕业生论文一览表

编号	专业	论文标题	作者	指导教师	年份
1	石油工程	定向井井眼轨迹预测方法研究	陈俊	邵春	2012
2	石油工程	井楼油田一区北块地区微构造特征研究	王江	关振良	2012
3	石油工程	矿用深孔全液压动力头钻机关键结构设计与有限元分析	褚志伟	邵春	2013
4	石油工程	河南井楼油田一区核三段Ⅳ—Ⅵ油组沉积微相研究	毛文静	谢丛姣	2013
5	石油工程	鄂尔多斯盆地泾河油田长8段致密砂岩油层测井岩电性质研究	肖宇	赵彦超	2014
6	石油工程	古城油田泌浅10区流动单元表征及分析	陈孝君	姚光庆	2014
7	石油工程	轮古地区奥陶系岩溶洞穴充填情况研究	于聪灵	蔡忠贤	2015
8	石油工程	DF13-1区块海底扇沉积特征研究	陈鹏	姚光庆	2015

表3-17 2017—2020年本专业在校生获省部级及以上奖励一览表

序号	获奖人	所获奖励或项目名称	年份	等级	授予部门
1	康蕴秋等5人	全国石油工程知识竞赛	2020	特等奖	中国石油学会、中国石油教育学会
2	杨阳等5人	中国石油工程设计大赛（软件开发组）	2020	一等奖	中国石油学会、中国石油教育学会
3	马丁等2人	中国石油工程设计大赛（钻井组）	2020	三等奖	中国石油学会、中国石油教育学会
4	徐赛等4人	全国石油工程知识竞赛	2019	二等奖	中国石油学会、中国石油教育学会
5	丛富云等2人	获美国石油地质学家协会（AAPG）助研金资助	2019	国际	美国石油地质学家协会
6	田博等5人	中国石油工程设计大赛（综合组）	2019	二等奖	中国石油学会、中国石油教育学会
7	丛富云等2人	获美国石油地质学家协会（AAPG）助研金资助	2019	国际	美国石油地质学家协会
8	陶世林	获"全国大学生自强之星"提名奖	2018	提名奖	共青团中央、全国学联
9	实践团队	获评湖北省大学生暑期社会实践优秀团队	2018	省级	湖北省教育厅
10	郭志安	中国"互联网+"大学生创新创业大赛省级一等奖	2018	一等奖	湖北省教育厅
11	杨锐	湖北省"长江学子"创新奖	2018	创新奖	湖北省教育厅
12	徐赛等3人	全国石油工程知识竞赛	2018	一等奖	中国石油学会、中国石油教育学会
13	苊笙任等3人	全国大学生地质技能竞赛团体第一名	2018	第一名	中国地质学会
14	苊笙任等3人	全国大学生地质知识竞赛特等奖	2018	特等奖	中国地质学会
15	苊笙任等2人	全国大学生地质标本鉴定竞赛特等奖	2018	特等奖	中国地质学会
16	苊笙任等2人	全国大学生地质技能综合应用竞赛一等奖	2018	一等奖	中国地质学会

续表 3-17

序号	获奖人	所获奖励或项目名称	年份	等级	授予部门
17	汪襄南	获 IPTC 国际石油技术大会全额资助	2018	国际	国际石油技术大会
18	刘鸿基	全国大学生数学建模竞赛省级三等奖	2018	三等奖	中国地质学会
19	SPE-CUG 学生分会	国际石油工程师协会"Gold Standard"称号	2018	国际	国际石油工程师协会
20	顾开放等 4 人	中国石油工程设计大赛	2017	二等奖	中国石油学会、中国石油教育学会
21	丁晓楠	第一届全国大学生石油科技创新创业大赛创新类二等奖	2017	省部级	中国石油教育学会

图 3-14　2018 年石油工程设计大赛获奖团队

图 3-15　2019 年石油工程设计大赛团队与教务处及学院领导合影

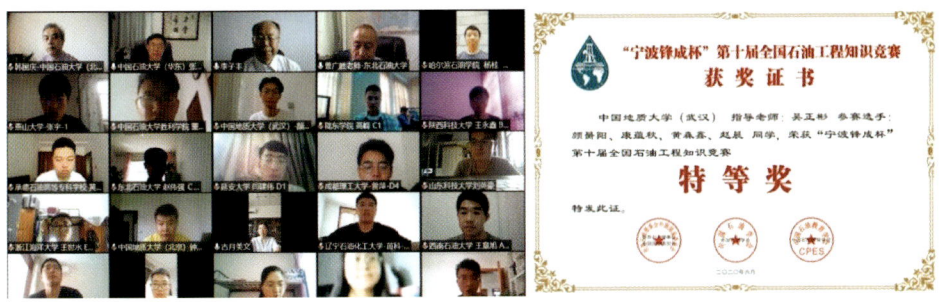

图 3-16　2020 年第十届全国石油工程知识竞赛决赛视频及获奖证书

二、毕业生社会贡献度和认可度

2015—2019 届毕业本科生 296 人,初次就业率均在 90% 以上。2019 年本科毕业生初次就业率为 93.62%,其中升学/出国出境率为 46.81%,就业学生中从事能源相关行业的比例为 63.64%,主要集中在国内三大油气公司(表 3-18)。

表 3-18　2017—2019 年本专业毕业生就业(升学)情况表

年份(年)	毕业生人数	境内升学人数	境外升学人数	就业人数	自主创业人数
2019	47	20	2	22	1
2018	58	25	2	26	0
2017	61	30	1	30	0

三大油气公司对石油工程专业本科毕业生的认可度较高,用人单位普遍反映我校石油工程专业学生掌握了较扎实的专业基础知识,有着自信、认真的学习生活态度,主动学习石油工程的新技术、新方法,对行业的发展趋势有明确的认识,吃苦耐劳,有很大的发展潜力。

用人单位对毕业生在单位综合表现的反馈反映了毕业生的质量。中石化江汉油田勘探开发研究院、吉林油田勘探开发研究院、西北石油局、新疆地矿局等对石油工程本科毕业生的认可度很高。中石化江汉油田勘探开发研究院评价毕业生:具有良好的敬业精神、基础理论知识扎实、综合素质高。吉林油田评价毕业生:工作表现突出,爱岗敬业、责任心强,有较高的职业素养,创业意识和学习能力强,不少优秀人才已成为该行业的领军人物。中石化西北石油局评价毕业生:敬业、精业、乐业,专业水平高,业务能力强,具有很强的亲和力和影响力。武汉地质调查中心评价毕业生:动手实践能力强,对石油的新技术、新方法了解较为全面,对行业的发展趋势有明确的认识,吃苦耐劳,有很大的发展潜力(图 3-17)。

毕业生升学到高校及科研院所读研究生,这些单位的反馈反映了学生质量和发展潜力。石油工程专业平均每年大约 35% 的学生考取硕士研究生进行深造,主要分布在中国地质大学(武汉)、北京大学、中国地质大学(北京)、中国矿业大学(徐州)、中国石油大学(北京)、中国石油大学(华东)、中国科学院广州地球化学研究所、中国科学院地质与地球物理研究所,这些学校及科研院所普遍认为我校毕业生基础扎实牢固、学风端正、品德优良、实践能力过硬、具有创新思维。一些佼佼者的学术水平保持在国际前列。

图 3-17 用人单位对毕业生在单位综合表现的反馈情况

我校石油工程专业本科毕业生凭借自身的努力在各自的岗位上取得了优异的成绩，深受社会的好评与欢迎。毕业生中涌现出了一大批优秀毕业生，他们也已成为新一代创新创业高层次人才,以国梁、姜平等为代表的地大石油工程学子在科研单位、企业及事业单位、各大高校中担任重要岗位,发挥着科技引领作用。毕业生在各行各业为学校赢得了良好的声誉和广泛的社会影响,典型校友代表实例列举如下。

(1)国梁,高工,1994年获本专业学士学位。现为胜利油田河口采油厂党委常委、工会主席、高级政工师。荣获中石化劳动模范、优秀青年知识分子、山东省十大杰出青年、优秀共产党员、全国五一劳动奖章、中国青年五四奖章等称号。

(2)姜平,教授高工,1994年获本专业学士学位,1997年获本专业硕士学位,2014年油气田开发工程专业博士毕业。现任中海油湛江油气分公司开发总师,历任中海油湛江分公司研究院院长、勘探开发部总经理等职,长期从事油气田开发科学研究和生产管理,地质科技奖——银锤奖获得者,获省部级科技奖励10项,国家油气科技专项课题负责人。

(3)周锋德,研究员,2000年获本专业学士学位,2003年、2009年获本专业硕士、博士学位。现为澳大利亚Arrow Energy公司高级地质师,历任澳大利亚昆士兰大学地球科学系研究人员(Research Fellow)、澳大利亚新南威尔士大学石油工程系博士后、中国地质大学(武汉)石油工程专业副教授。长期从事非常规储层表征和流体渗流的研究工作,在煤层气储层、裂缝性储层研究方面取得大量创新成果。负责Arrow Energy、OGIA、DNRM project、CCSG等各类国际科研项目10余项。以第一作者和通信作者发表SCI论文14篇。

(4)戴小平,高工,2001年获本专业学士学位,2007年及2014年获得硕士、博士学位。先后在中石油吐哈油田公司工程技术研究地质所任所长、Sonangol Sinopec International任副总经理、Sozak Oil & Gas任生产运营总经理。主要从事油气田勘探、开发研究与管理工作。

(5)袁钢辉,高级工程师,2002年获本专业学士学位。现任北京金阳普泰石油技术股份有限公司总经理,致力于石油软件开发、销售、项目服务与咨询业务,专注以数字油藏为核心,以一体化软件解决方案和软件项目定制开发的业务,组织团队自主研发了"GPT油藏研究一体化工作平台软件",包括油藏地质系列和油藏工程系列共8个子系统(软件)。软件产品已在中石油、中石化和中海油所属油田及研究院所得到了广泛的应用。该公司是国内唯一一家覆盖石油勘探、开发全流程的软件自主研发产品提供商。他代表公司多次向学校捐赠价值上千万元的最新油藏描述软件。

(6)吴克柳,教授,博导,2008年获本专业学士学位。现为中国石油大学(北京)石油工程学院教授/博导,一直专注于非常规油气藏开发理论与数值模拟的教学和研究,以第一作者和通信作者在PNAS(美国科学院院刊),*Angewandte Chemie International Edition*,SPE *Journal* 等SCI/EI期刊上发表56篇论文,其中7篇入选ESI高被引论文,总被引3500+。提出的页岩气传输模型被Halliburton公司、Texas A&M University等研究同行应用到数值模拟器中。美国ACS Petroleum Research Fund、加拿大Mitacs Accelerate Project等基金通信评审专家。

(7)王国昌,兼职教授、博导,2008年获本专业学士学位,2012年西弗吉尼亚大学博士学位获得者。现为圣佛朗西斯大学助理教授,中国地质大学(武汉)兼职教授、博导,主要从事页岩气储层评价方法及页岩气开发高产区识别工作,已经发表SCI论文22篇,其中第一作者SCI论文12篇。首次提出了利用有机质含量和矿物组成定义富有机质泥页岩岩相的方法,并利用该方法建立了 Appalachian 盆地 Marcellus 页岩的全盆地尺度三维泥页岩岩相模型和四川盆地涪陵气田北部龙马溪—五峰页岩三维岩相模型。

(8)旦增桑布,2008 年获本专业学士学位。2008 年 8 月进入那曲市班戈县政协工作,现任那曲市班戈县普保镇党委书记。工作期间,先后任那曲市班戈县政协专干、班戈县农牧局副局长、班戈县农牧局局长、普保镇党委书记。2018 年被班戈县委员会授予"优秀党务工作者"称号、2018—2019 年连续两年荣获"优秀公务员"先进称号。

(9)秦飞,高级工程师,2008 年获本专业学士学位,2011 年获本专业硕士学位。中国石化西北油田分公司石油工程技术研究院生产技术科科长,参与国家重大专项 7 项,省部级重点攻关项目 10 余项,获得国家级管理创新二等奖 1 项,省部级科技进步奖 2 项,发表学术论文 30 多篇,获得专利 20 余项,获得中国石化 2018 年"敬业奉献"最美青工提名,被认定为中国石化第一批境外兼职企业管理审计专家。

(10)邹双梅,副教授,2009 年获本专业学士学位,2018 年获澳大利亚新南威尔士大学博士学位。2013 获得全额奖学金赴澳大利亚新南威尔士大学学习,以第一作者在 SPE *Journal*,*Water Resources Research* 等 Top 期刊上发表 4 篇国际 SCI 论文。2018 年入选中国地质大学(武汉)青年优秀人才,入职中国地质大学(武汉)资源学院特任副教授。

(11)平宏伟,教授、博导,2011 年获本专业学士学位。长期从事烃类流体包裹体及相关的油气成藏机理研究。近年来在油包裹体捕获压力重构和热成熟度定量预测方面取得了创新性进展。先后主持国家自然科学基金 3 项、横向课题 8 项,出版专著 2 部,发表 SCI/EI 论文 30 余篇。

(12)王刚,高级工程师,2012 年获本专业学士学位,2015 年获本专业硕士学位。现就职于新疆煤田地质局煤层气研发中心项目管理科负责人,先后获得新疆煤田地质局"优秀人才""优秀共产党员""劳动模范"等称号。承担国家科技重大专项及自治区地质勘查基金项目 9 项,负责编制新疆煤层气(煤矿瓦斯)开发利用"十三五""十四五"发展规划。在天然气地球科学、煤炭科学技术等期刊发表学术论文 19 篇,主持出版煤层气地质成果专著 1 部、参与编写专著 2 部,参与起草煤层气地质选区企业标准 1 项。

(13)阿木 Mukhtar Habib,尼日利亚公民,2013 年获本专业硕士学位,2016 年获得本专业博士学位。优秀留学生代表,现为尼日利亚 Kaduna Polytechnic 国立大学首席讲师,部门负责人,主要从事石油领域教学和科研研究,发表 6 篇 SCI 文章,历任 SPE-CUG 主席。

(14)陈孝君,2014 年获本专业学士学位,2019 年获本专业博士学位。现为中国地质大学(武汉)资源学院博士后,2020 年获得国家自然科学青年基金、国家优秀博士后基金及湖北省博士后基金。2017 年获"博士研究生国家奖学金",2012 年获"湖北省优秀学士学位论文"。*Journal of Geophysical Research Solid Earth*,*Fuel*,*Marine and Petroleum Geology* 等知名期刊发表 SCI 论文 10 篇。

(15)丁亮,2016 年获本专业学士学位,指导老师谢丛姣教授,公派欧洲留学并获匈牙利政府全额奖学金,2019 年获布达佩斯考文纽斯大学(Corvinus University of Budapest)国际经济与商务硕士学位。现任埃克森美孚(ExxonMobil)信用风险分析师,曾就职于摩根士丹利(Morgan Stanley)风险管理部门。在地大本科期间作为中国 3 名代表之一赴卡塔尔参加国际石油技术大会(IPTC),并做石油经济相关议题汇报。

第六节 小 结

(1)石油工程专业是在资源勘查工程优势学科基础上逐渐孕育而来,高层次人才及其团队在石油工程创办、发展到壮大各个阶段建设中起到了关键核心作用,老一辈学科带头人为专业和学科发展打下了坚实基础。

(2)石油工程专业各类高层次人才齐全,老中青结构合理,尤其是年轻海外学者人才占比高,他们具有扎实专业知识、前缘性科研能力、国际化视野、高瞻远瞩,具有战略思维,引领专业建设和人才培养在高层次上发展,实现一流专业一流学科建设目标。

(3)高层次人才在教学体系建设中发挥领导核心作用,在第一课堂、第二课堂、第三课堂实践中言传身教,成果建设明显,并在网络课堂、科教协同育人课堂、思政课堂领域发挥独特作用。

(4)高层次人才坚持"三全育人""立德树人"原则,学生具有为国学习,报效国家,努力成才的理想。在各类竞赛、实践活动、科研交流等活动评优评先中获得众多成果和奖励。

(5)高层次人才引领国际化创新人才培养的国际化教育模式,双向留学、访学、交流日渐成熟,石油工程专业为"一带一路"国家人才培养作出了巨大贡献,20世纪90年代毕业的留学生已经成为各自国家的栋梁之材。

(6)高层次人才引领成长下的石油工程人才辈出,25年来已经有近1500名本科生和1000名研究生毕业,毕业生在企(事)业单位、研究院所、高校及政府组织发挥了领导和骨干作用,他们秉承"艰苦朴素 求真务实"校训精神,为中国特色社会主义事业,为"美丽中国 宜居地球"的理想,从事最伟大的清洁能源事业不停奋斗着。

第四章　高层次人才引领土地资源管理专业建设和本科人才培养的创新实践与成效

在我校传统优势专业——资源勘查工程建设中起到关键核心作用的高层次人才，面向国家发展战略，迎合学科发展趋势，审时度势，高瞻远瞩，牵头创办了土地资源管理专业。在他们的引领下，土地资源管理专业建设成绩斐然，先后获得专业硕士、博士学位授予权，获评湖北省重点学科、品牌专业，教育部特色专业，在教育部第四轮学科评估中位于公共管理学科前20%，获评B+，排名在我校各学科中并列第三，新晋入选首批国家级一流本科专业建设点。在短短的20余年间，土地资源管理专业高效发展，这离不开高层次人才及其团队的领航致远，他们的实践经验和成果具有普遍借鉴意义，有必要对其历程、机制及成效进行深刻梳理，以进一步发挥其示范效应，指导高校相关学科专业更好履行立德树人根本任务。

第一节　高层次人才支撑下的专业快速发展历程

土地资源管理专业的发展经历了3个主要阶段，即专业创办阶段、专业提升阶段及专业快速发展阶段。专业创办之初，高层次人才带头创业，凝心聚力；专业提升及快速发展阶段，高层次人才积极作为，谋求自身与专业共生共长，助推学科做大做强，辐射相关专业建设与发展。总的来看，在建设一流土地资源管理专业的过程中，高层次人才发挥了举足轻重的作用。

一、专业创办阶段（1998—2003年）

我校土地资源管理专业的前身是1986年在资源学院设立的矿产资源开发与管理专业，1992年该专业调整为矿产资源开发与保护专业，1993年进一步调整为资源环境区划与管理专业。1998年，教育部调整普通高等学校本科专业目录，将原有土地管理相关各个专业合并统一，更名为土地资源管理专业，成为公共管理一级学科下的二级学科。我校积极响应国土资源管理事业发展的迫切需要，依托资源学院的优势平台，以二级教授李江风、王占岐等高层层次人才,以国梁、姜平等为代表的地大石油工程学子在科研单位、企业及事业单位、各大高校中担任重要岗位,发挥着科技引领作用。毕业生在各行各业为学校赢得了良好的声誉和广泛的社会影响,典型校友代表实例列举如下。

(1)国梁,高工,1994年获本专业学士学位。现为胜利油田河口采油厂党委常委、工会主席、高级政工师。荣获中石化劳动模范、优秀青年知识分子、山东省十大杰出青年、优秀共产党员、全国五一劳动奖章、中国青年五四奖章等称号。

(2)姜平,教授高工,1994年获本专业学士学位,1997年获本专业硕士学位,2014年油气田开发工程专业博士毕业。现任中海油湛江油气分公司开发总师,历任中海油湛江分公司研究院院长、勘探开发部总经理等职,长期从事油气田开发科学研究和生产管理,地质科技奖——银锤奖获得者,获省部级科技奖励10项,国家油气科技专项课题负责人。

(3)周锋德,研究员,2000年获本专业学士学位,2003年、2009年获本专业硕士、博士学位。现为澳大利亚Arrow Energy公司高级地质师,历任澳大利亚昆士兰大学地球科学系研究人员(Research Fellow)、澳大利亚新南威尔士大学石油工程系博士后、中国地质大学(武汉)石油工程专业副教授。长期从事非常规储层表征和流体渗流的研究工作,在煤层气储层、裂缝性储层研究方面取得大量创新成果。负责Arrow Energy、OGIA、DNRM project、CCSG等各类国际科研项目10余项。以第一作者和通信作者发表SCI论文14篇。

(4)戴小平,高工,2001年获本专业学士学位,2007年及2014年获得硕士、博士学位。先后在中石油吐哈油田公司工程技术研究地质所任所长、Sonangol Sinopec International任副总经理、Sozak Oil & Gas任生产运营总经理。主要从事油气田勘探、开发研究与管理工作。

(5)袁钢辉,高级工程师,2002年获本专业学士学位。现任北京金阳普泰石油技术股份有限公司总经理,致力于石油软件开发、销售、项目服务与咨询业务,专注以数字油藏为核心,以一体化软件解决方案和软件项目定制开发的业务,组织团队自主研发了"GPT油藏研究一体化工作平台软件",包括油藏地质系列和油藏工程系列共8个子系统(软件)。软件产品已在中石油、中石化和中海油所属油田及研究院所得到了广泛的应用。该公司是国内唯一一家覆盖石油勘探、开发全流程的软件自主研发产品提供商。他代表公司多次向学校捐赠价值上千万元的最新油藏描述软件。

(6)吴克柳,教授,博导,2008年获本专业学士学位。现为中国石油大学(北京)石油工程学院教授/博导,一直专注于非常规油气藏开发理论与数值模拟的教学和研究,以第一作者和通信作者在PNAS(美国科学院院刊),*Angewandte Chemie International Edition*,SPE *Journal*等SCI/EI期刊上发表56篇论文,其中7篇入选ESI高被引论文,总被引3500+。提出的页岩气传输模型被Halliburton公司、Texas A&M University等研究同行应用到数值模拟器中。美国ACS Petroleum Research Fund、加拿大Mitacs Accelerate Project等基金通信评审专家。

(7)王国昌,兼职教授、博导,2008年获本专业学士学位,2012年西弗吉尼亚大学博士学位获得者。现为圣佛朗西斯大学助理教授,中国地质大学(武汉)兼职教授、博导,主要从事页岩气储层评价方法及页岩气开发高产区识别工作,已经发表SCI论文22篇,其中第一作者SCI论文12篇。首次提出了利用有机质含量和矿物组成定义富有机质泥页岩岩相的方法,并利用该方法建立了Appalachian盆地Marcellus页岩的全盆地尺度三维泥页岩岩相模型和四川盆地涪陵气田北部龙马溪—五峰页岩三维岩相模型。

（8）旦增桑布，2008年获本专业学士学位。2008年8月进入那曲市班戈县政协工作，现任那曲市班戈县普保镇党委书记。工作期间，先后任那曲市班戈县政协专干、班戈县农牧局副局长、班戈县农牧局局长、普保镇党委书记。2018年被班戈县委员会授予"优秀党务工作者"称号、2018—2019年连续两年荣获"优秀公务员"先进称号。

（9）秦飞，高级工程师，2008年获本专业学士学位，2011年获本专业硕士学位。中国石化西北油田分公司石油工程技术研究院生产技术科科长，参与国家重大专项7项、省部级重点攻关项目10余项，获得国家级管理创新二等奖1项，省部级科技进步奖2项，发表学术论文30多篇，获得专利20余项，获得中国石化2018年"敬业奉献"最美青工提名，被认定为中国石化第一批境外兼职企业管理审计专家。

（10）邹双梅，副教授，2009年获本专业学士学位，2018年获澳大利亚新南威尔士大学博士学位。2013获得全额奖学金赴澳大利亚新南威尔士大学学习，以第一作者在SPE *Journal*、*Water Resources Research*等Top期刊上发表4篇国际SCI论文。2018年入选中国地质大学（武汉）青年优秀人才，入职中国地质大学（武汉）资源学院特任副教授。

（11）平宏伟，教授、博导，2011年获本专业学士学位。长期从事烃类流体包裹体及相关的油气成藏机理研究。近年来在油包裹体捕获压力重构和热成熟度定量预测方面取得了创新性进展。先后主持国家自然科学基金3项、横向课题8项，出版专著2部，发表SCI/EI论文30余篇。

（12）王刚，高级工程师，2012年获本专业学士学位，2015年获本专业硕士学位。现就职于新疆煤田地质局煤层气研发中心项目管理科负责人，先后获得新疆煤田地质局"优秀人才""优秀共产党员""劳动模范"等称号。承担国家科技重大专项及自治区地质勘查基金项目9项，负责编制新疆煤层气（煤矿瓦斯）开发利用"十三五""十四五"发展规划。在天然气地球科学、煤炭科学技术等期刊发表学术论文19篇，主持出版煤层气地质成果专著1部、参与编写专著2部，参与起草煤层气地质选区企业标准1项。

（13）阿木Mukhtar Habib，尼日利亚公民，2013年获本专业硕士学位，2016年获得本专业博士学位。优秀留学生代表，现为尼日利亚Kaduna Polytechnic国立大学首席讲师，部门负责人，主要从事石油领域教学和科研研究，发表6篇SCI文章，历任SPE‐CUG主席。

（14）陈孝君，2014年获本专业学士学位，2019年获本专业博士学位。现为中国地质大学（武汉）资源学院博士后，2020年获得国家自然科学青年基金、国家优秀博士后基金及湖北省博士后基金。2017年获"博士研究生国家奖学金"，2012年获"湖北省优秀学士学位论文"。*Journal of Geophysical Research Solid Earth*、*Fuel*、*Marine and Petroleum Geology*等知名期刊发表SCI论文10篇。

（15）丁亮，2016年获本专业学士学位，指导老师谢丛姣教授，公派欧洲留学并获匈牙利政府全额奖学金，2019年获布达佩斯考文纽斯大学（Corvinus University of Budapest）国际经济与商务硕士学位。现任埃克森美孚（ExxonMobil）信用风险分析师，曾就职于摩根士丹利（Morgan Stanley）风险管理部门。在地大本科期间作为中国3名代表之一赴卡塔尔参加国际石油技术大会(IPTC),并做石油经济相关议题汇报。

第六节 小 结

(1)石油工程专业是在资源勘查工程优势学科基础上逐渐孕育而来,高层次人才及其团队在石油工程创办、发展到壮大各个阶段建设中起到了关键核心作用,老一辈学科带头人为专业和学科发展打下了坚实基础。

(2)石油工程专业各类高层次人才齐全,老中青结构合理,尤其是年轻海外学者人才占比高,他们具有扎实专业知识、前缘性科研能力、国际化视野、高瞻远瞩,具有战略思维,引领专业建设和人才培养在高层次上发展,实现一流专业一流学科建设目标。

(3)高层次人才在教学体系建设中发挥领导核心作用,在第一课堂、第二课堂、第三课堂实践中言传身教,成果建设明显,并在网络课堂、科教协同育人课堂、思政课堂领域发挥独特作用。

(4)高层次人才坚持"三全育人""立德树人"原则,学生具有为国学习,报效国家,努力成才的理想。在各类竞赛、实践活动、科研交流等活动评优评先中获得众多成果和奖励。

(5)高层次人才引领国际化创新人才培养的国际化教育模式,双向留学、访学、交流日渐成熟,石油工程专业为"一带一路"国家人才培养作出了巨大贡献,20世纪90年代毕业的留学生已经成为各自国家的栋梁之材。

(6)高层次人才引领成长下的石油工程人才辈出,25年来已经有近1500名本科生和1000名研究生毕业,毕业生在企(事)业单位、研究院所、高校及政府组织发挥了领导和骨干作用,他们秉承"艰苦朴素 求真务实"校训精神,为中国特色社会主义事业,为"美丽中国 宜居地球"的理想,从事最伟大的清洁能源事业不停奋斗着。

第四章　高层次人才引领土地资源管理专业建设和本科人才培养的创新实践与成效

在我校传统优势专业——资源勘查工程建设中起到关键核心作用的高层次人才，面向国家发展战略，迎合学科发展趋势，审时度势，高瞻远瞩，牵头创办了土地资源管理专业。在他们的引领下，土地资源管理专业建设成绩斐然，先后获得专业硕士、博士学位授予权，获评湖北省重点学科、品牌专业，教育部特色专业，在教育部第四轮学科评估中位于公共管理学科前20%，获评B+，排名在我校各学科中并列第三，新晋入选首批国家级一流本科专业建设点。在短短的20余年间，土地资源管理专业高效发展，这离不开高层次人才及其团队的领航致远，他们的实践经验和成果具有普遍借鉴意义，有必要对其历程、机制及成效进行深刻梳理，以进一步发挥其示范效应，指导高校相关学科专业更好履行立德树人根本任务。

第一节　高层次人才支撑下的专业快速发展历程

土地资源管理专业的发展经历了3个主要阶段，即专业创办阶段、专业提升阶段及专业快速发展阶段。专业创办之初，高层次人才带头创业，凝心聚力；专业提升及快速发展阶段，高层次人才积极作为，谋求自身与专业共生共长，助推学科做大做强，辐射相关专业建设与发展。总的来看，在建设一流土地资源管理专业的过程中，高层次人才发挥了举足轻重的作用。

一、专业创办阶段（1998—2003年）

我校土地资源管理专业的前身是1986年在资源学院设立的矿产资源开发与管理专业，1992年该专业调整为矿产资源开发与保护专业，1993年进一步调整为资源环境区划与管理专业。1998年，教育部调整普通高等学校本科专业目录，将原有土地管理相关各个专业合并统一，更名为土地资源管理专业，成为公共管理一级学科下的二级学科。我校积极响应国土资源管理事业发展的迫切需要，依托资源学院的优势平台，以二级教授李江风、王占岐等高层次人才为代表的学术带头人,在原资源环境区划与管理专业的基础上成立土地资源管理研究所,负责土地资源管理专业的筹建工作。

在土地资源管理专业创办之初,如何确定专业定位是关系到专业特色及专业未来发展方向的核心问题。李江风教授、王占岐教授凝心聚力,分别带领教学科研团队前往国土资源部(现为自然资源部)、湖北省国土资源厅(现为湖北省自然资源厅)、中国农业大学、中国矿业大学(北京)、华中农业大学、武汉大学等政府部门和相关高校开展办学调研,通过深入分析、认真研判,确定了我校土地资源管理专业的定位为"具有管理学、经济学的基本理论和扎实的数理基础及计算机技能,以'3S'等高新技术支撑的工科专业"。由李江风教授牵头,王占岐教授主笔,围绕专业定位设置课程,制订了以工科为特色、注重培养学生实践能力的教学计划(培养方案),他们的开创性工作为我校土地资源管理专业的发展奠定了坚实基础。

2000年4月,土地资源管理专业被中国地质大学(武汉)列为"211工程"学科建设项目中的非地学重点建设专业。2003年,院系调整后,土地资源管理系正式成立。同年6月,经国务院学位委员会批准,我校土地资源管理专业获得土地资源管理硕士学位授予权(图4-1)。自此,我校土地资源管理专业进入了发展快车道。

图4-1　专业创办初期土地资源管理系进行学术交流、学位论文答辩活动

二、专业提升阶段(2003—2015年)

土地资源管理系成立后,依托宽厚的地学背景和工科特色定位,在高层次人才战略思维的有力支撑下,我校土地资源管理专业在人才培养、师资队伍建设和科研实践育人等方面取得了长足进步。

2005年,李江风、王占岐两位主要学术带头人高瞻远瞩,积极谋划,推动土地资源管理专业获得土地资源管理二级学科博士学位授予权,成为当时全国13个土地资源管理博士学位授予单位之一。博士学位点的授予,标志着我校土地资源管理学科已形成了本科—硕士—博士多层次人才培养体系,显著提高了专业的办学层次,扩大了专业的办学空间,为专业提升奠定了重要基础。与此同时,李江风、王占岐两位教授从教学、科研和管理角度出发,高度重视和关心教师人才引进工作,亲力亲为,从校外引进多名优秀博士毕业生,他们如今已成长为土

图 4-6　2018 年学院主办土地资源管理专业培养方案暨土地整治工程专业申报专家论证会

图 4-7　学院获得 2021 年发展地理学学术年会主办权

究生成长为各自单位的专业技术、管理型骨干人才。胡守庚教授作为土地资源管理专业培养的硕士研究生,师从王占岐教授,快速成长为专业的高层次人才,见证了专业人才培养尤其是高层次人才的代际发展。而这种发展,反过来推动了专业自身的快速发展,可以说,高层次人才功不可没。

在这一阶段中,土地资源管理专业乃至所在公共管理学科的发展成就斐然。2017 年 12 月 28 日,教育部学位与研究生教育发展中心公布了全国第四轮学科评估结果,全国共有 143

所高校参加了该轮公共管理一级学科评估,我校公共管理学科被评为B+学科,在参评高校中并列排第15位,居全国前10%～20%行列,是我校除地质学、地质资源与地质工程两个A+学科之外最好的学科之一。

2018年3月22日,国务院学位委员会下发《关于下达2017年审核增列的博士、硕士学位授权点名单的通知》,我校获批公共管理一级学科博士学位授权点,成为国务院学位委员会批准建设的学位授权点。从土地资源管理二级学科博士学位授权点晋升为公共管理一级学科博士学位授权点,这对于学校特色文科建设、学科高水平人才培养体系建设具有重要意义。

2019年9月27日,人力资源和社会保障部、全国博士后管理委员会公布了《关于批准新设湖南大学哲学等339个博士后科研流动站的通知》,我院公共管理一级学科从激烈的竞争中脱颖而出,获批新设博士后科研流动站,使我校成为该批次全国获批的六所高校之一。至此,我校以土地资源管理专业为核心的公共管理学科已建成完整的人才培养体系,为学科发展、高层次人才培养、科学研究团队建设、高水平科研成果产出提供了更为广阔的平台。

2019年12月24日,教育部办公厅发布了《关于公布2019年度国家级和省级一流本科专业建设点名单的通知》,我校16个专业入选国家级一流本科专业建设点,土地资源管理专业位列其中。土地资源管理专业建设过程中,始终坚持"以本为本",推进"四个回归",以本科教育为抓手,践行"品德高尚、基础厚实、专业精深、知行合一"育人目标,获评国家级一流本科专业建设点,必将更大程度地推进专业本科教育教学质量的提升。

为充分利用土地资源管理专业快速发展带来的辐射效应,高层次人才丝毫不停歇,由王占岐教授牵头,积极开展新专业创办与建设工作,很快便取得了巨大进展。2020年2月21日,教育部公布了《2019年普通高等学校本科专业备案和审批结果的通知》,我校公共管理学院申报的土地整治工程专业获批通过,并于2020年面向全国招生。土地整治工程专业是典型多学科领域交叉、综合性非常强的专业,它对土地资源开发、利用、整治与保护的全过程进行研究,内容涵盖土地开发、矿区土地复垦、耕地及高标准基本农田整治、农村居民点整治、城市建设用地整治、山水林田湖草生态修复等。该专业的设置与优势专业土地资源管理相得益彰,有助于打造我校自然资源领域新特色、新亮点。更进一步,公共管理学院依托土地资源管理专业及其他相关专业的教学科研积累,新获批行政管理国家级一流本科专业建设点,申报新设应急管理本科专业也已获批。

第二节 高层次人才引领下的本科专业培养体系建设

土地资源管理专业在发展过程中,坚持"以本为本",推进"四个回归",高度重视本科教学工作,打造以高层次人才为核心的教育教学团队,在课程安排与实践环节注重发挥高层次人才的核心作用,推动育人平台不断丰富壮大,本科教学能力持续提升,教学体系建设工作蒸蒸日上。

一、基于"人才+"的教育教学团队建设

土地资源管理专业从创办到高速发展的历程中,先后涌现出 4 位比较突出的高层次人才,他们成为专业本科教学体系的中坚力量。下面分别简要介绍高层次人才的基本情况。

王占岐,二级教授、博导、公共管理学院院长、国务院特殊津贴专家、湖北省新世纪高层次人才,兼任教育部高等学校公共管理类专业教学指导委员会委员、自然资源部土地学科建设专家委员会委员、中国农业工程学会土地利用工程专业委员会副主任、湖北省知识产权与创新发展研究院常务理事、中国自然资源学会理事、中国自然资源学会土地资源研究专业委员会副主任、浙江大学土地与国家发展研究院学术委员会委员、《中国土地科学》期刊编委、湖北省土地学会常务理事、湖北省土地估价师协会理事兼发展规划委员会副主任、湖北省土地开发整理专家组成员、中国地质矿产经济学会理事(图 4-8)。1995 年以来,王占岐教授一直从事土地经济与管理、国土空间规划等领域的教学及研究工作,先后为本科生及研究生开设土地经济学、土地科学前沿、国土资源评价理论与方法等共计 8 门课程。主持省级重点教学项目 1 项,校级重点教学项目 2 项;获湖北省高等学校教学成果一等奖 1 项、三等奖 1 项;获湖北省首届"最美社科人"(图 4-9)、中国地质大学(武汉)"最受学生欢迎老师"、中国地质大学(武汉)优秀班主任、中国地质大学(武汉)"研究生良师益友"等荣誉称号。

图 4-8 时任湖北省土地整治项目验收专家组组长、专业带头人王占岐教授(左四)听取黄梅县土地整理项目汇报

图 4-9　王占岐教授(左五)获颁湖北省首届"最美社科人"节目现场

李江风,二级教授、博导、自然资源部"首席科学传播专家",曾任湖北省土地学会副理事长、中国地理学会会员,主要从事资源环境调查与评价、旅游规划与开发及土地管理、土地利用规划、地质遗产开发与保护等方向的教学与研究工作(图 4-10),承担土地管理学、土地科学进展等本科课程若干。获湖北省省级教学成果一等奖 1 项,获评湖北省精品课程 1 门;编著教材 1 部,出版专著 3 部,出版地质科普读物 2 部;先后指导本科生参加国家级大学生创新创业训练计划立项 2 项,入选校级"英才工程"人才培养计划 2 人,入选大学生基础科研训练计划 1 项;指导本科生暑期社会实践获校级三等奖 1 项。

图 4-10　李江风教授(左三)邀请香港世界地质公园杨家明博士做报告

胡守庚,二级教授、博导、校党委宣传部部长、地大学者学科领军人才、自然资源部杰出青年人才、国家社科基金重大项目首席专家,兼任中国土地学会青年工作委员会副主任、中国城乡发展战略智库联盟副秘书长、中国自然资源学会教育工作委员会委员、土地资源研究委员会委员、中国地理学会农业地理与乡村发展专业委员会委员、湖北省土地学会理事兼副秘书长(图4-11)。主要承担土地信息学、土地经济学、专业课程设计、资源环境与可持续发展等课程的教学,以及秭归野外实习、生产实习等教学实习指导工作。主持省级教学项目1项,负责《土地信息学》教材建设项目。

图4-11　胡守庚教授(左五)及其团队成员参与国家精准扶贫工作成效第三方评估重大任务

此外,土地资源管理专业还先后见证了龚健教授、方世明教授的快速成长,他们分别主持了颇具影响力的科研项目,获得了国家级的专家头衔和荣誉。土地资源管理专业先后引进校外资深专家作为柔性人才,包括自然资源部国土整治中心郧文聚研究员、中国土地勘察规划院唐健研究员、中国科学院地理科学与资源研究所刘彦随研究员、邓祥征研究员等,他们分别通过课堂授课、学术讲座、专家咨询等形式,为我校土地领域人才培养与专业建设工作作出重大贡献。

2019年,土地资源管理专业教学团队成功获评湖北省高等学校教学团队(图4-12)。教学团队以王占岐教授为负责人,主要从事土地调查评价、土地经济与管理、土地信息技术、国土空间规划4个模块的教学工作,其中,李江风教授、胡守庚教授分别担任土地经济与管理、土地信息技术方向的分负责人。

团队以高层次人才为核心,紧紧围绕"品德高尚、基础厚实、专业精深、知行合一"总体培养目标,依据新工科建设要求,落实"三融合"一流本科人才培养模式,更加注重专业教学的综合性、交叉性、应用性,形成了具有显著特色和优势的自然资源管理人才培养模式。重视自然资源管理相关理论教育,鼓励学生跨专业辅修相关专业知识;突出技术应用,核心课程中技术应用课程占比较大;实行团队导师制,注重对学生科研与实践能力的培养;结合国家及地方政策,注重行业需求。团队教师通过产学研结合、定期集体备课等措施,将最新科研成果及国家地方政策融入专业课程教学。

图 4-12　土地资源管理系教师"全家福"(2019 年)

土地资源管理教学团队在学科和专业建设中发挥了重要作用,在高层次人才的关心和组织下,团队制订(修订)教学计划及专业培养方案,培育高水平专业教师队伍,完善专业课程体系,优选和编写专业教材,培育并创建多个产学研教学实践基地及教学实验室;高层次人才亲自指导本科生课内学习与课外实践,鼓励并指导学生参加全国大学生创新创业大赛、教育部公共管理学科教学指导委员会主办的全国大学生专业技能大赛,为土地资源管理专业人才培养奠定了良好基础。

发挥高层次人才的引力与带动作用,团队成员快速成长,形成了一支学科结构合理、学缘背景多元、专业水平强的"人才+"教育教学团队。团队国际化程度高,80%的教师具有出国研修经历,除团队高层次人才以外,还涌现出以周学武教授为代表的"师德师风道德模范",以殷跃建副教授为代表的教学质量评价连续三年全校前10%的优秀教师,方世明教授入选联合国教科文组织世界地质公园评估专家、联合国教科文组织"世界遗产与可持续旅游"中国试点项目资深研究专员。

团队育人与科研成果丰硕,获省级教学成果一等奖2项,省级教学改革建设项目3项,出版教材2部,发表教学论文16篇,获批校级本科教学项目和本科质量工程建设项目5项,获批国家自然科学基金、国家社会科学基金以及教育部人文社科基金6项。同时,形成了土地资源管理专业高质量人才培养模式,团队指导完成省级优秀本科毕业论文7篇,暑期"三下乡"社会实践省级优秀团队1个,入选校级"英才工程"人才培养计划8人次;应届本科毕业生就业率稳定在98%以上,就业满意度维持在90%以上。

二、高层次人才引领下的专业课程设置和本科教学效果

经过了20余年的发展,本专业已形成培养目标明确、课程结构合理、知识体系完善、工科

特色鲜明、实践环节丰富的本科课程体系,包括公共基础课(通识基础课+学科基础课)、专业教育课(专业基础课+专业主干课+实践必修课)、专业拓展课(公共选修课)三大模块,涉及课堂教学、课堂实验、综合实习、生产实践等不同环节。专业主干课程包括土地经济学、土地管理学、土地利用规划、土地信息学、土地资源学、地籍测量、遥感概论、地理信息系统、土壤学、土地法学、土地空间数据统计与分析、土地信息学、不动产估价等。

专业推行"教授进课堂"授课制度,指本专业教授、副教授需承担或参与至少一门以上专业主干课的教学。"教授进课堂"制度是提升本专业本科生教学质量的重要举措,也是促进教研相长、培养高层次人才的有效途径,更是高层次人才践行立德树人使命的最好见证。一方面,相对于其他教师,教授学术功底深厚,对专业前沿、行业发展有更深入的了解,教授将其科研成果、实践经验与创新思维引入课堂教学,能加深课堂学习的深度与广度,对引领学生成长成才、培养全方位发展的高层次人才具有重要作用,是对高校"以人为本,以学生发展为中心"办学理念的全面落实;另一方面,教师与学生间不仅具有导学关系,还具有合作与相长的深层次关系,科研项目与社会实践离不开学生的全情投入,师生的互动讨论有助于直接激发双方的辨证思维和创新灵感,带动科学研究水平的提升,因此,本科人才培养质量的提升,有助于促进专业教师科研团队实力提升,而高层次人才能在此项工作中发挥示范性作用。

土地资源管理专业所有教授、副教授均参加本科教学工作(图4-13),人均承担1~2门专业课程,"教授进课堂"制度实践情况如表4-1所示。

图4-13 抗击"新冠肺炎疫情"期间土地专业王占岐教授、周学武教授坚持网上直播本科教学

表 4-1 "教授进课堂"制度实践情况一览表

类型	课程名称	任课教师职称及人才类型	任课教师姓名
专业主干课	土地管理学,Land Management	二级教授	李江风
	土地经济学,Land Economics	二级教授(国务院特殊津贴专家、湖北省新世纪高层次人才)	王占岐
	地理信息系统,Geographic Information System	教授/博导(入选湖北省新世纪高层次人才和中国地质大学摇篮计划)	方世明
	土地信息学,Land Information Science	二级教授(地大学者学科领军人才、自然资源部杰出青年人才)	胡守庚
	不动产估价,Real Estate Appraisal	教授	龚 健
	土地法学,Land Policy	副教授	渠丽萍
	土地空间数据统计与分析,Land Spatial Data Mining	副教授	朱江洪
	土地资源学,Land Resources	副教授	刘越岩
	土地利用规划,Land Use Planning	副教授	渠丽萍
	遥感概论,Remote Sensing	副教授	刘 成
	土壤学,Soil Sciences	副教授	叶 菁
	地籍测量,Cadastral Surveying	副教授(非本专业教师)	徐景田
公共选修课	地图制图学,Computer Graphics	副教授(非本专业教师)	孔春芳
	城市规划原理,City Planning	副教授	殷跃建
	土地生态学,Ecology for Land Ecosystem	副教授	李士成
	土地复垦与整治,Land Recovering and Renovating	教授	周学武
	土地科学发展趋势,Land Development Tendency	二级教授(国务院特殊津贴专家、湖北省新世纪高层次人才)	王占岐等
	资源、环境与可持续发展,Resources、Environment and Sustainable Development	讲师	柴 季
	资产评估,Asset Evaluation	副教授	杨剩富
	房地产开发与管理,Real Estate Development and Management	副教授	向敬伟

专业课程体系建设中，通过"教授进课堂"制度的推行，拓宽了课程教学的深度与广度，提高了本科生教学质量，具体包括：教授们在授课过程中，在夯实学生的土地资源学、土地管理学、土地经济学、土地利用规划、土地信息学等知识的基础上，融入了新时期自然资源管理新理论、新方法，将习近平生态文明思想、山水林田湖草的统筹开发利用与保护、国土空间治理、土地调查与评价新技术应用等学科前沿放置到讲学内容中，使得教学内容更加满足并适应新时期自然资源管理行业用人需要。

借助教授们深厚的学术功底和道德修养，本科教学突出"立德树人"的根本任务，重点强化了思想政治教育培养目标。教授们将责任心、荣辱感和使命感等正能量传递给学生，树立了正确典范，同时，深挖课程体系中的思政元素，探索"思政课堂"与"课堂思政"双轮驱动的教学形式，引导学生正确看待我国根本制度、基本制度与重要制度，为深化本科生学习发展内涵做出了有益的尝试。

三、基于"人才领航"的实践教学改革

土地资源管理专业教育教学任务伴随自然资源利用与管理的发展变化而不断自我革新，土地资源管理行业涉及自然资源利用、土地市场管理、国土空间规划等工作，与国民经济社会的发展息息相关，需要大量的专业型、应用型人才。面向国家发展战略，服务于经济社会发展，满足市场需求，是专业人才培养的重要使命，而实践能力是提升人才应用水平、促使其更好融入社会的最有效手段。

土地资源管理专业教学高度重视理论知识与实践环节的结合，努力培育理论扎实、实践经验丰富、社会适应力强的应用型人才。通过总结高层次人才的实践经验，本专业提出"人才领航"实践教学方法，与"教授进课堂"相对应，该方法是指专业老师特别是高层次人才，必须亲自指导学生实践。具体来说，以高层次人才为带头人，教授、副教授必须承担教学实习与生产实习的指导工作，作为年度工作量考核的重要内容。例如，高层次人才、教授带队赴野外进行土壤学、城市规划学、地质公园规划与设计等实践项目的认知教学及启发讲解工作，引入高学历人才承担实验技术岗工作，组织教学岗、科研岗、实验岗教师和助教博士生共同组成实践环节教学小组，承担本科生的课程实践教学任务（图4-14～图4-18）。

受益于高层次人才的丰富社会资源，专业不断向外拓展产学研基地与实践平台，与多家自然资源业内企业、政府部门建立了合作渠道，落实并强化实践教学环节，使得本科生有机会参加各类社会实践，帮助学生固化专业知识、加深行业理解、提升动手能力，锻炼学生的合作能力、沟通能力、协调能力，通过安排一定程度的野外实践，增强学生的体魄，陶冶他们的情操，促进专业学生德、智、体、美、劳全方位发展。

图 4-14 周学武教授指导土壤学课程野外认知实习

图 4-15 殷跃建副教授带领本科生进行城市规划学课程实习

图 4-16　王占岐教授、周学武教授指导本科生基础教学实习(秭归)

图 4-17　南方测绘科技股份有限公司与土地资源管理系共建土地调查与土地信息实验室

图 4-18　土地资源管理专业教学实践（室内）环境不断改善

发挥高层次人才优势，创造良好的实践探索氛围。利用高层次人才的深厚学术功底，申请高级别教学科研项目与奖项，吸纳本科生加入科研团队，提供参加科学研究的机会；依托高层次人才争取到的产学研项目，将以课堂为主的知识获取型教育予以实际操作和实践为主的生产、创新性科研有机结合，为培养复合型、创新型、应用型人才奠定基础（图 4-19）。

图 4-19　王占岐教授指导经济社会数据收集、丹江口库区水样采集等科研实践工作

专业基于"人才领航"的实践教学安排情况如表 4-2 所示，土地管理基础教学实习要求教学岗教师轮流参加，土地管理专业课程设计则要求所有教师参与学生指导工作。

表 4-2 实践教学"人才领航"实践情况一览表

实践教学	学时	指导教师情况
测量教学实习 A，Surveying Practice A	1 周	副教授
地籍测量实习，Cadastral Surveying Practice	1 周	副教授
土壤基本技能实习，Basic Soil Analysis Skill Practice	1 周	副教授
土地资源调查实习，Land Resource Surveying Practice	1 周	副教授
土地管理基础教学实习，Land Administration Practice	6 周	全体专业教师
土地管理专业课程设计，Land Management Courses Designing	6 周	全体专业教师

"人才领航"的实践教学模式集聚了专业领域的大智慧，激发了物力财力的拓展，提升了实践教学质量，为专业走应用型、创新型人才培育之路奠定了基础。

众多优质教学资源被引入，为本科生提供了更多的受教育场景。例如：与行业内市场主体开展深度合作，共建实验室；与纽约州立大学、北卡罗来纳州立大学、加州州立大学、加拿大约克大学等世界知名高校建立合作交流计划；与巴基斯坦拉合尔 GCU 共建"中马城市化发展研究中心"，开展师生互派、互访等交流活动。

推动教学梯队建设，不断优化教学实践内容。面向大数据管理与应用、无人机航测等科学技术发展背景，以实习实践教学为主线，开设无人机航测、土地信息建模等创新创业实用课程；更新技术类课程，如用 Python 语言替换 C 语言课程；提高课程实习部分的比重，增加秭归基础教学实习的学时等。

教学过程得到进一步规范，专业出版了本科教材《土地管理教程》《土地复垦技术原理》，编写出版了《土地管理基础教学实习指导书》。推动了学生综合能力的提升，取得了一些可喜的成果，近年来本专业在国家大学生创新创业计划中立项 10 项，获国家级奖学金近 20 人次，省级社会实践优秀团队 1 个，校级"先进班集体"3 次，4 人入选校级"英才工程"人才计划；本科生在国内外核心期刊发表论文数量逐年增长，部分优秀同学获得北京大学、浙江大学等知名学府研究生保送推免机会，14 名本科毕业生赴境外知名高校深造。

通过发展证明，高层次人才为实践教学方法的探索、过程的优化及条件的完善作出了突出贡献，"人才领航"成为提升实践环节育人功效的重要途径。

四、基于"人才+人才"的育人体系

高层次人才"传帮带"，助力青年教师成长。"传帮带"是资深教师对青年教师在工作、学习中的教学方法、知识网络、社会经验等方面给予亲自传授的通俗说法，是中国传统的技艺教授路径，其形式和效果一直得到认可。"传帮带"是教学团队组建、发展与壮大的有效途径，在团队负责人的"传帮带"下，团队成员能够快速成长。

土地资源管理专业高层次人才通过"传帮带"，推动专业教师团队的快速成长。高层次人才牵头，中青年教师担任技术或执行负责人，集中力量申报高水平教学项目、高级别奖项，使得高层次人才成为"领路人",让他们的宝贵经验和知识积累得以传承和发展,使团队的新生力量及教育事业的接班人得以成长,为专业永续发展储备人才。例如,专业高层次人才王占岐教授培养了胡守庚教授以及2名副教授和3名讲师;胡守庚教授逐渐成长为高层次人才,又接续培养3名年轻副教授。这些年轻力量又有了自己的学生,形成"人才+人才"的育人资源生长模式,在整个教育教学团队内部形成不同层次、不同序列的人才梯队,保障了本科教育教学人力资源的良性发展,避免了高层次人才的阶段性缺失和断层(图4-20)。

图4-20 王占岐教授带领土地资源管理系青年教师赴长安大学、自然资源部退化及未利用土地整治工程重点实验室、中国农业大学、自然资源部土地整治中心、自然资源部人力资源开发中心开展土地专业建设及教育质量提升走访调研

在"传帮带"的育人模式影响下,专业形成了良好的本、硕、博阶梯式培育与发展模式,促成了专业学生的"接力式"成才。梯队式培养模式是指在各类教学科研实践中,改变过去的"一对一""一对多"指导形式,改由高层次人才指导青年教师、青年教师指导博士生、博士生指导硕士生及本科生的阶梯指导模式,安排高年级同学介入低年级同学的培养与成长,最大限

度地发挥高层次人才的辐射作用。同时,教师团队吸纳一定数量的优秀本科生提前加入科研团队,在专业内形成一定规模的大学生创新实践梯队,构建出良好的育人氛围和学术氛围。

梯队式培养注重团队的组建与指导,常以一名高层次人才为核心,利用集中式和分散式并行的指导方式进行人才培养,有助于提高团队培养效率,充分激活团队知识库,提升团队发展协作的活力(图4-21、图4-22)。一方面,通过吸纳大学生加入团队,能够提前培养学生的科研意识,熟悉产学研规律和环境,"以赛代练"获得最大程度的专业指导,提升其综合素质;另一方面,更多的学生参加科研实践,分担高层次人才科研压力,提高团队成果产出效率及数量,进一步增强团队吸引力,实现教师与学生的"双赢"。在此模式下,专业以研促教、以教促研的互馈机制得到强化,专业建设更富有生命力。同时,大学生综合素质、创新能力、协调沟通能力显著提升,近年来大学生实践项目获奖明显增加就是最好的例证。

图4-21 王占岐教授带领团队参加中德空间规划研讨会

图4-22 王占岐教授带队参加2019年中国产业政策与发展地理学术研讨会

高层次人才带动专业乃至学科建设水平的提升,在土地资源管理特色学科的辐射下,学科内其他相关专业教学平台逐渐丰富,师资力量不断提升。

基于王占岐教授的土地整治与土地生态修复研究、李江风教授的资源环境调查与评价研究、胡守庚教授的耕地利用转型研究、周学武教授的土地复垦研究、龚健教授的土地利用规划研究、方世明教授的地质公园规划研究等,依托土地资源管理专业已有的人才积累,2020年学院新开设土地整治工程专业,进一步深化了土地科学领域的育人工作(图4-23、图4-24)。

图4-23　应王占岐教授、胡守庚教授、李江风教授邀请,美国纽约州立大学布法罗分校地理系王乐教授(左图)、中国地质大学(北京)土地科学技术学院白中科教授(右图)来公共管理学院访问

图4-24　李江风教授、王占岐教授与中国矿业大学陈龙乾教授一行就专业建设、科学研究等工作进行交流

行政管理专业迅猛发展,通过人才引进与实践平台的扩展,提出了学生应具有实践动手能力和创新能力的新要求,在专业培养方案中增加了实践环节的学时,提高了学分比重;在发展传统的学科方向的同时,注重与资源环境相关领域需求接轨,已经由原来单纯的传统行政管理研究转向传统行政管理和资源环境政策研究齐头并进的发展道路。

在土地资源管理专业和行政管理专业的辐射下,凭借高层次人才团队在自然灾害应急管理、自然资源及生态环境安全应急管理、应急管理决策与规划等方向的先进研究,依托在地方政府治理、城市治理与区域发展、公共组织与人力资源、资源环境治理与公共政策、国家安全与应急管理5个方向形成的人才培养特色,学院已新增应急管理专业,力图进一步扩大人才培养体系。

第三节　高层次人才带动下的本科专业建设和人才培养成效

高层次人才亲力亲为,助力专业形成完整的人才培养体系,建成多个高水平科研平台,为育人水平的不断提升打下坚实基础。他们秉承"艰苦朴素　求真务实"校训精神,言传身教,带头开辟具有地大特色的"第三课堂""第四课堂",实施科教协同育人,实现精英化本科人才培养,专业育人成效显著。

一、就业质量不断提升

依托高层次人才引领下的本科教学体系,我校土地资源管理专业本科生培养质量不断提高(图4-25)。根据用人单位调查问卷及访谈等形式调查毕业生就业率、就业满意度、事业发展情况等结果,我校土地资源管理专业应届本科毕业生就业率稳定在98%以上,就业满意度维持在90%以上;近年来应届本科毕业生出国或进入"985"高校深造比例约为17%;绝大部分毕业生在毕业两年后成为单位业务骨干,毕业10年后均已成长为单位中高层管理干部。随毕业年限增长,毕业生对专业满意度进一步提高,专业对学生持续发展提升作用明显。通过对用人单位回访,普遍认为专业本科毕业生基础知识扎实,实践与学习能力强,吃苦耐劳,用人单位满意率达到100%。表4-3为2016—2020年间本专业毕业生的基本就业情况。图4-26为部分用人单位调查反馈意见。

表4-3　2016—2020年间本科毕业生就业(升学)情况

年份(年)	毕业生人数	境内升学人数	境外升学人数	就业人数	自主创业人数
2020	57	26	2	56	1
2019	55	20	6	53	2
2018	56	24	2	55	1
2017	63	23	8	62	1
2016	63	20	4	62	1

第四章 高层次人才引领土地资源管理专业建设和本科人才培养的创新实践与成效 · 143 ·

图 4-25 2019 届土地资源管理专业本科毕业生与教师合影

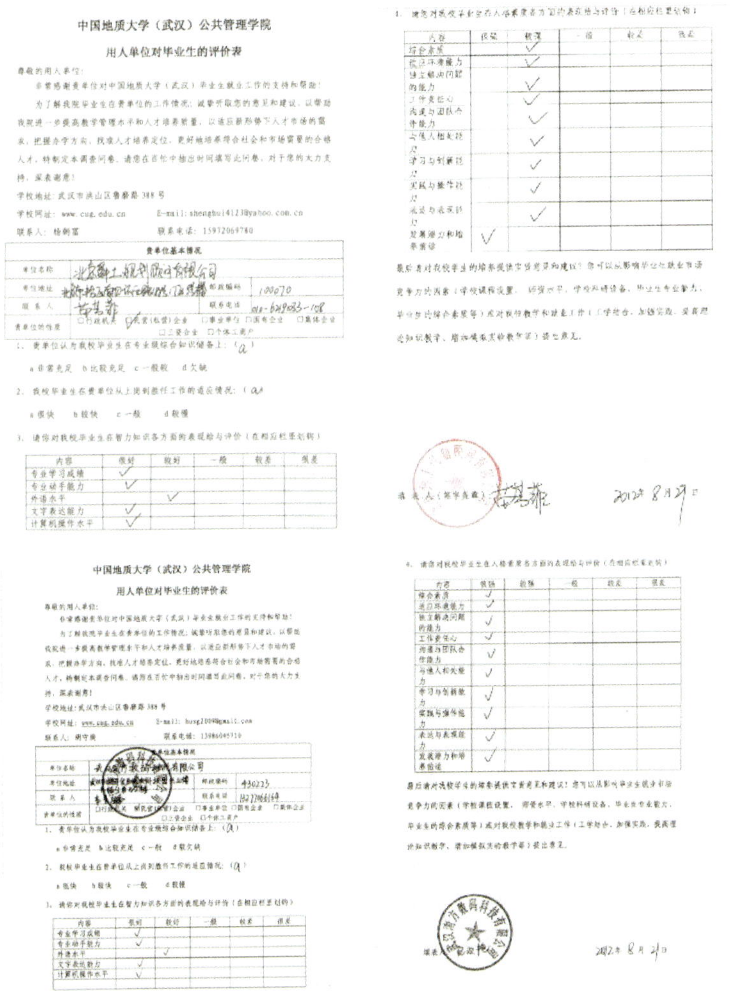

图 4-26 部分用人单位调查反馈意见

二、学生获奖层面持续拓展

1. 学士论文获奖情况

学士论文是检验本科生阶段性学习水平与成果的重要参考。土地资源管理专业学子通过本科阶段的系统性学习,从书本、课堂、实践等多场景获取知识,综合运用多学科知识,高质量完成本科学位论文撰写,部分成果获得省级奖项,专业本科教学水平得到彰显。图4-27所示为2007—2011年间部分获得省级优秀学士学位论文奖项的情况。

图4-27 2007—2011年土地资源管理专业省级优秀学士学位论文(部分)

2. 专业技能竞赛获奖情况

近年来,在全国大学生专业技能竞赛中,土地资源管理专业学子屡创佳绩。在2020年第三届全国大学生国土空间规划技能大赛中,由我校土地资源管理专业高层次人才王占岐教授为指导小组负责人,土地资源管理专业本科生殷瑞敏、向黎、罗全欣、孙嘉良等人提交的作品

《河南省南阳市镇平县遮山镇东魏营村村庄规划》荣获全国一等奖,王占岐教授获评"优秀指导教师"(图4-28)。

图4-28 全国大学生土地利用规划技能大赛获奖情况

在2019年第二届全国大学生土地利用规划技能大赛中,在我校土地资源管理专业龚健、渠丽萍老师指导下,土地资源管理专业本科生张木茜、周淋、刘宪玲、陈云洁提交的作品《"多规合一"视角下的小庙村村级土地利用规划》荣获全国二等奖。

在2019年第一届全国大学生土地国情调查大赛中,由我校土地资源管理专业高层次人才王占岐教授为指导小组负责人,土地资源管理专业本科生殷瑞敏、徐英峻、罗全欣、齐坤伟等同学组成的"追本溯源"团队完成的作品《基于农户视角的宅基地"三权分置"改革意愿及影响因素研究——以武汉市新洲区为例》荣获大赛三等奖,如图4-29所示。

图4-29 全国大学生土地国情调查大赛获奖情况

在2020年第四届全国土地资源管理专业大学生不动产估价技能大赛中,由我校土地资源管理专业高层次人才王占岐教授为指导小组负责人,土地资源管理专业本科生殷瑞敏、罗全欣、向黎、孙嘉良团队提交的作品《武汉市主城区城市绿地资源资产价值评估》荣获二等奖(图4-30)。

在2019年第三届全国大学生不动产估价技能大赛中,由我校公共管理学院土地资源管理专业龚健教授指导,土地资源管理专业本科生韩正康、欧嘉婵、管晨悦、刘沛辰团队提交的作品《鄂州市梧桐湖新区东沟镇鲊洲村(2015)010号集体经营性建设用地(工业用地)、(2018)016号集体经营性建设用地(居住用地)土地使用权价值评估》"荣获三等奖。

图 4-30　全国大学生不动产估价技能大赛获奖情况

3. 社会实践活动获奖情况

为了积极响应国家大学生"三下乡"暑期社会实践的号召,结合专业特色和社会需求,引导青年大学生弘扬"奉献、友爱、互助、进步"的志愿者精神,积极投身于农村志愿服务,为新时期农业农村发展和社会主义新农村建设贡献力量,我校土地资源管理专业学子积极开展暑期"三下乡"实践活动,具体获奖情况如表 4-4 所示。

表 4-4　土地资源管理专业本科生暑期"三下乡"活动获奖情况

年度	团队名称	项目名称	获奖情况
2015	闪闪的红星	农户认知视角下武汉市边郊及周边城镇农用地流转意愿调研——以江夏区、梁子湖区为例	校级一等奖
	益心护岛	台风无情,我们有爱——关于海南文昌市台风灾区防灾减灾工作的调查	校级二等奖
2016	知行团队	轨道交通对房价格局影响力评估——以武汉地铁3号线为例	校级一等奖
2017	方圆定规	农村宅基地制度改革成效调研及技术服务	省级优秀团队
2018	方圆大地	"乡村振兴"视角下的村级土地利用规划调查	校级一等奖
	破壁者	深度贫困地区乡村振兴发展路径调研——以湖北省英山县为例	校级二等奖
	少年游	田园综合体建设中土地利用转型现状及潜力调研——以大冶市为例	校级三等奖
	登登登	基于公众参与视角的武汉市不动产统一登记现状调查	校级三等奖
	小图大作	乡村振兴背景下宁夏"绿色"村土地利用规划调研	校级二等奖

4. 创新创业竞赛参赛情况

为深化高等教育综合改革,激发大学生的创造力,培养造就"大众创业、万众创新"的生力军,促进"互联网+"新业态形成,主动服务经济提质增效升级,以创新引领创业、创业带动就业,推动高校毕业生更高质量创业就业,我校土地资源管理专业学子积极参与"互联网+"大学生创新创业大赛,并取得了不俗成绩,参赛情况如表4-5所示。

表4-5 中国"互联网+"大学生创新创业大赛2015—2018年参赛项目

年度	组别	项目名称	项目类型
2015	创意组	城市排水系统智能整合	公共服务
2016	创意组	武汉书易信息科技有限公司	商务服务
	初创组	武汉风成电子商务公司	现代农业
	初创组	"淘老师"教育服务平台	公共服务
2017	创意组	基于三维全景的环境教育科普实践平台	信息技术服务
	创意组	紫薯甜品的研发	现代农业
2018	创意组	智能家居项目	"互联网+"文化创意服务
	创意组	基于可判别性稀疏字典学习的高分辨率遥感影像土地利用分类	"互联网+"信息技术服务
	创意组	后保研HBY信息咨询	"互联网+"信息技术服务
	创意组	椰清海清补凉	"互联网+"社会服务
	创意组	唯筱礼仪工作室	"互联网+"社会服务
	就业型创业组	洪山区"2+2"校园自行车循环商行	"互联网+"文化创意服务
	创意组	"安全指数地图"APP	"互联网+"信息技术服务
	创意组	一元发现信息科技有限公司	"互联网+"社会服务
	创意组	减脂专家——小紫薯	"互联网+"现代农业
	创意组	民宿智能体验平台	"互联网+"社会服务

为贯彻落实习近平总书记系列重要讲话和党中央有关指示精神,适应大学生创业发展的形势需要,共青团中央、教育部、人力资源和社会保障部、中国科协、全国学联决定,在原有"挑战杯"中国大学生创业计划竞赛的基础上,自2014年起共同组织开展"创青春"全国大学生创业大赛,每两年举办一次。我校土地资源管理专业学子参与及获奖情况如表4-6所示。

表4-6 "创青春"全国大学生创业大赛2014—2019年参赛项目及获奖情况

年度	项目名称	类别	获奖情况
2014	西非淘金设备营销项目运营报告——东鑫机械股份有限公司	创业实践挑战赛	全国铜奖、湖北省金奖
	武汉海维文化传媒有限责任公司商业计划书	创业实践挑战赛	湖北省银奖
2016	千景绘文化艺术工作室	创业计划竞赛	校赛三等奖
	"淘老师"教育服务平台	创业实践挑战赛	全国铜奖、湖北省银奖
2018	"安全指数地图"APP	创业计划竞赛	—
	后保研HBY信息咨询	创业计划竞赛	—
	唯筱礼仪工作室	创业计划竞赛	—

续表 4-6

年度	项目名称	类别	获奖情况
2019	中净之源水处理科技有限公司	创业计划竞赛	—
	家庭厨余垃圾堆肥桶项目	创业计划竞赛	—
	地大朴茶乡村振兴项目计划	公益创业赛	—

通过实施国家级大学生创新创业训练计划，有助于促进高等学校转变教育思想观念，改革人才培养模式，强化创新创业能力训练，增强高校学生的创新能力和创业能力，从而培养适应创新型国家建设需要的高水平创新人才。我校土地资源管理专业学子参与国家级大学生创新创业计划项目立项情况如表 4-7 所示。

表 4-7 国家级大学生创新创业计划项目立项情况

年度	项目类别	申报专业	项目名称	项目层次
2015	创新训练项目	土地资源管理	区域旅游经济溢出实证研究——以中部六省为例	一般项目
2016	创新训练项目	土地资源管理	城际铁路对沿线土地利用时空变化的影响机制研究——以武(汉)咸(宁)铁路为例	一般项目
	创新训练项目	土地资源管理	基于农民满意度的征地补偿研究——以武汉市部分地区为例	一般项目
2017	创新训练项目	土地资源管理	三峡库区对长江流域城市地表温度的影响	重点项目
	创新训练项目	土地资源管理	资源枯竭型城市的工矿废弃地复垦与城乡发展统筹关系的研究	重点项目
	创业训练项目	土地资源管理	基于可判别性稀疏字典学习的高分辨率遥感影像土地利用分类	一般项目
	创新训练项目	土地资源管理	农村集体经营性建设用地入市收益分配方式研究——以湖北宜城为例	一般项目
2018	创新训练项目	土地资源管理	乡村振兴战略背景下典型村域耕地利用转型机理与模式调控研究——以武汉市新洲区某村为例	重点项目
	创新训练项目	土地资源管理	武汉城市圈建设用地转型时空分异及影响因素研究	重点项目
	创业训练项目	土地资源管理	合珠璧联	重点项目
	创新训练项目	土地资源管理	基于深度学习的遥感图像尺度转换	一般项目
	创新训练项目	土地资源管理	北极区海冰时空变化多源遥感卫星监测技术与研究方法	一般项目
2019	综合项目	土地资源管理	农村土地政策对农户生机与生态环境的影响	国家级项目
	综合项目	土地资源管理	乡村旅游对乡村社区和居民福祉的影响研究——以罗田县九资河镇为例	省级项目
	综合项目	土地资源管理	基于农户满意度的宅基地"三权分置"改革绩效评价及影响因素研究	省级项目
	基础学科专项	土地资源管理	土地流转背景下农民综合保障体系构建研究	校级项目

三、学术交流、科研实践深入发展

1. 学术交流

通过参加国内外学术会议、科技论文报告会等学术交流活动，与相关专家学者交流土地资源管理专业领域研究热点与问题，进一步巩固所学知识，掌握和了解当前土地管理动态、土地制度研究前沿、土地规划新方法等土地科学的核心内容。近年来，在高层次人才的带动下，我校土地资源管理专业学术交流水平不断提升，早期主要是教师参加国内外知名学术会议（图4-31～图4-34），随着教学条件的改善，越来越多的学生也有机会走出校园、国门，参加国内外重要学术会议，这些都对本科生培养体系的完善、本科生培养质量的提高起到了重要的推动作用（图4-35）。近年来，土地资源管理专业师生参加的主要会议情况如表4-8所示。

图4-31　2010年李江风教授（第二排左起第二位）参与我校主办的湖北—法国城市可持续发展战略研讨会

图4-32　李江风教授、胡守庚教授带领土地资源管理专业教师参加2013年美国地理学家年会

图 4-33　土地资源管理专业胡守庚教授、朱江洪副教授带队参加 2015 年美国地理学家年会

图 4-34　王占岐教授带队参加 2019 年美国地理学家年会

图 4-35　我校承办第十七届全国高校土地资源管理院长(系主任)联席会暨 2018 年中国土地科学论坛

表 4-8 近年来学生参与的国内外学术会议情况

时间(年-月)	地点	会议名称
2015-07	河南安阳	土地资源开发整治与新型城镇化建设学术研讨会
2015-11	北京	中国地理学会产业政策与发展地理学工作组成立暨学术研讨会
2015-11	浙江杭州	中国社会-生态系统制度分析国际研讨会
2016-12	江苏南京	第十四届全国高校土地资源管理院长(系主任)联席会暨2015年中国土地学会学术年会
2016-08	北京	中国地理学会产业政策与发展地理学2016年学术会议
2016-12	北京	第十五届全国高校土地资源管理院长(系主任)联席会暨2016年中国土地学会学术年会
2017-07	内蒙古呼和浩特	中国自然资源学会2017年学术年会暨第十一届全国资源学院院长论坛
2017-09	贵州贵阳	自然地理学与"一带一路"地缘环境学术研讨会议
2017-10	湖南衡阳	《地理研究》创刊35周年学术盛典暨"观点与争鸣"栏目发展研讨会
2018-10	湖北武汉	第十七届全国高校土地资源管理院长(系主任)联席会暨2018年中国土地科学论坛
2016-03	美国旧金山	2016 Association of American Geographers Annual Meeting
2016-06	北京	The 10th IACP Conference: Government and Planning in Transitional China-Peking University, Beijing, China
2016-08	北京	The 33rd International Geographical Congress
2016-08	陕西	International Conference on Land Use and Rural Sustainability
2016-10	北京	The GLP 3rd Open Science Meeting
2017-08	陕西榆林	The First IGU-AGLE Commission Conference Global Rural Development and Land Capacity Building
2018-01	美国达拉斯	The 23rd Annual Graduate Education & Graduate Student Research Conference in Hospitality and Tourism
2018-02	韩国仁川	The 83rd TOSOK International Tourism Conference
2018-04	美国新奥尔良	2018 Annual Meeting of the American Association of Geographers
2018-06	瑞典哥德堡	World Congress of Environmental and Resource Economist
2018-09	韩国济州岛	Asian Seminar in Regional Science
2019-05	加拿大蒙特利尔	International Association for Energy Economics International Conference
2019-05	日本东京	The Asian Conference on Sustainability, Energy and the Environment
2019-04	美国华盛顿	2019 Annual Meeting of the American Association of Geographers
2020-09	甘肃兰州	"乡村振兴与美好人居"学术研讨会
2020-10	安徽蚌埠	2020年发展地理学学术年会

续表 4-8

时间(年-月)	地点	会议名称
2020-10	贵州贵阳	第19届全国高校土地资源管理院长(系主任)联席会暨2020年中国土地科学论坛
2020-10	湖南长沙	第六届中国城市治理与学科发展研讨会
2020-11	浙江杭州	2020城乡融合背景下的中国土地资源科学创新与精准扶贫战略学术研讨会

2. 科研实践

以科学研究活动为载体,培养本科生的科学素养和研究能力,全面提升他们的思想品德、意志品质、人格操守,有助于实现立德树人根本目标。近年来,土地资源管理专业先后承担了国家科技支撑计划项目、国家社科基金重大项目、国家自然科学基金项目、国土资源大调查重大项目以及省部级科研课题共计百余项(图 4-36～图 4-38),近年来年均到位科研经费约 2000 万元。其中,以高层次人才为负责人的项目占专业项目总数量与总金额的比重极高,凸显高层次人才在科研实践工作中的核心地位。

王占岐教授先后主持国家自然科学基金项目、国家自然科学基金委员会科学部主任基金、自然资源部科研项目、湖北省国土资源科技计划项目及其他省部级科研项目 30 余项,以及土地调查与评价、国土空间规划、土地整治等数十项横向科研项目;李江风教授先后主持多项省部级重点项目,以及旅游规划与开发、土地利用规划、地质遗产开发与保护等多项横向科研项目;胡守庚教授先后主持国家社会科学基金重大项目、国家自然科学基金项目、教育部人文社科基金项目、自然资源部公益性行业专项课题、教育部中央高校基金腾飞计划、国家精准扶贫工作成效评估重大任务项目等 20 余项,以及土地整治、国土空间规划、土地利用政策等多项横向科研项目。

近年来土地资源管理专业本科生参与的代表性科研项目如表 4-9、表 4-10 所示。

表 4-9 近年来我校土地资源管理专业本科生参与的代表性纵向科研项目

立项年度	项目名称
2020	长江经济带城市土地利用绩效研究:结构功能、内在障碍及外部驱动
2020	农村居民点居业功能协同演化机理研究
2020	脱贫地区农村居民点减量发展潜力的精准挖掘与动态识别研究
2019	人居环境质量导向下的城市扩张模式诊断研究——以武汉都市发展区为例
2019	社会网络和农业环境政策交互影响下农户生计响应、生态环境效应与政策优化
2019	宅基地"三权分置"对农业转移人口市民化意愿的影响机制及调控策略研究

续表 4-9

立项年度	项目名称
2018	基于多尺度决策主体的半城市化地区空间结构演化研究——以武汉市为例
2018	城市住宅用地转型过程及其增值效应互馈机制研究——以武汉市为例
2018	贫困地区耕地利用转型对经济发展的驱动机理研究
2018	湖北省农村宅基地"三权分置"试点工作技术服务项目
2018	湖北省山水林田湖草生态保护修复课题研究项目
2018	基于街景与计算机视觉方法的城市建筑更新自动识别研究
2018	城市扩张过程与住宅地价变化互动机理研究
2018	长江经济带耕地利用转型机理与模式调控研究
2018	湖北省农村新产业新业态用地政策研究
2017	2017年国家精准扶贫工作成效甘肃省第三方评估重大任务
2017	过去300年青藏高原地区土地覆被变化重建
2017	全省优势矿产资源分布及开发利用正面负面清单研究
2017	汉水库区土地环境质量调查与评价
2017	武汉市国土空间开发演变及对策研究
2016	长江经济带耕地利用转型机理与模式调控研究
2016	新型城镇化背景下城市建设用地绩效评价及提升机制研究
2017	城市扩张过程与住宅地价变化互动机理研究
2016	2016年国家精准扶贫工作成效湖北省调查评估课题
2015	快速城市化背景下土地系统脆弱性研究及其适应策略
2015	土地利用转型经济社会效应评价关键技术集成研究
2015	长江中游经济带土地利用转型管控技术与政策创新研究
2015	湖北省土地利用可持续性评价及时空格局演变研究
2015	海南省耕地保护补偿机制研究
2015	秦岭资源型典型地区资源环境承载力评价试点
2014	广西生态脆弱区土地综合整治技术研究与推动农业产业化发展集成示范
2014	城市群住宅价格影响机理及空间扩散效应研究
2013	建设用地利用状况与绩效评估研究
2013	典型资源型地区环境承载综合评价与区划
2013	广西壮族自治区国土空间开发格局优化研究

表 4-10 近年来我校土地资源管理专业本科生参与的代表性横向科研项目

立项年度	项目名称
2020	河南省镇平县国土空间总规划
2020	城乡融合发展与国土空间规划研究
2020	县域乡村振兴综合研究
2019	河南省原阳县国土空间综合整治与生态修复研究
2019	嵩山世界地质公园 2020 年再评估 2019 年工作选聘第三方服务机构
2019	房县征地补偿标准确定研究
2019	北方农牧交错带土地资源综合监测体系研究
2018	钦州市 2018 年基准地价更新及补充完善服务
2018	2018 年度湖北葛店经济开发区土地集约利用评价项目
2018	镜泊湖世界地质公园再评估技术服务
2018	大冶市金湖旅游总体规划
2018	鄂王城文化生态旅游区总体规划及重要组团节点控制性规划
2018	武汉市 2014 版基准地价实施评估与更新趋势研究
2017	武汉市新洲区施庙村农村房屋三维信息自动化调查
2017	适应自然资源统一管理的土地规划用地分类研究
2017	长江中游经济带资源环境承载力评价研究
2017	湖北省鄂州市土地整治规划(2016—2020 年)
2017	黄冈大别山世界地质公园申报与创建
2017	2016 年度鄂州花湖经济开发区土地集约利用更新评价项目
2017	长江中游城市群典型地区土地生态状况评估
2017	房县城乡建设用地增减挂钩项目方案编制
2016	湖北省大冶市产城融合新型城镇化试点方案编制
2016	团风县土地利用总体规划(2006—2020 年)调整完善
2016	湖北长阳清江国家地质公园建设技术服务
2016	惠州市惠东县第一次全国地理国情普查工作测绘调查与数据整理
2016	新建郑州至万州铁路湖北段临时用地复垦方案编制
2016	《大冶市国民经济与社会发展第十三个五年规划》纲要编制
2016	团风县城镇周边永久基本农田划定项目
2016	湖北省沙洋县官垱镇"四化同步"示范乡镇土地利用专项规划调整
2015	深圳机场地下管线综合信息管理系统规划设计项目
2015	《湖北长阳清江国家级地质公园规划》编制
2015	新洲区房地产"十三五"规划纲要
2015	鄂州市中心城区土地利用总体规划局部调整及数据库二次更新工作
2015	宿州市工矿废弃地复垦利用专项规划
2015	沙洋县五里铺镇合心村 2013 年高标准基本农田土地整治项目地形测绘
2015	2013 年沙洋县沈集镇南水北调汉江沿线土地整治重大工程项目地形测绘
2015	青海西宁热电厂"上大压小"新建工程项目临时用地复垦方案
2015	广西大化七百弄国家地质公园七百弄高峰丛深洼地空间形态分布及其成因研究

图 4-36　胡守庚教授在其主持的国家社科重大项目开题研讨会上做报告

图 4-37　土地资源管理系学生在科研项目中采集土样、水样

图 4-38　土地资源管理系学生在建设用地节约集约评价项目中详细勘察数据资料

四、社会影响力日益增强

我校土地资源管理专业经过20余年的蓬勃发展,社会影响力日益增强,专业高层次人才在众多教育机构、学科组织、专业委员会中担任重要职务。其中,王占岐教授任教育部高等学校公共管理类专业教学指导委员会委员、自然资源部土地学科建设专家委员会委员、中国自然资源学会理事、中国自然资源学会土地资源研究专业委员会副主任等职务;李江风教授兼任湖北省土地学会副理事长、中国地理学会会员等职务,在"第二批首席科学传播专家聘任暨科普大赛启动会"上,受聘为"首席科学传播专家";胡守庚教授兼任自然资源部法治研究重点实验室主任、武汉市政府咨询委员会委员、中国土地学会青年工作委员会副主任、中国城乡发展战略智库联盟副秘书长、湖北省土地学会理事兼副秘书长、湖北省社会科学联合委员会委员等职务。

在专业影响力方面,2014年中国校友会网公布的《中国大学学科专业评价报告》中,以土地资源管理专业为龙头的公共管理入选四星级学科专业,在所有参评高校中并列排第7位;在《中国大学及学科专业评价报告》中,2016—2018年间我校土地资源管理专业连续被评为四星级本科专业,位列全国前10%。2016年以来,承办了"中巴经济走廊建设与发展"国际会议、第十七届全国高校土地资源管理院长(系主任)联席会暨2018年中国土地科学论坛、湖北省公共管理学会2017年会、中国土地学会土地科技周、自然资源部法治研究重点实验室地球日系列活动、第29个全国"土地日"主题宣传暨学术交流活动等领域内的重要学术会议与论坛。参加国际国内学术研讨会议1000余人次,来本学科攻读学位的留学生及博士后、交流学者人数逾200余人。此外,本专业的教授们积极开展行业人才培训工作,先后在河南省、湖北省、甘肃省、山西省、宁夏回族自治区和云南省开展矿区土地复垦复绿、国土空间资源保护与利用等专题培训几十余次,显著提升了地方行业从业人员的业务水平和管理能力。

同时,我校土地资源管理专业部分毕业生已在政界、商界、教育界等领域取得新进展。如2001届校友杜新波任自然资源部人力资源开发中心人才评价处处长;2002届校友胡守庚为中国地质大学(武汉)党委宣传部部长,公共管理学院土地资源管理系二级教授,博士生导师,地大学者学科领军人才,自然资源部杰出青年人才,国家社科基金重大项目首席专家;2004届校友许自昌先后荣获"福建省青年岗位能手""第十二届福建青年五四奖章";2004届校友许祖学任西藏国土资源规划开发研究院综合业务科科长;2007届校友刘斌任广东南方数码股份有限公司武汉分公司总经理;2009届校友孟蒲伟任北京舜土规划顾问有限公司宁夏分公司总经理、北京土地学会理事。

第四节　高层次人才带动本科专业发展与本科人才培养的启示

土地资源管理专业发展与建设的实践证明,以高层次人才全面引领专业建设工作,不仅对快速形成高水平、有特色的育人体系有着重要意义,对推进学科体系的发展、完善与深化同样意义重大。回顾土地资源管理本科专业的创办与发展,离不开高层次人才的倾情奉献与全情投入,可以从他们所做出的诸多贡献中凝练出一些宝贵的发展经验,带给拟开办新专业、快速提升专业水平、拓展学科体系的同行们一些有益启示,最终实现高层次人才与专业建设的共生发展。

一、充分发挥高层次人才培育新专业和带领专业特色发展的核心作用

土地资源管理专业的创办与发展面向国家战略、社会需求,突出了我校在地学、资源行业的传统优势,形成了以国土空间规划、全域土地整治与生态修复为优势特色的土地资源管理学科方向。专业高层次人才均具备在我校受教育或在优势学科工作成长的经历,具有丰富多元的地学相关专业学科背景,涉及地质学、资源学、矿产学等传统学科门类,深受地学传统与精髓的熏陶。他们立足于社会经济发展对土地资源保障能力的战略要求,推动专业逐渐形成土地调查与评价、国土空间规划、土地经济与管理、土地信息技术4个特色领域。专业发展以大地学为背景,以"资源利用、资源经济及资源可持续利用"为理论核心,以"3S"为核心的空间集成技术方法做支撑,见证了地学"基因"在我校学科壁、专业链、人才群中的渗透与延伸。高层次人才创办并大力发展的土地资源管理专业,走出了一条凸显地学特色的发展之路。

专业建设之初,依照高层次人才的建议,在培养方案、课程教学等环节,制订了掌握地学相关知识、获取地学类课程学分、见习地学特色规划建设项目等学习要求,以构建复合型人才培养模式。高层次人才长期主讲专业骨干、实践类课程,他们注重在课堂中融入地学知识与自然情怀,塑造学生的地学意识,激发学生对地学知识的兴趣,鼓励学生进行传统地学与土地资源领域知识的融合探索。在培育师资队伍的过程中,高层次人才牵头把关,有序引进具备地学学研背景的高水平青年人才,亲自抓教学团队、课程小组、教学委员会等基层教学单元、教学质量控制单元的建设工作,以"传帮带"等形式,在课堂教学、专业研讨、野外实践等环节中分享野外经验,解答地学问题,传承地学精神,锻炼培养新人;通过野外实践教学跟队、科研项目参与等模式,推动中青年人才地学与土地资源专业复合知识结构的提升,促进人才队伍的高效成长。

在科研实践、生产实习、就业推荐等环节中,高层次人才始终居主导地位,专业亦十分重视发挥高层次人才对育人全过程的指导和示范教育作用,明确并强化导师责任,强化对学生学术与实践能力的培养;高层次人才发挥其具备地学与土地资源管理复合知识的优势,主导并培育专业优势方向,积极联系并发展"大地学"校友资源,充分挖掘社会合作渠道,为专业发展争取育人平台、项目,为本科教育教学水平的提升提供资源保障。他们主动推荐优秀毕业生赴地学相关企事业单位就业发展,社会反响优良,带动专业人才的多元化发展。

更重要的是,土地资源管理专业已成长为我校公共管理学科下的优势专业,以此为基础,高层次人才响应"新工科"建设号召,带领专业同仁踏上新征程,推进国家社会急需专业的申请工作,发挥土地资源管理在土地资源开发、利用、整治与保护等领域积累的教学科研经验,

图 4-39 土地资源管理专业教师与学院领导进行座谈

积极申报新设土地整治工程专业,于 2020 年成功获批,目前已开展专业本科生培养工作。更进一步,基于专业在自然灾害风险评估与管理、自然资源与生态环境安全、土地信息技术等领域的积累,实施对"新文科"发展的探索,已向教育部申请新设应急管理专业。在可预见的将来,衍生自"大地学"的土地资源管理专业,将进一步带动新专业创办与发展,真正实现学科优势与特色在专业间的传承发展。

二、高层次人才是课程思政的中坚力量

高层次人才作为教学、科研队伍的排头兵和领头羊,牢记初心、不忘使命,在专业教师队伍强化自身建设的过程中发挥了先锋模范作用。土地资源管理专业高层次人才在教学、科研与管理工作中,深入学习贯彻新理念新思想新战略,时刻关注时代发展与学科前沿,深刻领悟党和国家的教育大政方针,坚持社会主义办学理念,践行立德树人根本任务,注重在本科教学环节中开展理想信念教育,传播社会主义核心价值观。作为师德楷模、名师大家、学术带头人,他们发挥示范引领作用,贯彻实施全员全过程全方位育人,不断挖掘专业领域的思政元素,将其融入日常教学工作。

土地资源管理专业高层次人才把思想价值引领贯穿本科教育教学的全过程、各环节,在他们的带领下,专业在教书育人、科研育人、实践育人等维度均有所进益,总结出良好的育人经验。通过持之以恒的"教授进课堂"工作,将"三观""四史"教育融入课程内容,将社会正能量带入课堂,引导学生正确认识我国自然资源利用与管理的基本制度及其发展历史、形成机理。在以导师为核心的科学研究中,锻炼培养学生以辩证思维探索科学问题的能力,通过科研团队捏合与管理,鼓励团队成员发扬集体主义精神,不断增强团队凝聚力、感染力和吸引

力。教授们发扬"艰苦朴素　求真务实"的校训精神,言传身教,在实践环节中赴现场、下田地、动手干,以"实践出真知"的探索精神和实际行动影响学生,展现高尚个人素养,传递科学精神正能量。

同时,高层次人才带头探索,将思政元素融入文化育人、组织育人等环节。他们结合当今时代条件,传播专业知识及正确价值观,培养学生继承节约土地、爱护环境的传统美德,强化学生对粮食安全、生态安全等国家安全观的深刻认识,推进与专业领域紧密结合的文化育人工作。高层次人才依托院系、科研团队、学术平台,宣传党和国家的正确路线和主张,向学生解析自然资源治理领域新动态;同时,积极响应号召,组织队伍积极参与"新工科""新文科"等学科建设工作,关注育人队伍的思想政治问题,与各类组织一道开展思政育人工作。总之,本专业高层次人才身体力行,时刻弘扬以爱国主义为核心的民族精神和以改革创新为核心的时代精神,在专业建设过程中,有效地推动了思政元素的挖掘与融入。

三、高层次人才对教学科研团队建设的带动具有关键作用

高层次人才是专业人才队伍建设的"心脏",在人才队伍发展与壮大过程中发挥着压舱石的作用。土地资源管理专业在教育界的影响力日益增强,这与优秀师资队伍的不断壮大是分不开的。正是高层次人才在专业建设过程中不断谋求自身更大的发展,才对人才队伍的整体发展发挥了辐射带动效应。

高层次人才对专业建设的长期投入,稳定了骨干教师队伍,确保专业建设水平逐步提升。以高层次人才为核心的土地资源管理教学科研队伍,经过多年的努力奋斗,推动专业排名、竞争力不断提升,团队自身不断取得新的发展成果,核心成员获得各层次头衔、奖励与肯定,实现了专业整体师资力量的做大做强,迈向可持续发展的道路。高层次人才开疆扩土,扎根单位,埋头苦干,推动实现专业的从无到有。他们通过自身发展,促进专业的快速发展;反过来,专业的发展与提升增强了高层次人才团队的综合素质和竞争力,巩固了人才在单位长期发展、不断创造新局面的决心和意志。

高层次人才初创、建成并提升了诸多育人平台,推动专业发展提升。近年来,土地资源管理专业本科生参加专业技能大赛,用好实践"第三课堂",开展创新创业项目,产出高质量科研成果等机会日益增多,这些要归功于本科教学水平的提升和育人平台的增多;而专业获批国家一流本科专业建设点,更是教育教学水平具有全国竞争力的有力印证,它们都是高层次人才推动专业快速发展所取得的成果。高层次人才组建本科教学团队,通过教改项目申请、教学评优、学生竞赛等多种形式推动实施高水平育人。与此同时,高层次人才组建可涉及土地调查与评价、国土空间规划、地学资源旅游开发规划等不同方向的科研团队,在各自擅长的领域取得了一系列科研成果,通过不懈努力,推动形成育人谋发展的不竭动力。

人才团队精诚合作,塑造良好的竞争氛围,增强专业吸引力。高层次人才的个人素养与业务能力直接影响团队的建设水平,团队建设的如何事关其在本科教学对象中的第一印象,也事关团队后备人才资源的优选。由高水平人才创建的土地资源管理多个教学科研团队,在

多年的教学科研任务中形成了精诚合作、共同进步的良好局面,团队研究领域各有所长,建设各具特色,团队内部分工合作,打造"高层次人才+优秀中年轻骨干教师+优秀学子"的圈层结构,在专业内部形成良性交流竞争氛围。高层次人才发挥中流砥柱作用,通过其良好的声誉和极强的业务能力,集聚教学资源与人才,壮大团队,打出品牌,提升影响,增强了专业整体吸引力。

四、本科人才培养要充分发挥高层次人才科教融合、知行合一的优势

土地资源管理专业兼具工科、文科等学科要素特征,注重理论与实践的有机结合。从专业的创立起步到快速发展阶段,高层次人才带头摸索出适合本专业发展的教育教学成长路径,即以"教学相长"模式,促成"知行合一"育人目标的实现。专业创业初期,高层次人才基于自身在资源勘查、地质学、地学信息学等领域形成的专业知识储备,积极响应国土资源管理事业发展的迫切需要,结合国家战略发展、国土资源开发与利用的基本国情,主动担当、主动作为,探索创办土地资源管理专业。时至今日,在专业领域开辟多条教研战线,基于土地调查与评价、土地经济与管理、土地信息技术、国土空间规划、土地利用工程等专业方向,陆续开展耕地保护、国土空间规划、山水田林湖草生态修复、全域土地整治、矿山土地复垦、地质公园规划等领域的教学、研究与科普工作。

高层次人才十分注重将教学经验与科研积累相结合,他们将国土空间规划、农村土地制度改革、国家公园管理、土地整治与复垦、耕地利用评价与转型等领域的研究成果融入土地资源学、土地管理学、土地经济学、土地规划学、土地生态学等专业主干课程,用生动案例吸引学生,引导学生沉淀知识,丰富教学内容,提升教学境界;同时,带领具备专业基础知识的高年级本科生从事科学研究工作,在研究中总结知识,发掘知识,培育他们的科学视野和研究能力,以研究彰显专业知识的价值。通过以教带研、以研促教,真正实现教研相长。

高层次人才在立德树人事业中践行"知行合一"指导方针,向本专业学生灌输"实践出真知"的基本定理,用知识武装自己,在实践中证明知识、找到答案,反过来用实践检验创造知识。他们将这种精神和态度传递给团队成员,传授给自己的学生,带领学生在野外认识了解自然资源,在乡村观察评估土地制度改革成效,在城市见证品味规划的魅力;实施土地资源评价,完成国土资源调查,开展国土空间规划,探索土地要素支撑乡村发展的有效途径,找寻土地集约节约利用的钥匙,感受山水林田湖草生命共同体,推动自然资源永续利用。他们在专业发展与教书育人的过程中推动了文化、道德和精神的传承,让学生获益匪浅,将他们培养成知行合一的实践者,使得土地资源管理专业与事业的发展后继有人、生生不息。

第五节 小 结

从历史沿革和办学特色两个角度审视土地资源管理专业的发展与壮大,可以得出这样一

个结论：土地资源管理专业的创办主要源于传统优势专业辐射，而专业乃至学科的快速发展更应归功于高层次人才的传承和引领作用。高层次人才全面主导了土地资源管理专业从无到有，全面引领了专业教学科研体系的快速形成与提升，全面推动了知识经验、教研能力、育人模式的传导与发散。他们勇于探索，推动专业有力地支撑公共管理学科发展，学科业已建成完整的人才培养体系；他们艰苦创业，狠抓高水平教学团队、科研平台建设，有力地保障了专业高水平育人目标；他们言传身教，不忘初心，秉承校训精神，推动课程思政进专业、进课堂。高层次人才是土地资源管理专业建设、高质量育人的中流砥柱，人才与专业共同发展所取得的成绩令人印象深刻，人才引领的办学模式具有广泛借鉴价值，深刻诠释了人才与专业的共同辐射带动机制。

第五章　高层次人才在海洋科学专业建设和本科人才培养中的引领作用

海洋覆盖了地球表面积的71%,海洋科学是地球系统科学的重要组成部分。为响应海洋强国战略和实现地球科学领域世界一流大学的远景目标,依托大学在传统地学领域的传统优势,在李四光地质科学奖获得者李思田教授所创立的沉积盆地与矿产研究所的基础上,国务院政府津贴获得者王华教授、解习农教授等人向学校和教育部申请设立海洋地质与资源方向,并多次组织金翔龙院士、金庆焕院士、姚伯初教授级高工等海洋领域资深人士进行深入研讨和论证,自2003年起从资源勘查与工程专业衍生出海洋地质与资源方向,于2004年成功申办海洋科学专业并面向全国招生(王华等,2007),2011年获批海洋科学一级学科博士授权点,构建了本科—硕士—博士—博士后流动站的完整人才培养体系。随着学科专业的不断拓展,2018年海洋工程与技术专业也获批开始招生,并于2019年开始按海洋科学类招生,同时获批为首批海洋科学国家级一流专业,是全国中央赛道海洋科学专业五个国家级一流专业之一,海洋科学学科在历次学科评估中均位列前五名。回顾10余年的学科专业创办之路,这些学科专业建设成就的取得一方面得益于中国地质大学在地学领域的传统优势,尤其是长期排名全国第一的资源与勘查工程专业;另一方面也受益于高层次人才队伍建设这个核心。高层次人才不但具有高瞻远瞩的战略思维,能够引领专业建设,构建特色鲜明的人才培养体系,而且由他们言传身教的课程思政育人效果显著。高水平的科研成果及科研平台为人才培养开辟了第三课堂(野外实践教学)和第四课堂(科研实践育人),实现了科教协同育人的精英化人才培养,有力支撑了海洋强国战略的海洋地学人才队伍建设。

第一节　高层次人才引领下的专业发展历程与现状

一、海洋科学类专业创立背景和意义

海洋作为人类生存和发展的空间、战略资源的开发基地、国家安全的重要屏障,以及现代

经济的新增长点,其在国家社会经济发展和国家安全中的战略地位已日益突出。中国既是一个陆地大国,也是一个海洋大国。海洋问题事关国家根本利益,国家对海洋资源、全球变化、海洋防灾减灾、海洋环境保护等一系列的实际需求越来越突出。加快发展海洋事业,努力建设海洋强国,着力提升我国综合国力、国际竞争力和抗风险能力,是新时期社会经济发展的迫切需求。党和国家领导人非常重视海洋,胡锦涛总书记指出:"开发海洋是推动我国经济社会发展的一项战略任务";习近平总书记强调:"进一步关心海洋,认识海洋,经略海洋,推动海洋强国建设不断取得新成就。"因此,建设海洋强国是我们涉海院校的共同使命和义不容辞的责任。

海洋科学是研究海床、底土、水体、大气、生物等各界面之间的物质交换、能量流动,以及人类活动对海洋的影响导致海洋及其相关层圈发展变化的自然规律的一门学科,其成为一门独立的学科开始于19世纪后半叶,以1873—1876年的"挑战者"号海洋调查船的全球海洋调查为其主要里程碑。1942年,著名海洋学家Sverdrup等人编著的《海洋》出版,标志着海洋科学作为独立学科已经形成。海洋科学既是基础性学科之一,又是应用科学和工程技术科学。现代海洋科学的研究体系大体可以分为基础性学科研究和应用性技术研究两部分,由物理海洋学、海洋气象学、海洋生物学、海洋地质学、海洋化学等基础学科和众多分支学科及其应用性科学与高技术构成。海洋科学是一个多系统、多学科交叉的综合性学科体系。一个多世纪以来,对海洋资源的开发利用带动了海洋科学的发展,尤其是海洋生物资源的开发利用和海底矿产的探测及军事上的需要,是促进海洋科学发展的主要动力。

海洋科学的发展对人才的培养提出了挑战。我国海洋科学教育始于20世纪20年代初期,但长期以来,由于海洋资源开发投资大、成本高、风险大,我国海洋科学发展一直比较缓慢,设立海洋学科的学校较少,而且主要集中在物理海洋学、海洋生物学、海洋化学和海洋地质学等几个专业,人才需求增长也比较缓慢。1998年国家教委普通高等学校本科专业目录调整后,海洋生物学、海洋化学、海洋物理学不再单独招生,分别设立了海洋科学和海洋技术专业,海洋地质学归入地质类学科专业,海洋气象归入大气类学科专业。90年代后期至今,随着国内外对海洋的重视,特别是海洋发展成为沿海国家发展战略,海洋经济成为各沿海国家经济发展的新增长点以来,海洋科学专业教育发展较快。过去只有中国海洋大学(原山东海洋学院、青岛海洋大学)、厦门大学(设有海洋科学和海洋技术专业)、同济大学(设海洋地质专业)和大连海军舰艇学院开展海洋科学和技术教育,目前,中山大学、南京大学、中国地质大学、上海水产大学、浙江海洋学院、湛江海洋大学、淮海工学院、盐城工学院、河北科技大学等院校都开设了海洋科学或海洋技术专业。

海洋科学是一个综合性的学科门类,既是基础科学又是技术科学,其发展与海洋学、物理学、化学、生物学、工学、数学、经济学管理学及其他科学的结合是非常密切的。海洋行业不是独立的行业,只要与海洋有关的行业都可以归入海洋行业,海洋行业的发展与国民经济和科学技术的发展同步。海洋科学专业的毕业生既可以从事海洋科学的教学与研究工作,又可以从事与海洋有关的基础研究、应用基础研究、海洋资源调查和开发、海洋技术开发、海洋环境保护、海洋综合管理等海洋事务,以及各部门的生产、技术、管理等方面的工作。从这个意义上讲,海洋科学专业教育有广泛的社会和行业需求。

二、高层次人才创立并发展了我校海洋科学类专业

早在20世纪50年代,中国地质大学(原北京地质学院)就组建了海洋地球物理勘探教研室,刘光鼎院士任教研室主任,是我国高校系统最早发展海洋地质学科的单位之一,长期以来郝诒纯院士等一批大师和学者从事与海洋相关的研究工作。1961年开设有海洋地质勘探专业,20世纪90年代,学校基于"建设地球科学领域一流大学"的战略考虑,将海洋科学学科的发展列入整体规划,1999年4月26日在北京召开了中国地质大学海洋地学中心成立大会(图5-1),李廷栋等9位院士及11位单位领导和专家参加了成立大会。"211"一期工程对该学科建设给予了一定支持,但主要投资集中在北京校区。"211"二期工程将该海洋科学学科确定为大力扶持的学科群之一,"211工程"三期建设实施过程中,该学科被作为重点培育学科群之一予以重点支持。在学科和学术带头人王华、解习农、任建业等教授的带领下,聘请了自然资源部第二海洋研究所金翔龙院士、李家彪院士、广州海洋地质调查局金庆焕院士、姚伯初总工,自然资源部第三海洋研究所蔡锋研究员等一大批国内海洋地学领域资深专家作为兼职教授和兼职博导,通过多轮研讨专业定位和人才培养方案,2001—2003年相继获得海洋地质、海洋化学硕士学位授予权和海洋地质博士学位授予权,2003年和2008年"海洋地质"连续两次被批准为湖北省重点学科。2003年建立海洋科学与工程系,设立海洋科学本科专业,并开始招收本科生,楚天学者解习农教授任首任系主任。2007年我校"海洋科学博士后流动站"获国家人事部和全国博士后管理委员会批准成立(图5-2),2011年我校"海洋科学"经国务院学位委员会批准获得一级学科博士学位授予权(图5-3),由此构建了本科—硕士—博士—博士后流动站人才培养体系,2015年设有海洋科学(菁英班),2016年引进楚天学者牟林教授等成立海洋学院(图5-4),2018年海洋工程与技术专业面向全国招生,2019年按海洋科学类招生和培养,同年海洋科学专业获批教育部首批国家级一流专业,成为海洋科学专业中央赛道(教育部属院校)五所拥有海洋科学专业国家级一流专业的院校之一,也是国家海洋局和教育部首批联合共建的17所海洋院校之一(图5-5),在历次学科评估中均位居前五名(姜涛等,2011)。

图5-1　1999年中国地质大学海洋地学研究中心在北京成立

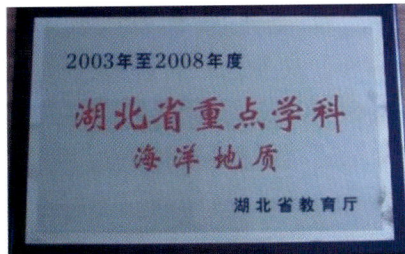 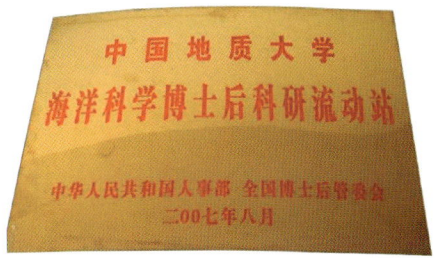

图 5-2　海洋地质为湖北省重点学科，2007 年设立海洋科学博士后流动站

图 5-3　2011 年海洋科学一级博士点获得国务院学位委员会批准

图 5-4　2016 年 11 月 8 日中国地质大学(武汉)海洋学院揭牌

图 5-5　2010 年 9 月 17 日国家海洋局与教育部签署联合共建协议，中国地质大学(武汉)属于首批联合共建的 17 所院校之一

我校地质学领域学科齐全，基础雄厚，拥有地质学、地质资源与地质工程两个国家一级重点学科，这些相关学科构成了对海洋科学学科的强大支撑。我校海洋师生活跃于国内外海洋科学研究领域，先后有 16 人次参加国际大洋钻探计划、国家大洋环球航次等重大海洋科学研究和考察计划(图 5-6、图 5-7)，高层次人才国际学术交流频繁(图 5-8、图 5-9)。近年来承担国家重点研发计划/课题 11 项，国家科技重大专项课题/子课题 6 项，国家自然科学基金 39 项（含重点项目 2 项)，以及"973 计划"、"863 计划"、国家专项及重大横向科研项目 12 项，累计科研经费约 2.3 亿元，在大陆边缘动力学、海洋矿产资源、古海洋与全球环境变化、海洋地球物理等领域取得了大量的高水平研究成果，部分成果发表在 *Science*、GCA、*Geology* 等地学领域顶尖国际刊物上。国家杰出青年科学基金获得者李超教授 2010 年在国际重要学术期刊 *Science* 上提出的新元古代"三明治"型古海洋化学结构模型，不仅诠释了地球海洋化学演化的动态与非均一本质，而且还建立了古代海洋与现代海洋在海水化学形成机制上的链接，为现代海洋化学环境演化研究提供了重要的理论基础。

海洋科学类专业由资源勘查工程专业衍生，正在高层次人才的带领下，通过与其他学科专业的融合，不但建成了海洋科学国家级一流专业，而且又进一步发展出了海洋工程与技术专业，形成了既可全面体现海洋科学学科体系，又充分依托我校在海洋地学方面的优势并突出海洋地学特色的发展局面。

第五章 高层次人才在海洋科学专业建设和本科人才培养中的引领作用

图 5-6 青年教师和研究生参加大洋科考

图 5-7 海洋科学专业教师参加 IODP 和其他大洋科学研究计划

图 5-8　海洋科学专业教师开展广泛的国际合作交流

图 5-9　挪威科学家 Bjorklund 教授应邀来我校作报告(左),聘请德国科学家
Erwin Suess 和 Jorn Thiede 为荣誉教授(右)

第二节 高层次人才引领构建了特色鲜明的本科人才培养体系

海洋科学专业从2005年起就成立了以解习农教授为专业建设负责人,由高层次人才组成的专业建设领导小组(表5-1),高屋建瓴,根据国内海洋科学事业发展态势,有所为有所不为,坚持特色发展之路,进行海洋科学专业建设。为了进一步做好海洋工程与技术专业建设,先后引进了国家重点研发计划项目负责人牟林教授、陈学恩教授和长江学者孙军教授引领专业建设。

表5-1 海洋科学专业建设领导小组成员名单

人员构成	姓名	出生年份	学位	职称	专业方向	获得人才计划
专业负责人	解习农	1963	博士	教授、博导	海洋沉积与油气	国务院政府津贴、楚天学者、教育部跨世纪人才
成员	任建业	1963	博士	教授、博导	海洋构造	重点基金项目负责人
	姜涛	1979	博士	教授、博导	大洋钻探与海洋沉积	教育部霍英东优秀青年教师
	吕万军	1972	博士	教授、博导	天然气水合物	教育部新世纪人才

一、海洋科学专业定位和培养目标

通过多轮研讨,高层次人才以对海洋科学领域的敏锐且精准的判断,结合我校学科特色与实际,提出了以我校地球科学传统优势学科为依托,根据海洋科学发展的特点和社会发展对人才的需求,在现代教育理论的指导下,整合学校和社会多方面力量,以课程体系建设为核心,构建具有我校特色的海洋科学专业。

专业培养目标:①培养学生具有社会责任感、创新精神和实践能力,德智体全面发展;②培养学生具有海洋科学基础理论、基本知识、基本技能及其相关学科的基本知识,具有较好的科学思维、素养和创新意识;③培养学生具有一定的国际视野和正确的海洋观,能进行海洋科学研究、教学和管理的初步能力;④培养学生能进入硕士研究生阶段学习,或成为在海洋科学及相关领域企事业部门从事基础研究、技术开发和技术管理工作方面的专业人才。

专业毕业要求:①具有较好的人文科学素养、高尚的品德修养,以及本学科专业应具备的职业道德和规范;②具有厚实的数学、物理、化学等自然科学基础知识,熟练掌握外语、计算机应用技能;③掌握现代海洋科学,特别是海洋地质、海洋化学和物理海洋等方面的基础理论、基本知识;④掌握海洋调查、数据采集处理、成果解释和综合分析的基本方法和技能;⑤掌握岩矿鉴定、地史分析和地质构造研究等方面的基本技术和方法;⑥掌握海洋矿产资源勘查与评价的基本方法;⑦初步掌握海洋工程设计与海洋环境评价的基本方法;⑧初步掌握资料查询、归纳、整理和综合分析的方法,培养团结协作精神,具有专业科技论文撰写和自主学习、适应发展的基本能力。

为了达成这些人才培养目标,以高层次人才为核心的专业建设领导小组在课程设置、室内和野外实践教学等方面进行了详细讨论和论证,并根据学校统一部署,将海洋科学(菁英班)和海洋工程与技术专业按海洋科学类招生和培养,前3个学期课程相同,第4学期通过专业分流开始按两个专业分别培养,并按照培养目标的达成,对其具体培养目标进行了分解(表5-2、图5-10、图5-11)。

表5-2 海洋科学专业毕业要求实现途径

序号	毕业要求	实现途径(教学过程)
1	具有较好的人文科学素养和高尚的品德修养,以及本学科专业应具备的职业道德和规范	①课堂教学:马克思主义基本原理、毛泽东思想与中国特色社会主义理论体系概论、中国近现代史纲要、思想道德修养与法律基础、体育、军事理论、海洋科学专业导论。②课外学习:开展"大学生青年文化艺术节""高雅艺术进校园"等主题教育活动;开展运动会等活动;开展新生入学教育、毕业生系列教育主题活动;开展大学生"暑假社会实践"等活动;加强学务指导老师、辅导员队伍建设,加强学生干部队伍建设,提高对学生的教育引导
2	具有厚实的数学、物理、化学等自然科学基础知识,熟练掌握外语、计算机应用技能	①课堂教学:大学英语、Python语言程序设计B、大学化学C、高等数学B、线性代数B、概率论与数理统计B、大学物理学B、物理实验A。②课外学习:每年举办大学生挑战杯、英语比赛、数学竞赛、建模比赛等活动
3	掌握现代海洋科学,特别是海洋地质、海洋化学和物理海洋等方面的基础理论、基本知识	①课堂教学:海洋学基础、大洋底构造地质学、海洋沉积学、海洋地球化学、海岸动力学、古海洋学、物理海洋学、海洋生物学等。②课外学习:引导学生参加全国大学生海洋知识竞赛、世界海洋日等活动

续表 5-2

序号	毕业要求	实现途径(教学过程)
4	掌握海洋调查、数据采集处理、成果解释和综合分析的基本方法和技能	①课堂教学：海洋调查技术与方法、测井地质学、海洋地球物理勘探、地震地质综合解释B、卫星海洋学等。②课外学习：引导学生参加海岸带调查、大洋科学考察等活动
5	掌握岩矿鉴定、地史分析和地质构造研究等方面的基本技术和方法	①课堂教学：普通地质学、矿物岩石学、地层及古生物学、构造地质学B、大洋底构造地质学等。②课外学习：引导学生参加"寻找李四光"地学专业知识竞赛、模拟国际学术会议展板竞赛、岩矿石综合鉴定竞赛、高级野外地质路线竞赛等活动
6	掌握海洋矿产资源勘查与评价的基本方法	①课堂教学：海底矿产资源、石油与天然气地质学C、矿产勘查理论与方法、沉积盆地分析、层序地层学等。②课外学习：引导大学生参加大学生科研立项、大学生科技论文报告会等活动
7	初步掌握海洋工程设计与海洋环境评价的基本方法	①课堂教学：海洋钻探、海洋环境学、海洋测绘基础、海洋测量学、海洋地理信息系统、海岸工程学等。②课外学习：引导学生参加大洋科学考察、环境调查、海洋测量及海洋工程设计等活动
8	初步掌握资料查询、归纳、整理和综合分析的方法，培养团结协作精神，具有专业科技论文撰写和自主学习、适应发展的基本能力	①实践教学：海洋测绘基础教学实习、海洋学基础实习、地质教学实习、专业教学实习、海洋专业课程综合设计、毕业生产实习、毕业论文(设计)等。②课外学习：专题讲座、课程作业与读书报告、学术报告、文献检索讲座与报告等

二、海洋科学类专业特色与质量

结合我校在资源勘查工程专业的传统优势，合理调整专业结构，凸显地学特色，系统开展专业建设，改革培养模式，提升教学能力，优化课程体系，更新教学内容、教学方法和教学手段(王华等，2012)。

明确我校海洋科学专业必须坚持以海洋地质与资源为重点，兼顾海洋化学专业建设，并以此为基础，着力进行特色研究方向培育和师资队伍建设。具体实施过程以各大海洋机构为产学研基地、开展联合办学的模式，能够以国家目标为导向，以重大海洋地质问题、重要海洋矿产资源为目标，紧密围绕中国边缘海演化、深水油气、海洋水合物资源、大洋多金属矿产等重点领域组织开展科研和教学工作，服务我国海洋产业，培养21世纪海洋地质与资源领域的精英。

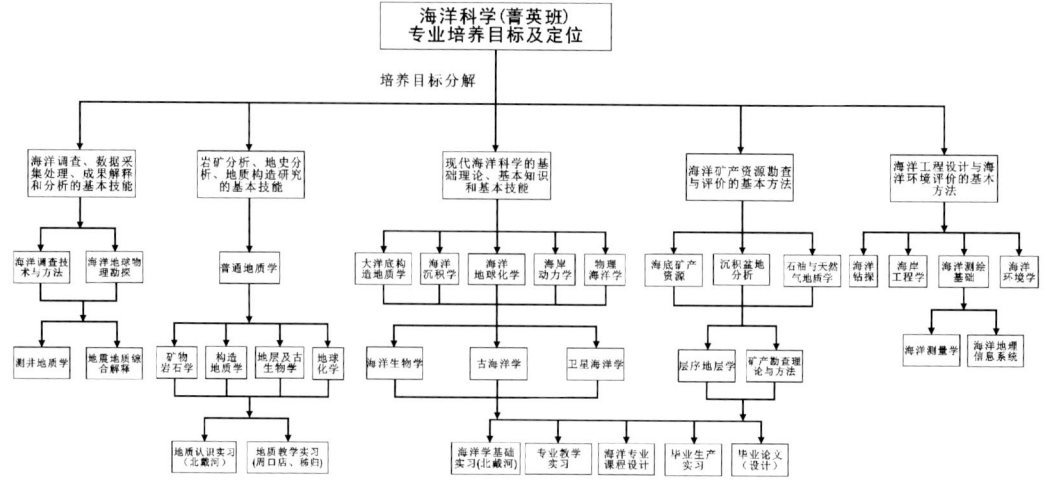

图 5-10 海洋科学专业培养目标分解图

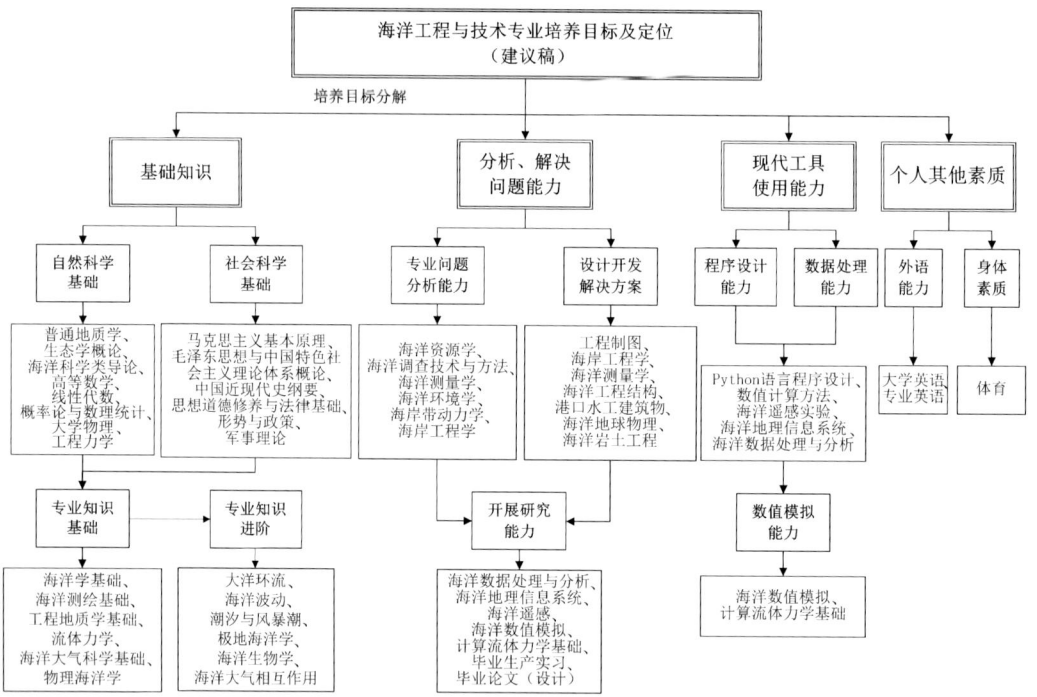

图 5-11 海洋工程与技术专业培养目标分解图

1. 定期积极开展教研活动

督促教师制订个人学习与培训计划,加强个人理论知识学习,提高综合修养,苦练内功。系里组织定期听课,帮助年轻教师过教学关。

2. 建立课程小组制度

成立由二级、三级教授领衔的教学团队和教学组,包括基础海洋学小组(海洋学基础、海岸带动力学、古海洋学、数字海洋)、海洋地质组(大洋底构造地质学、海洋沉积学、层序地层学、沉积盆地模拟)、海洋资源与环境组(石油天然气地质学、海底矿产资源、海洋环境学)、海洋方法技术组(海洋调查技术与方法、海洋地球化学、海洋地球物理、大洋钻探)。教学小组讨论课堂教学、实验、习题、考试等方面的问题,明确教学大纲、教学日历、课件制作等具体内容,建立了特色鲜明的课程体系(图5-12)。

图 5-12　各二级、三级教授领衔建设的海洋科学类专业主要课程体系

3. 保证实践教学的质量

实行青年教师助课、听课与试讲制度,反复摸索教学技能,积累经验。参与或负责编写切实可行的实验指导书,每次实验前要充分准备,认证阅读实验指导书,领会每个实验的目的要求,教学中做到有的放矢,知道每次实验教学要求学生达到什么目的,掌握什么技能。要求实验教师在每次实验课教学之前先做一遍,及时发现问题及时采取补救措施,做到心中有数。

4. 具有实施创新教育的具体措施

给大二、大三学生提供参加科研课题、开展课外科研活动的机会,安排教师指导学生科研等。

5. 探索海洋科学类创新人才培养模式

由解习农教授牵头与中国科学院南海海洋研究所、中国科学院广州地球化学研究所、自然资源部第二海洋研究所、自然资源部第三海洋研究所、国家海洋信息中心、国家海洋局海岛研究中心联合共建"海洋科学菁英班"(图5-13),发挥中国地质大学(武汉)在基础教学和优质生源方面的优势,充分利用中国科学院和国家海洋局在结合学科前沿的专业教学与研究实践环节的优越条件,联合培养海洋科学专业领域的一流本科人才,为学术性研究人才的培养提供高素质生源,探索校所结合、科教联合培养具有扎实理论基础和精深专业特色英才的新模式、新机制。

图5-13 与相关科研院所共建海洋科学菁英班

6. 重视实践教学体系环节

海洋科学专业特别强调对学生实践动手能力和感性认识的培养。本专业向来重视实践教学环节,多年来不同阶段培养计划的实践教学环节学分所占比例平均为28.1%,最高达到了29.6%。实践教学环节主要体现在传统的地质认识实习(北戴河)、地质教学实习(周口店、秭归)、专业教学实习(海洋院所、中海油)、毕业生产实习、课堂教学的实验课程等,尤其是2019年整班建制参加了长江口及邻近海域海洋科学联合实习(图5-14)。

图5-14 海洋科学专业学生参加长江口及邻近海域海洋科学联合实习

7. 突出了海洋科学专业的精英教育

为了适应新世纪我国海洋战略需要,着眼于国外海洋科学的竞争,培养复合型、创新性和国际型新型海洋科技人才,我校于2015年开始在本专业开办了培养海洋科学新型人才的培养基地——菁英班。这些举措旨在为业界培养合格海洋科学人才的同时,再培养一批专业领域的未来精英,他们通过继续深造和研究生学习,具备从事科学研究和科技创新的基本素养(姜涛等,2013)。

第三节 高层次人才及其团队在本科人才培养中的核心作用

以高层次人才为核心的师资队伍为大学的第一要素,是学科专业建设的依托,更是保障人才培养质量和提升学术水平的先决条件。师资队伍的质量,是学科和专业核心竞争力的体现,对学科发展具有决定性影响。没有一流的师资队伍,就不可能建设一流的学科专业;没有一流的学科专业,就不可能建设一流的学院和大学。

一、高层次人才队伍建设目标和措施

海洋科学类专业师资队伍建设的目标是:坚持"队伍建设服务学科专业建设、学科专业建设促进队伍建设"的指导思想,以稳定和培养高素质人才为根本,以合理使用和充分发掘各类人才潜能为基础,高层次人才立足于引进与培养相结合的思路,建立一支爱岗敬业、结构合理、奋发向上的师资队伍。

为了完成上述既定目标,主要采取如下措施:

(1)加强专任教师的师资队伍建设,在学校和学院人才引进政策的指导下,制订有关人才规划、使用、引进、培训培养师德师风等方面的实施细则,在保证教师数量稳定增长的同时,注重师资队伍结构的调整和优化,努力提升教师的整体素质和素养。在这个过程中,要紧紧围绕提高质量、调整结构的发展主线,通过教师引进、培养、考核、晋升、激励等一系列制度调整,激发教师特别是青年教师的潜力,不断增强海洋科学专业教师队伍的教学和科研活力,努力打造一支学术卓越、勇于创新、师德高尚、充满活力的以高层次人才为核心的教师队伍。

(2)紧紧围绕学校发展战略,将师资队伍建设的着力点放在提升中青年教师的教学能力、科学研究竞争能力和社会服务能力上,使教师具有先进的教育教学理念,掌握教育教学改革最新动态,具有教学研究和教学组织实施能力及课程改革、教材分解、教学创新、教学课堂组织能力。同时,以学科建设为导引,凝练科学研究主方向,建设学科综合实力较强的"科技创新团队",承接、完成国家和省内重大科学研究项目,适应多学科协作、跨学科研究的攻关。在此基础上,建设一支社会服务团队,努力打造海洋科学专业的社会服务品牌和社会影响,提高

服务社会的能力。

(3)依托国家的"国家高层次人才特殊支持计划""引进海外高层次人才暂行办法"等高层次人才的引进和培养平台,以及学校的"腾飞计划"和"摇篮计划",重点培养和扶持现有师资队伍中成果突出的教师,使其能成为本学科和本领域内的领军人才。同时,坚持走出去和引进来的指导方针,通过与国内外著名高校和科研院所的相关专业的合作与交流,加大对我们自身专业的宣传力度,全力引进学科专业所需要的高层次人才。

(4)实施"中青年骨干教师培养提升计划"。重点支持中青年教师进入博士后流动工作站或者出国进修,特别是要求新入职的青年教师实现"三突破",即申请自然科学基金、发表国际检索论文和出国进修。在学校和学院政策允许的范围内,尽最大可能为这些青年教师提供帮助,并让教学和科研经验丰富的教授、博导们对他们进行一对一的指导,助其尽快在教学和科研中积累经验,不断成长。优先遴选、推荐教学和科研业务突出的优秀青年骨干教师开展国际合作和交流,开拓视野,活跃学术气氛,并以此为契机,建立与国外的院校和科研单位的长期合作关系。

二、队伍建设成效

海洋科学专业现有学院职工52人,其中专任教师36人、实验教师2人、博士后5人、管理人员8人、工勤技术人员1人。教师队伍中教授13人,副教授21人,讲师4人,博士生导师19人。教师平均年龄41岁,博士化率达到98%,45岁以下教师博士化率达100%。大力引进培养高层次人才、青年优秀人才、外籍教师和海外人才,现有教育部"长江学者"奖励计划特聘教授1人,泰山学者1人,楚天学者2人,二级教授4人,特任教授2人,特任副教授9人,柔性引进教师5人;引进兼职博士生导师7人,其中中国工程院院士2人,苏格兰皇家学会院士1人。共有19人入选"地大学者",其中学科杰出人才1人、学科领军人才1人、学科首席教授1人、学科骨干人才2人、"地大百人"1人、青年拔尖人才2人、青年优秀人才10人(图5-15、图5-16)。

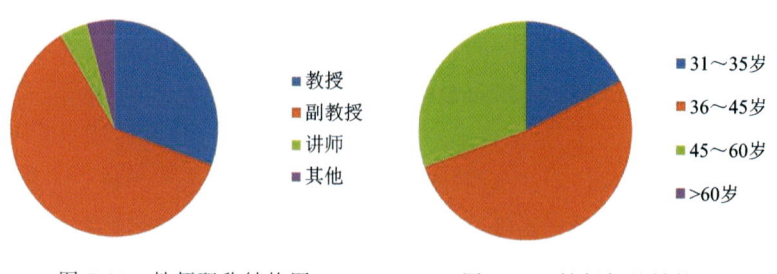

图5-15 教师职称结构图　　图5-16 教师年龄结构图

海洋科学专业师资力量雄厚,结构合理,能充分满足本专业的教学需要。从职称层次上看,教师中有高级职称人数占教师总数的88%;从学历层次看,教师中有博士学位的人数也占教师总数的98%;从专业背景看,全体教师均为本专业或相近专业毕业;从年龄层次上看,45

岁以上有丰富知识、能力与经验的教师占总教师人数的32%，45岁以下年富力强、富有活力的教师占总教师人数的68%。

海洋科学专业目前本、硕、博各类在校生315名，生师比达6∶1，能够很好地满足人才培养要求。同时，近年特别注重青年教师的教学能力提升和培养工作，100%的45岁以下中青年教师都有1年以上的国外访学经历，具有广阔的国际视野和高水平的专业素养，为专业人才培养提供了坚实的师资质量基础。在教学科研过程中注重师德师风制度建设，涌现出了一批先进教师典型，解习农教授获得"三育人标兵""研究生的良师益友"等称号，姜涛教授获湖北省"双带头人"称号、湖北省优秀党务工作者、朱训青年教师奖、优秀共产党员、雷波兴达奖教金等。

海洋科学专业教师将科研成果有机结合到教学中，充实和丰富课堂教学内容，以实际素材培养学生的专业能力。在搞好教育教学的同时，本专业教师还注重自身能力和专业素养的提高，除了主办和参与国内外各类相关学术交流会议外（图5-17），还积极争取国外进修机会，访学国外相关专业的教学机制与方法。近年来，海洋科学专业教师先后有10余名到国外进修，在学习专业技能的同时，学习国外教学方法和技能，以提升自己的教育教学能力。

图5-17　2017年主办了第三届国际深水环流大会

高水平的教学需要高水平的师资队伍。海洋科学教育要与国际接轨，通过选派优秀的年轻教员到国内外一流的大学和研究机构进修、短期培训或进行博士后研究工作，学习先进的教学理念和教学手段，引进外语授课。引进海洋科学专业博士或博士后等高层次人才，充实本专业的教师队伍；通过年轻教师在各类重点、重大研究项目中的锻炼和到国内外先进院校进修课程，逐步建成一支具有海洋科学知识，在教学和研究领域有所建树，相对稳定、结构合理、素质优秀的以教授、博导为主体的高水平教学队伍。

海洋科学专业教师在上好每一堂课的同时，还积极参与教学改革研究，并将研究成果及时运用于教学之中，不断提高教学质量和效果。本专业教师共承担了8项教学研究项目，其中省级教学研究项目2项、校级教学研究项目6项。通过这些教学研究项目的研究，从人才培养模式、教学理念、教学方法等方面做了大胆的探索和尝试，对海洋科学专业的本科教学起到了极大的推动作用。教学研究项目信息详见表5-3。

表 5-3　近年来校级以上教学研究项目一览表

序号	负责人	项目名称	项目级别	研究时间
1	任建业	海洋科学专业课程体系优化与专业核心课程建设	湖北省高等学校省级教学研究项目	2012—2015 年
2	杜学斌	海洋科学专业海洋作业技能训练	湖北省高等学校省级教学研究项目	2019—2020 年
3	姜涛	海洋科学专业北戴河实践教学资源开发与建设	中国地质大学(武汉)本科教学工程项目	2017—2018 年
4	姜涛	海洋科学国家级一流专业建设	中国地质大学(武汉)本科教学工程项目	2020—2021 年
5	吕万军	海洋科学专业海洋作业技能训练	中国地质大学(武汉)本科教学工程项目	2018—2019 年
6	王龙樟	海洋类专业咸宁 通山野外实习体系建立及教学资源拓展	中国地质大学(武汉)本科教学工程项目	2019—2020 年
7	陈刚	海洋工程与技术专业课程体系建设	中国地质大学(武汉)本科教学工程项目	2018—2019 年
8	钟苹	海洋学院课程思政建设探索与实践	中国地质大学(武汉)本科教学工程项目	2020—2021 年

繁忙的科研任务之余,高层次人才还将取得的科研成果及时转化为教学资源。一方面,他们及时将这些成果加入所讲授的专业课件,为本科生带去最新的专业进展。另一方面,他们还积极开展各种学术报告,各位知名教授和在专业上颇有建树的学者给广大本科生做学术讲座,极大地拓宽了本科生的专业素养。

海洋科学专业的建设以恰当的专业定位,高水平高素质的师资队伍,得力的海洋领域"产学研"基地,丰富多样的科学考察(从大学生—研究生—教师),国际联合培养海洋领域的师资力量,高学历海洋领域人才的加盟等为特点,成功地借助于国内外对海洋事业发展的战略需求的机遇,立足于国内高校之林。"传承性、关联性"表现在优势本科专业建设对相邻领域新的本科专业建设具有强劲的带动作用;"系统性"体现在快速发展前提下在新的专业、学科领域迅速形成"本科—硕士—博士—博士后流动站"的培养系列,且能为本科专业的发展、学科建设起到相互补充、互动共荣的作用和成效。

三、以高层次人才及其团队引领课程思政和立德树人

通过不断探索与实践,将培养新时代高素质海洋人作为人才培养目标。围绕人才培养目标,形成了强化先锋示范引领,培养谋海济国的领航海洋人;推进科研创新教育,培养勇立潮头的创新海洋人;提升国际理解能力,培养放眼四海的卓越海洋人;抓好严谨院风建设,培养耕海探洋的求实海洋人的思政工作架构。

经过海洋科学专业全体师生的共同努力,课程思政教学效果显著。海洋科学专业学生党员马晓晨、曾程辉分别获得中国地质大学(武汉)2020年"十佳学生党员"称号。2018级研究生党支部和海洋科学系本科生党支部获评"2020年校级样板党支部"。在2020年中国地质大学(武汉)的抗疫表彰大会中,2018级研究生党支部荣获"抗击新冠肺炎疫情先进集体"(全校受表彰先进集体中唯一学生集体);学生党员马晓晨荣获学校"抗击新冠肺炎疫情先进个人"。另外,海洋学院还选拔优秀学生党员、入党积极分子组建以"学海洋强国思想,践向海图强之路"为主题的社会实践团队。2019年"海洋青年"研究生社会实践荣获校级社会实践一等奖。2018年在"华为杯"第十五届中国研究生数学建模竞赛中,海洋学子荣获全国一等奖2项、"最佳数模报告奖"1项,其中李晓春、郑好、宋涛团队荣获全国一等奖和最佳数模报告奖,朱岢、于润泽、邵玉胜团队荣获全国一等奖。学院学生闫成、陆俊超分获第十届和第十二届全国海洋知识竞赛三等奖。学院严威老师指导学生团队"鹦鹉螺"海洋科普项目分获湖北省第十一届"挑战杯"大学生创业计划竞赛银奖和"金山云杯"第三届"我梦见－楚天创客"大赛湖北省铜奖。

为了大力拓展本科生国际视野,提升学生的国际理解能力,修订和完善了本科生国际交流资助办法。遵循"分层级,多导向,重基础,厚专业"的基本,以高层次人才的广泛国际合作为纽带,制订海洋学院"一流本科"海外实习实践计划,首批资助29名本科生出国访学、留学,资助比例接近本科生人数的20%。经过一段时间的访学交流,受资助学生更加爱党、爱国、爱专业,为国家培养了一批具有国际视野的优秀人才。

第四节 高层次人才主导高水平科研平台建设,提升了科教协同育人成效

以国务院政府津贴获得者、楚天学者解习农教授为主任,以中国工程院李家彪院士为学术委员会主任的海洋地质资源湖北省重点实验室于2019年获批开始建设。通过组织国内相关涉海单位资深专家深入研讨,该实验室围绕能源安全保障国家重大战略需求,响应资源开发与环境保护的新时代绿色发展理念,融合我校地质学、地质资源与地质工程和海洋科学等

地学综合学科优势,以海洋地质过程和古今大陆边缘动力学为突破口,围绕海洋/海相能源资源勘探开发及其环境保障技术两大轴线,从基础研究—应用研究—环境保障3个层次开展综合研究和技术研发,取得海洋地质资源领域原创性研究成果。实验室以地球系统科学理论为指导,以古今大陆边缘动力学研究为切入点,聚焦于南海深水油气、海洋天然气水合物和鄂西海相页岩气的勘探开发及其过程中的环境保障技术,构建以海洋地质过程与能源资源环境保障为特色的高水平科研平台,建设国内一流并具有重要国际影响的创新团队,为实现海洋强国战略和促进湖北省经济发展提供科技支撑和人才保障(图5-18)。

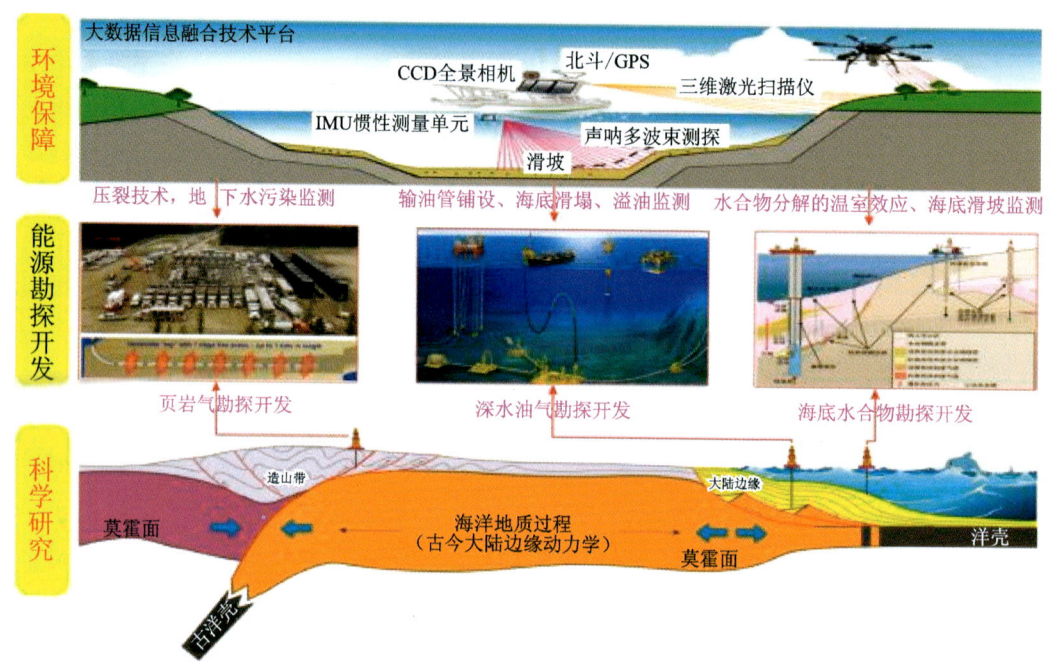

图5-18　海洋地质资源湖北省重点实验室研究方向及其相互关系

一、研究方向1:大陆边缘动力学

1. 大陆边缘岩石圈动力学

聚焦于结构比较完善并有丰富资料覆盖的南海北部陆缘,深入研究地壳岩石圈强烈伸展区临界破裂过程,为汇聚板块背景下边缘海型被动陆缘岩石圈伸展破裂、陆洋转变和洋盆孕育启动过程的研究提供典型范例。

2. 大陆边缘盆地动力学

落实南海陆缘深水—超深水区大型拆离断层结构构造特征及其发育演化过程;阐明构造变革界面对深水—超深水原型盆地发育演化的控制作用;构造-地层分析和构造-热动力分析

相结合,揭示岩石圈强烈薄化和高地温梯度特殊背景条件下深水—超深水盆地的成盆机理。

3. 大陆边缘盆地沉积充填动力学

立足南海、面向全球,系统研究大陆边缘深水—超深水盆地岩相古地理环境及其演变过程,阐明大陆边缘盆地沉积充填动力学,查明大型深水—超深水沉积体(牵引流沉积和等深流沉积)的时空分布规律,构建对能源资源勘探具有重要意义的深水扇、陆架边缘三角洲和大型峡谷等沉积体系的源汇系统。

二、研究方向 2:海洋/海相能源资源

1. 海域天然气水合物

开展南海海域的天然气水合物成藏机理与分布规律研究,发展天然气水合物资源勘查评价技术,揭示海域天然气水合物成藏条件和成藏规律,预测天然气水合物资源分布,评价海域天然气水合物资源勘探潜力,研发水合物资源安全高效开采技术,促进我国海域水合物资源的经济开发利用。

2. 海相页岩气

以长江经济带湖北地区为重点研究区,建立富有机质页岩高频等时地层格架,揭示不同类型富有机质页岩(硅质、钙质等)的相互关系及时空分布,探究不同古气候、古海洋背景下富有机质页岩类型和发育机理,构建不同类型富有机质页岩形成的成因模式和预测模型,为页岩气差异富集机理分析提供科学依据。同时,系统分析海相地层沉积背景、岩相构成、生物演化和生气条件,形成"四位一体"的页岩气评价方法与评价模型,为鄂西地区页岩气战略选区提供理论依据,助力湖北海相页岩气商业性开发。

三、研究方向 3:海洋资源开发环境保障

1. 海洋资源开发地质灾害探测与风险评价技术研究

开展海洋地质灾害(海底滑坡和海底地震)探测及预警体系研究,借鉴三峡库区滑坡监测平台,建立海底 GNSS、海底重力及海底地震观测系统;以南海重点岛礁海洋资源开发的相关工程为研究对象和切入点,研发现场调查与原位观测相结合的技术;通过实地勘察判定海底地质条件,建设海洋地质灾害预警平台,进行海洋地质灾害预警与评估,为海洋资源勘探开发提供安全保障。

2. 海洋资源开发潜在溢油污染监测与追踪装备研发

集成光伏能源技术、溢油传感器技术和浮标原位视频监控技术,研发低成本、组装型、工作可靠的锚定溢油监测浮标;研发基于漂流浮标的溢油跟踪装备,实现溢油和危化品的快速检测和信息传输以及重点海域的监视监测。

3. 海洋资源开发环境大数据融合与综合分析技术研究

汇集海洋资源勘探开发过程中的多源异构数据,研发海洋信息提取与计算、海洋过程多尺度数据处理与表达、虚拟现实与可视化等技术,构建海洋资源勘探开发时空大数据平台。

实验室以高层次人才为主体(表5-4),具有完备的人才梯队和强大的科研实力,先后有10余人次参加国际大洋钻探计划、国家大洋环球航次等重大海洋科学研究和考察计划。近年来承担国家重点研发计划/课题11项,国家科技重大专项课题/子课题6项,国家自然科学基金39项(含重点项目2项),以及"973计划"、"863计划"、国家专项及重大横向科研项目12项,累计科研经费约2.3亿元,在大陆边缘动力学、海洋矿产资源、古海洋与全球环境变化、海洋地球物理等领域取得了大量的高水平研究成果,部分成果发表在 *Science*、GCA、*Geology* 等地学领域顶尖国际刊物上。国家杰出青年科学基金获得者李超教授2010年在国际重要学术期刊 *Science* 上提出的新元古代"三明治"型古海洋化学结构模型,不仅诠释了地球海洋化学演化的动态与非均一本质,而且还建立了古代海洋与现代海洋在海水化学形成机制上的链接,为现代海洋化学环境演化研究提供了重要的理论基础。此外,实验室曾获得国家科技进步特等奖1项,国家科学技术进步二等奖1项,国家级教学成果二等奖1项,教育部自然科学一等奖1项,湖北省教学成果一等奖1项,中国石油总公司技术创新奖特等奖1项,其他省部级一、二等奖9项,部分成果已产生重大经济效益,极大地推动了海洋科学学科建设,培养了一批优秀学科带头人和专业技术骨干。本实验室已初步形成了一支年龄梯队合理、专业结构比较全面、研究力量比较雄厚的教学和科研队伍,2019年获批"海洋地质与资源"湖北省教学团队。海洋科学学科正通过与其他学科的融合,形成既可全面体现海洋科学学科体系、又充分依托我校在海洋地学方面的优势并突出海洋地学特色的发展局面。

表5-4 海洋地质资源湖北省重点实验室固定成员

姓名	性别	出生年月	职称	研究方向	职务	人才类型
解习农	男	1963-04	教授/博导	油气成藏动力学	主任	楚天学者、湖北省新世纪高层次人才工程
李超	男	1974-05	教授/博导	生物地球化学	副主任	
姜涛	男	1979-09	教授/博导	海洋沉积物释光年代学	常务副主任	霍英东青年教师奖获得者
孙军	男	1972-08	教授/博导	海洋生物资源	学术带头人	长江学者
陈学恩	男	1970-11	教授/博导	物理海洋学	学术带头人	国家重点研发计划首席科学家

续表 5-4

姓名	性别	出生年月	职称	研究方向	职务	人才类型
任建业	男	1963-01	教授/博导	大陆边缘盆地动力学	学术带头人	基金委重点基金负责人
吕万军	男	1972-03	教授/博导	海洋天然气水合物勘查评价	学术带头人	教育部新世纪优秀人才
关庆峰	男	1977-12	教授/博导	海洋地理信息系统	学术带头人	
宁伏龙	男	1977-08	教授/博导	海洋天然气水合物资源评价	学术骨干	
李双林	男	1966-06	教授/博导	海气相互作用	学术骨干	
巫翔	男	1978-09	教授/博导	海洋岩石圈动力学	学术骨干	洪堡学者、侯德封青年科学家奖
孙启良	男	1984-02	教授/博导	深水沉积盆地流体动力学	学术骨干	中国科学院院长优秀奖获得者
严德天	男	1977-03	教授/博导	海相页岩气	学术骨干	湖北省创新团队负责人
王家生	男	1963 08	教授/博导	天然气水合物	学术骨干	
毛娅丹	女	1982-09	教授/博导	物理海洋学	学术骨干	刘光鼎地球物理青年奖获得者
陈刚	男	1971-11	教授/博导	海洋地质灾害	学术骨干	
吕晓霞	女	1972-09	教授/博导	海洋生物地球化学	学术骨干	
王龙樟	男	1965-10	教授/博士	海洋油气成藏年代学	学术骨干	
宫勋	男	1984-06	教授/博导	物理海洋学	学术骨干	
杜学斌	男	1977-08	副教授/博导	层序地层学与隐蔽油气藏	学术骨干	
雷超	男	1984-09	副教授/博导	深水盆地构造地质学	学术骨干	

高层次人才聚集和创立的高水平科研平台,为海洋专业建设和人才培养提供了高起点和高标准,具体体现在以下几点。

(1)在高层次人才引领下的科研平台的搭建为科教协同育人提供了基础和条件,大大促进了拔尖创新人才的培养。在培养过程中,以一大批教授和副教授作为导师的本科人才培养和研究型学习为依托,为学生配备一流的师资,创造一流的学习条件,提供国际交流和科研训练的机会。给学生从入学开始,就安排专业教师作为导师进行专业指导,使得学生在通识教育阶段就能较早地接触专业、了解专业,较早地进入到专业感知阶段。同时鼓励本科学生参加学术研究,给学生提供参与学术研究的机会和资助。通过以课程为基础的实践指导、课外科研项目的研究体验和实际参加指导老师科研项目的实践,以及依托"寻找李四光"等科研论坛的成果展示等不同层次的科研训练提高学生的学术研究兴趣和创新能力的培养,取得了良好效果,受到了国内外海洋领域高水平大学和研究院所的高度肯定,为国家培养了一批海洋

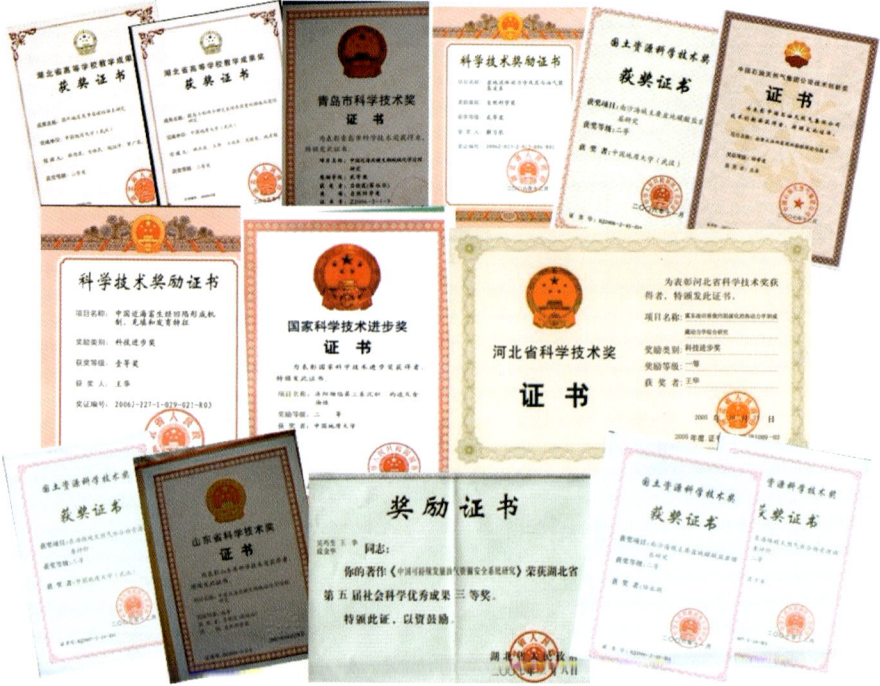

图 5-19 近年来获得的奖励证书

图 5-20 2018 年获湖北省高等学校教学成果一等奖

精英人才。培养出了一批基础扎实、专业精深的海洋地质与资源特色鲜明的一流本科人才，深受用人单位好评，近10年培养的本科生就业率达95%，每年毕业生升学率均在60%以上，升学院校有北京大学、浙江大学、同济大学、中山大学、中国科学院、国家海洋局等相关单位。毕业生素质好、水平高，深受各涉海高校和用人单位好评。

（2）高层次人才的学术影响为科教协同育人提供了基础和条件，大大促进了拔尖创新人才的培养效果。依托高水平科研平台及高层次人才的学术影响，聘请国内海洋相关研究院所和企业的著名专家学者作为兼职教授和毕业论文指导老师。已经聘请广州海洋地质调查局海洋地质学家金庆焕院士和自然资源部第二海洋研究所海洋地球物理学家金翔龙院士、海洋地质学家李家彪院士等专家为我校兼职教授，不定期为教师和学生做学术报告和座谈交流；此外，我们还聘请了自然资源部第二、第三海洋研究所和中国科学院南海海洋研究所等10多位专家作为本科生的毕业生产实习和毕业论文设计的现场指导导师，这些专家既是专业计划的参与者、实习基地的服务者、实习课程的讲授者，又是学生实习的指导者和教学质量的检验者，能有效把握教学质量，取得良好的教学效果。

（3）高水平科技平台建设为人才培养和专业建设提供了坚实的实验实践保障体系。以解习农教授、任建业教授为代表的海洋地质资源教学团队结合最新科研成果，建立了教学课件库，出版了一批配套教材。其中《沉积盆地分析基础》获得第四届中国大学出版社优秀教材一等奖，《海洋底构造导论》获得第二届中国大学出版社优秀教材二等奖。同时，依托海洋地质资源湖北省重点实验室建立了10个基础教学实验室（海洋学基础实验室、海洋构造实验室、海洋沉积学实验室、海底资源实验室、海洋化学实验室等）、5个专业特色实验室（天然气水合物评价实验室、海洋沉积物年代学实验室、海洋沉积物微观成像实验室等）、5个教学实习基地（北戴河、周口店、秭归、咸宁—通山、舟山），建立了多个"产学研"教学实践基地（厦门、杭州、海南），从而构建了较为完善的实验实践保障体系。

第五节　小　结

回顾我校海洋科学专业的创办过程，我们深刻体会到，人才培养、科学研究、社会服务和传承文化是高等学校的四大基本职能，对于新专业的创办和建设来说，它们相互之间往往形成脱节的现象。我校正是依托地球系统科学中的传统优势专业，以高层次的学科和学术带头人为引领，在资源勘查工程专业基础上不断拓展，结合在海洋科学专业的相关研究方向有长期的研究积累和明显的优势，在明确海洋科学与地球系统科学关系的基础上，强化海洋地质资源办学特色，因而使得海洋科学专业的创办具有高起点、高速度和强优势，很快形成了从"本科—硕士—博士—博士后流动站"的完整的人才培养体系。展望未来，我们将进一步整合校内资源，加强与兄弟院校、涉海科研单位和产业部门的合作，在继续加强具有地学特色的海洋科学学科建设的同时，为我国海洋科学研究和人才培养作出应有的贡献。

1. 厘清海洋科学与地球系统科学关系,依托地学优势创办特色鲜明海洋学科

地球系统科学是从传统的地球科学脱胎而来的。人类的生活要从环境中获取食物、能源,故必然关心其所居住的环境,对所立足的地球产生求知欲,于是逐渐形成了地球科学的各分支,如气象学、海洋学、地理学、地质学、生态学等。然而,它们是对地球的某一组成部分的分门别类的研究,随着研究的深入,形成了各自的研究方法、手段和目的。由于地球的空间广域性、形成时间的悠久性和组成其要素的复杂性,尽管有的学科已达定量、半定量化的研究水平,但仍不能完整地认识地球,传统地学面临着挑战。用系统的、多要素相互联系、相互作用的观点去研究、认识地球,越来越为有识之士所倡导。于是,美国国家航天局(NASA)于1983年最早提出了地球系统科学的概念。在20世纪80年代中期,特别是以美国地球系统科学委员会(Earth System Science Committee)1988年出版的《地球系统科学》一书为标志的"地球系统科学"思想和概念被明确提出。地球系统科学是把地球看成一个由相互作用的地核、地幔、岩石圈、水圈、大气圈、生物圈和人类社会等组成部分构成的统一系统,是一门重点研究地球各组成部分之间相互作用的科学。研究目的是了解地球系统所涉及的过程,各组成部分之间的联系和相互作用,维持充足的自然资源供给,减轻地质灾害,调节全球环境变化并使危害降到最小,获取在全球尺度上对整个地球系统的科学理解。1990年以来,这一观点逐渐成为地学界的共识,美国、英国、日本等国纷纷制订相关计划,更促使这一学科蓬勃发展起来。美国已有22所大学将地球系统科学教育纳入课程之内,联合国的《21世纪议程》更将地球科学作为可持续发展战略的科学基础之一。英国自然环境研究委员会(NERC)于2002年12月提出了一项地球系统科学研究计划——量化并理解地球系统(QUEST)计划,并于2004年7月发布了该计划的科学计划和实施计划,其主要目标是提高对地球系统中大尺度过程及其相互作用的定性和定量理解,特别关注大气、海洋、陆地中的生物、物理和化学过程之间的相互作用,以及人类活动与它们之间的复杂关系。

海洋科学即研究海洋的自然现象、性质及其变化规律,以及与开发利用海洋有关的知识体系。它的研究对象是占地球表面71%的海洋,包括海水、溶解和悬浮于海水中的物质、生活于海洋中的生物、海底沉积和海底岩石圈,以及海面上的大气边界层和河口海岸带。因此,海洋科学是地球科学的重要组成部分,它与物理学、化学、生物学、地质学及大气科学、水文科学等密切相关。按照海洋中发生的自然过程,大体上可分为物理过程、化学过程、地质过程和生物过程4类,每一类又是由许多个别过程组成的系统。对这4类过程的研究,相应地形成了海洋科学中相对独立的4个基础分支学科:海洋物理学、海洋化学、海洋地质学和海洋生物学。从以上学科的定义和隶属关系上可以看出,海洋科学是地球系统科学中极其重要和不可或缺的一个重要组成部分。因此,加强海洋科学的研究,不仅对于提高我国海洋地质学和地球动力学研究水平有着深远的科学意义,而且对于我国长远能源供给和捍卫领海资源有巨大的经济与战略意义。在社会需求这一强大推动力的作用下,21世纪海洋科学必然会呈现出加速发展的势头,我校正是基于此才决定创办并大力扶持和发展海洋科学专业。

我校海洋科学专业依托于地质学和地质资源与工程两个一级学科,具有鲜明的地学特色,在海洋地质、海洋资源勘探和海洋化学等领域的理论研究和教学方面形成了相对优势,为首批入选国家海洋局和教育部联合办学的高校之一;师资力量雄厚,拥有以楚天学者为带头人的教学团队;实验条件一流,具有门类齐全的教学实验室和海洋地质资源湖北省重点实验室,校外产学研教学实践基地3个;专业定位准确,强调精英式培养,已毕业本科生中有2/3以上进入研究生阶段学习。2018年成功获得湖北省优秀教学成果一等奖1项。

2. 发挥高层次人才引领作用,构建海洋科学专业精英化人才培养模式

海洋科学学科覆盖面比较广,海洋科学的发展首先是以我校的传统优势学科为基础在某些二级学科方向确定主要发展方向的,然后再带动其余二级学科的发展。我校在海洋地质、地球物理和海洋化学等领域发展迅速,为海洋科学专业的发展奠定了基础。我校海洋科学专业的办学要凭借我校的这些学科和专业优势,以海洋地质与资源为今后一段时期专业办学的主要方向,在积累丰富的办学经验并办出特色之后再逐步向海洋科学的其他领域延伸和覆盖。目前,我校海洋科学专业正通过与海洋其他分支学科的融合,形成既可全面体现海洋科学学科体系、又充分依托我校海洋地学优势并突出海洋地学特色的发展局面。主要研究方向和特色:①海洋地质与海底资源,南海海洋地质、深水油气勘探、海洋沉积学等;②海洋天然气水合物,天然气水合物地质背景的沉积物识别综合标志、海底环境的流体-水合物实验系统和保真开采技术系统等;③海洋矿产资源勘探与评价、钴结壳资源动态评价、海洋地理信息系统与海岸带国土资源调查;④大陆边缘盆地动力学;⑤海洋环境与地球化学,海洋元素分析测试新技术研究、海洋元素富集机制与成矿规律研究和海洋元素在生命过程中的作用与全球变化等。这些方向覆盖了海洋地质领域的主要研究内容,在理论研究上属于国际前沿,在应用开发上极具价值,对于我国长远能源供给和捍卫领海资源有巨大的经济和战略意义。

1999年以来,随着各高等院校逐年扩招,至2010年我国高等教育入学率达到25%,高等教育由"精英教育"转向"大众教育",为提高全民素质起到了重要作用。但是高等教育还担负着培养高精尖人才的使命。我国正在实施海洋强国战略,急需大量的海洋科学高级专门人才,因此,经过高层次人才高屋建瓴,敏锐把握住了专业建设契机,从2003年开始创办海洋科学专业之初,就把培养拔尖创新人才作为人才培养的主要目标。在办学过程中,注重国家、社会发展的需要和人才培养规律,结合学校"重基础、重创新、强实践、强综合素质"的人才培养要求,科学合理地制定专业培养目标,明确突出"创新能力"的高级专门人才的培养规格,以菁英班建设为抓手,努力推进以精英教育为特征的研究型教学,完善课程体系,丰富教学资源,为学生的自主学习与发展提供更大的空间,为本校和国内科研院所提供优质研究生生源。

3. 以高层次人才搭建的高水平科研平台为依托,科教协同育人取得实效

依托资源勘查工程等地球科学学科专业来发展我校的海洋科学专业是我们学科专业发展和建设的重要战略。但是地球科学不能代替海洋科学,海洋科学包括了海洋地质、海洋化学、海洋物理、海洋生物和海洋技术5个二级学科,而且在应用领域还有军事海洋学、资源海洋学等一系列分支专业和学科。办好海洋专业需要加强育人的"软件"环境建设,同时育人的

"硬件"环境建设也是至关重要的。近期育人的"硬件"环境建设主要应该抓好以下几个方面：

(1) 以海洋地质资源湖北省重点实验室为依托，强化专业课教学和现场研究能力的建设，完善硬件设备，结合国家需求和学科发展的前沿，建立先进的专业研究实验室和联合办学基地。

(2) 建立了一支学科结构基本合理、以高层次人才为核心的年富力强的教师队伍。高层次学术带头人和高层次教师的引进显得尤为重要，加强年轻教师的进修和培养也是当务之急。

(3) 课程体系建设是高水平人才培养的基本保障，课程体系的构建决定了海洋科学专业培养学生的知识结构以及综合素质的培养，也决定了我校海洋科学专业的特色。我校海洋科学专业课程体系建设的宗旨是构建基于培养自主型、创新型人才的地质-资源特色海洋科学专业的课程体系。

4. 高层次人才言传身教，课程思政效果显著

海洋科学类专业培养过程中实行导师制，为每名本科生配备导师，以打造研究生预科班为目标，培养一批基础扎实、专业精深的海洋地质与资源特色鲜明的一流本科人才。在培养过程中，为学生配备一流的师资，创造一流的学习条件，提供国际交流和科研训练的机会。学生从入学开始，就安排专业教师作为导师进行专业指导，使得学生在通识教育阶段就能较早地接触专业、了解专业，较早地进入专业感知阶段。同时鼓励本科生参加学术研究，给学生提供参与学术研究的机会和资助。通过以课程为基础的实践指导、课外科研项目的研究体验和实际参加指导老师科研项目的实践等不同层次的科研训练提高学生的学术研究兴趣和创新能力的培养，取得了良好效果，受到了国内外海洋领域高水平大学和研究院所的高度肯定，为国家培养了一批海洋精英人才。

鉴于海洋专业是一个实践性很强的学科，在专业创办和建设过程中，特别注意野外实习实践教学建设，以高层次人才为代表的教师利用自身深厚的专业功底和精深的学术水平，多次前往北戴河地区发掘涉海地质路线，编写出版了《北戴河地区海洋地质认识实习指导书》，开拓了整班建制的舟山海上联合实习，并以科研合作为纽带，不断加强与国内相关涉海单位的合作，共同建设实践教学基地。目前已与自然资源部第二海洋研究所、自然资源部第三海洋研究所、海南省海洋地质调查局联合设立了教学实践基地。

同时，为深入贯彻落实全国教育大会精神，弘扬"严在地大"优良校风学风，立足研究型学院建设与发展，拓展本科生国际视野，提升国际理解能力，按照"分层级、多导向、重基础、厚专业"原则，组织实施"一流本科"海外实习实践计划。目前已经推出海洋留学项目、海洋优才项目、海洋卓越项目、海洋新星项目、海洋英语项目等6个项目。与波兰什切青大学签订了学生互访协议，联合培养海洋专业学生(图5-21)。

总体而言，我校海洋科学专业自2003年在资源勘查工程专业基础上，以海洋地质与资源方向开始本科招生，到2011年海洋科学一级学科博士授权点获批，构建了海洋地质资源特色鲜明的"本科—硕士—博士—博士后"完整人才培养体系。从2016年海洋学院的成立到2018

图 5-21　2019 年与波兰什切青大学签署交换生协议

年海洋工程与技术专业的开设再到 2019 年海洋科学获批首批国家级一流专业，经过 10 多年的专业建设，虽然取得了一定的成绩，但按照海洋强国战略所需海洋人才的需求，在目前众多高校纷纷创办海洋科学专业的大环境下，必须增强时不我待的紧迫感和忧患意识，以国家级一流专业获批为契机，总结经验，坚持问题导向，不断深化和完善海洋科学专业"三融合"人才培养模式，为海洋强国战略实施提供高水平海洋地学人才支撑。

第六章　高层次人才在空间信息与数字技术专业建设与本科人才培养中的引领作用

自 2003 年以来,中国地质大学(武汉)依托学校地学优势学科在信息技术交叉领域布局构建了地质信息技术方向的"本科—硕士—博士"完整人才培养体系,包括地质资源与地质工程下设的地学信息工程二级博士点(2003)、硕士点(2003)和新开办的空间信息与数字技术本科专业(2014)。这样一个"本科—硕士—博士"人才培养体系是在我校传统优势学科地质资源与地质工程基础上结合我校在地质信息技术交叉领域的特色工作延伸出来的新的学科生长点,服务于新时期国家地矿工作信息化的重大需求。这项工作的规划和实施是在以国家有突出贡献的专家、全国优秀教师吴冲龙教授为首的教学科研团队长期探索的基础上推进实现的,形成了由国家级人才、湖北省教学名师、二级教授、湖北省杰出青年基金获得者、武汉市"3551"人才等高层次人才组成的教学团队。空间信息与数字技术本科专业(简称空信专业)的成功开办,从专业建设主导思想形成,到教学培养模式改革,再到教学质量保障等的专业教育教学体系构建,均体现了高层次人才的核心和引领作用。

第一节　高层次人才引领下空间信息与数字技术专业的创立与发展

一、高层次人才提出专业创办的指导思想

专业的设立和建设需要服务国家和社会发展目标,否则就失去专业建设的根基和意义,因此,如何清晰地认识到专业建设的前沿目标和发展路径是其中的关键。空间信息与数字技术专业的创办和建设,是学科带头人吴冲龙教授及其带领的团队在地质信息技术领域 20 余年研究和服务社会的工作积累基础上提出的,有着深刻的学科背景和系统严谨的专业建设思想支撑,是在长期从事地矿工作信息化方法论和关键技术研究、服务国家战略基础上

逐渐形成的。

地质矿产资源勘查、开发及地球科学领域各专业的工作过程，从本质上讲都是信息的获取、处理、解释和应用的过程，其各个工作环节都涉及海量数据资料的采集、管理、处理与决策。随着知识经济时代的到来，人类社会正朝着信息化方向大步迈进，我国国土资源勘查、管理与开发工作的传统方式面临着新的挑战。在信息资源已经成为与物质资源同等重要的今天，人们迫切需要利用现代信息技术来实现国土资源信息的采集、传输、存储、处理和服务的数字化、网络化、可视化和智能化，全面提升国土资源工作的效率，实时地为政府决策和社会应用提供信息服务。因此，地矿信息科技学科的出现和发展，是地矿科技和信息科技结合的必然结果，适应地矿工作数字化、信息化、现代化的需求。国家对地矿工作信息化的需求，也对适用人才培养提出了强烈的需求。全国优秀教师吴冲龙教授在国家需求分析、交叉学科建设、人才培养目标方面进行了长期的思考和探索，基于对地质信息科学学科内涵和发展现状的分析，在国内首先提出创办面向地质信息技术复合型人才培养的空间信息与数字技术专业，构建完整的地质信息技术人才培养体系。

(一) 专业建设的国家需求分析

我国"地矿勘查工作信息化"的概念是在20世纪80年代中期作为对"国家经济信息化"规划的响应而被提出来的。自从国外提出"数字地球"以来，我国的地矿工作信息化工程便被纳入"数字中国"和"数字国土"工程。

从国内外地矿工作领域信息技术的应用状况及其所带来的影响角度看，地矿勘查工作信息化是指采用信息系统对传统的地矿勘查工作主流程进行充分改造，实现全程计算机辅助化，数据在各道工序间流转顺畅、充分共享。根据这一理解，地矿勘查工作信息化基本标志应当是在基层勘查单位建立了以主题式地矿点源数据库（包括空间数据库和属性数据库）为基础的共用数据平台，有效地避免了系统内的数据冗余；利用信息系统对地矿工作主流程进行充分改造，实现了从野外数据采集到室内综合整理和编图，再从成果保存、管理、使用到资源评价、预测的全程计算机辅助化；在地矿信息系统中实现了"多S"软件集成、数据集成和应用集成，各部分相互衔接、数据流转顺畅、充分共享。显然，地矿勘查工作信息化有巨大的现实和理论意义。

(1) 地矿勘查的信息化需求。如前所述，地矿勘查工作的内容包括从野外数据采集到室内数据综合整理、数据管理、数据处理、图件编绘、成果分析与解释、资源预测与评价，再到工作成果保存、管理、使用和出版印刷，甚至资源勘查开发工作的科学管理与决策等。这些工作历来靠手工作业完成，不仅效率低下，质量缺乏保障，而且保存、管理、使用十分困难。改变这一状况的最佳途径就是全面采用信息技术，逐步实现地质矿产勘查工作的信息化。近年来，与地矿勘查相关的信息技术发展十分迅速。这些技术涉及计算机应用和信息系统领域的诸多分支学科：①地矿数据管理技术，主要包括数据采集技术、关系数据库技术、空间数据库（图形库）技术和信息发送服务技术；②地矿信息处理技术，主要包括日常数据分析技术、储量计算、资源勘查评价技术、勘查图件机助编制及多维图示技术；③资源预测评价技术，主要包括

二、空间信息与数字技术专业创办与创新发展

1. 创办空间信息与数字技术新专业，建立了"本—硕—博"完整人才培养体系

从1994年起，依托资源勘查工程专业、工科基地班等我校资源学院国土资源信息系统研究所曾经试办过5期"地矿信息科技"试点本科专业方向，培养出30余名这方面的本科生，受到用人单位的欢迎，部分人才留校成为了本专业方向的骨干教师，部分人才进入相关地矿部门的信息技术机构（中国地质调查局、自然资源部信息中心等）成为了本方向的管理专家。随后经教育部批准，我院又于2003年先在全国地质资源与地质工程一级学科下，自设了地学信息工程二级学科博士点和硕士点。该学科的培养目标是：培养从事地质矿产信息化工程技术的研发和应用的，既懂地质又懂信息技术的高级专业化人才，服务于国家"数字国土"工程、"数字地球"工程和地矿工作信息化工程建设的实际需要。

为了办好地学信息工程博士点和硕士点，同时为创办地学信息科技本科专业打下基础，需要培养一支高水平的师资队伍，同时还要加强办学环境条件的建设。

由于地矿信息科技学科是一门高新技术学科，师资队伍应当以掌握前沿技术的年轻骨干人才为主体，具有合理的年龄结构、学历结构、知识结构和职称结构。开展本领域学科建设，一方面为全校开出多门高水平地矿信息科技方面的课程，另一方面努力提高师资水平并培养出更多的地学信息工程的博士和硕士，同时为创建地矿信息科技本科专业做好各种准备。

因此，地矿勘查信息化和地矿信息科技学科的兴起，是地矿勘查技术与信息技术结合的必然结果，也是地球信息学、地球信息科学和地理信息科学兴起和发展所推动的结果，代表了新世纪地质学和地矿勘查科学技术的发展趋势。地矿勘查信息化既是实现"数字地调""数字勘查""数字勘察""数字矿山""数字油田""数字煤田"和"数字国土"的基础，也是地质学定量化的基础。为了推进地矿勘查工作信息化，加快地质学定量化进程，应当在重视并加强地矿勘查工作信息化的理论研究和技术开发的同时，不失时机地创办这一新的本科专业，并加紧进行地矿信息科技学科体系建设、专业建设和复合型人才培养。

当前信息化已成为国家目标，地质矿产领域信息化工作也蓬勃发展，逐渐深入到各个方面。国家对于地质信息技术复合创新人才需求急迫。《国土资源信息化"十三五"规划》中指出：建立人才激励机制，培养具有计算机技术、土地和矿产资源管理、地理信息系统、大数据分析、信息安全等多学科知识的跨界复合型人才，建设一支规模适当、结构合理、符合不同层次需要的高素质、专业化的信息化管理和技术服务队伍。地质信息技术复合创新型人才，其内涵是掌握计算机技术、信息技术和地质科学知识的有机交叉复合型人才，服务于国家地矿工作信息化建设。目前国内外在本领域人才培养上还没有成熟的先例和教学体系。

综上所述，由吴冲龙教授领导的教学团队在30多年从事地矿工作信息化方法研究和地质信息系统研发的基础上，于2005年提出了地质信息科学理论框架与方法技术体系，为本专业人才的培养明确了学科基础，为地质信息技术复合型人才培养明确了指导思想。2009年，按照学校学科调整的需要，在资源学院和计算机学院领导班子的支持下地质信息技术教学团

队整体调动到我校计算机学院,在近20年开展地质信息科技复合型人才培养试点的基础上,于2010年正式开办本方向的本科实验班,并于2014年正式开办空间信息与数字技术本科专业,实现了地质信息科技复合型人才培养的"本—硕—博"培养体系的构建,并取得了创新发展,成效显著。

2. 依托地学优势学科,构建了空信专业特色培养目标和培养体系

我校是一所以地学为特色的综合性大学,空间信息与数字技术专业一方面能够充分发挥中国地质大学的特色和优势,借助与本专业方向密切相关的地质资源与地质工程、地质学这两个一级学科的强大支撑作用,发挥重点学科在复合人才培养方面的优势;另一方面,目前该专业归属于计算机科学与技术一级学科,计算机为地质工作服务是计算机应用人才培养的一个重要方面。

我校开办的空间信息与数字技术专业,侧重于地质空间信息机理研究及地矿工作信息化的软件技术开发,为基础地质调查、矿产地质勘查和工程地质勘察各领域的信息化服务,专业的理论基础是计算机科学、软件工程学、地质勘查学与地质信息科学,技术体系是"多S"与"多S集成",研究对象是地表及以下的地质体、地质结构、地质环境和矿产资源,研究内容是三维地质空间信息及其采集、管理、建模、处理、评价与决策技术,培养目标是计算机科学技术与地质科学技术复合的地质技术开发与应用人才。

第二节 高层次人才引领下复合型人才培养模式的探索与成效

专业建设的过程是落实办学目标的过程,其核心问题是需要解决人才培养目标和培养措施的过程,具体包括人才培养类型定位、配套的专业培养方案制订(知识结构设计、课程体系设计)、教学体系建设(教材建设、教学方法设计、实践教学方法等)方面,并需要配套形成完整体系。我校空间信息与数字技术专业从2010年开办就将办学目标确定为培养地质信息技术复合型创新人才,此前并没有现行的完整人才培养体系可供参照。在专业负责人吴冲龙教授的带领下,形成了以湖北省教学名师、二级教授、省级高层次人才等高层次人才组成的教学团队,努力探索和开拓复合型创新人才培养模式,并落实于新办专业的各个阶段,在新型培养方案设计、新型核心教材建设、实践教学方法创新等方面取得了系列进展。

一、复合型地质信息技术人才培养面临的挑战

1. 复合型地质信息技术人才培养的目标与定位

人才模式的构建需要明确解决两个基本问题,即"培养什么样的人(培养目标)"和"怎样培养人(培养路径)"。长期以来从事信息化工作的人员大多是半路出家,分别从信息技术类

专业或者地质勘探学领域转入,需要相当长的时间进行交叉领域知识的学习和融合才能自主地开展行业信息化工作,严重影响了地矿工作信息化的快速和深入发展。经过广泛的调研和分析,我们发现在地矿信息化工作中需要两种复合型人才,一种是地质信息技术应用人才,另一种是地质信息技术研发人才。前一种是掌握了较深广地质知识和一定信息科技应用技能的复合型专业人才;后一种是掌握了较高信息科技开发技能和一定地质知识的复合型专业人才。针对行业实际人才需求和自身的工作基础,我们定位于培养后一种"应用开发型"复合型人才,侧重于地质信息科学与技术研究及地矿工作信息化的支撑软件技术开发与应用,在本科阶段实现信息技术与地质知识的深度融合,具备为地矿领域信息化服务的基础知识结构和技术能力。这样一种复合型人才,能够补缺行业有关部门的关键岗位人才急需,同时我们已有的理论和技术基础能够支撑整个教学过程的实施。

2. 专业教学中需要解决的主要问题

基于培养目标与定位,需要进一步构建合理的专业培养方案和教学体系,其中培养方案设计需要确定复合型人才的知识结构和教学课程体系,而教学体系建设包括针对性教学方法的改进和实践教学体系构建。因此,实际教学中所需要解决的主要问题如下。

(1)知识结构与课程体系设计。需要解决的关键问题是地学领域知识和信息技术"两张皮"的问题。依据前期的行业调研、科研工作基础和用人单位需求,需要确定合理的知识结构,然后针对性地设计课程体系,并在教学过程中不断进行优化。若存在教材的缺失,还需要开展针对性的教材建设。

(2)教学方法的改进。这方面需要解决的关键问题是如何提升学生解决领域问题的能力。地质信息技术的应用要求学生具有很强的计算机系统开发能力和实际动手能力,除了课程的实训环节,还需要在教学方法上给出针对性的方案,解决理论教学与系统开发和应用实践之间存在鸿沟的问题。

(3)实践教学体系的构建。关键问题是搭建起学生开展开发和应用实践训练的软硬件平台。实践能力的训练是一个循序渐进的过程,依据学生的认知规律对应地需要设计渐次提升的一体化实践教学体系,解决专业实践教学与生产实际脱节、不连贯的问题。

二、复合型地质信息技术人才培养的解决方案与措施

针对专业教学中的关键问题,高层次人才为核心的专业建设团队进行了密切的配合和分工,开展了具有创新性和探索性的系统化工作。

(1)全国优秀教师、地质信息技术学科带头人吴冲龙教授提出总体指导思想,依据长期的教学实践提出了"学科基础课—专业主干课—专业核心课的课程体系"培养方案结构,并在有限学时内具体优化设计了满足专业教学的地质类、空间信息类课程体系。

(2)中国地质学会青年地质科技奖"金锤奖"获得者刘刚教授具体组织实施培养方案的编制,并提出了基于知识结构树的课程体系优化方法。

(3)博士生导师张冬梅教授提出了"多层次"实践教学体系,武汉"3551"人才计划入选者张夏林教授负责实验平台架构设计,具体负责实施"真实案例教学+模拟项目教学"的教学方法。

(4)湖北省教学名师戴光明教授负责专业计算机基础课程体系的设计和教学。

(5)全部教授和高层次人才均直接参与专业的课程教学和实践教学,并开展新型专业教材的编写,满足教学急需。专业创办人吴冲龙教授、湖北省杰出青年基金获得者田宜平教授负责了专业核心教材的编写。

采取的具体解决方案包括如下几个方面。

1. 基于知识结构树的课程体系设置

地质信息技术复合型人才的难点在于如何切实实现地质学知识和信息技术的融合。按照专业培养思路,基于知识结构树的课程体系研究与配置,实现统一规划。在主干课程设置中包括计算机技术、空间信息技术、地质学与资源勘查学和地学信息技术 4 个有机部分,在夯实计算机信息技术与地质学理论基础的同时,突出地质信息技术应用特色。按照自上而下的专业课程体系建设思路,设置地质信息系统、地学三维可视化与过程模拟为专业核心课程,以体现专业理论体系和专业特色,同时避免专业知识的碎片化。课程体系设置如图 6-3 所示。这里知识结构树是指课程体系由通识课、学科(专业)基础课、专业主干课组成,而少数核心课程处于顶端,从课程数量上形成了一个类似树形的结构。专业课程模块组成如图 6-4 所示。

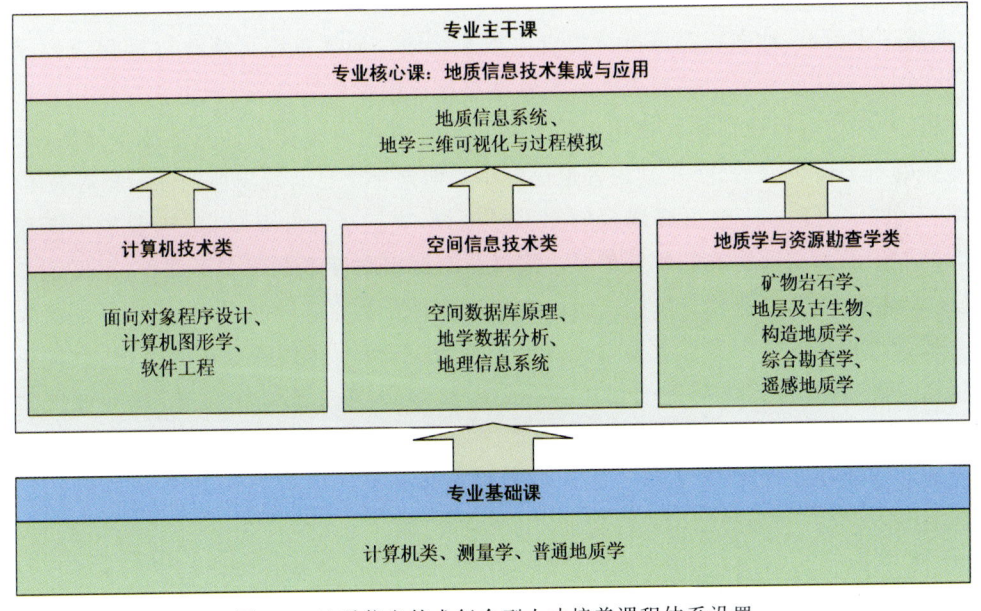

图 6-3 地质信息技术复合型人才培养课程体系设置

(1)围绕地质信息系统核心课程,本专业开设了空间数据库原理、地理信息系统、地学三维可视化与过程模拟、空间建模与数据分析和遥感地质学,以及计算机类、地质类系列课程,这些课程分别从数据管理、建模、可视化等不同角度对地质信息处理过程进行讲解和剖析,在上述课程必要知识学习的基础上,进一步从理论上加以拔高、提升和融合,帮助学生建立起完整的地质信息系统的技术方法与知识体系。

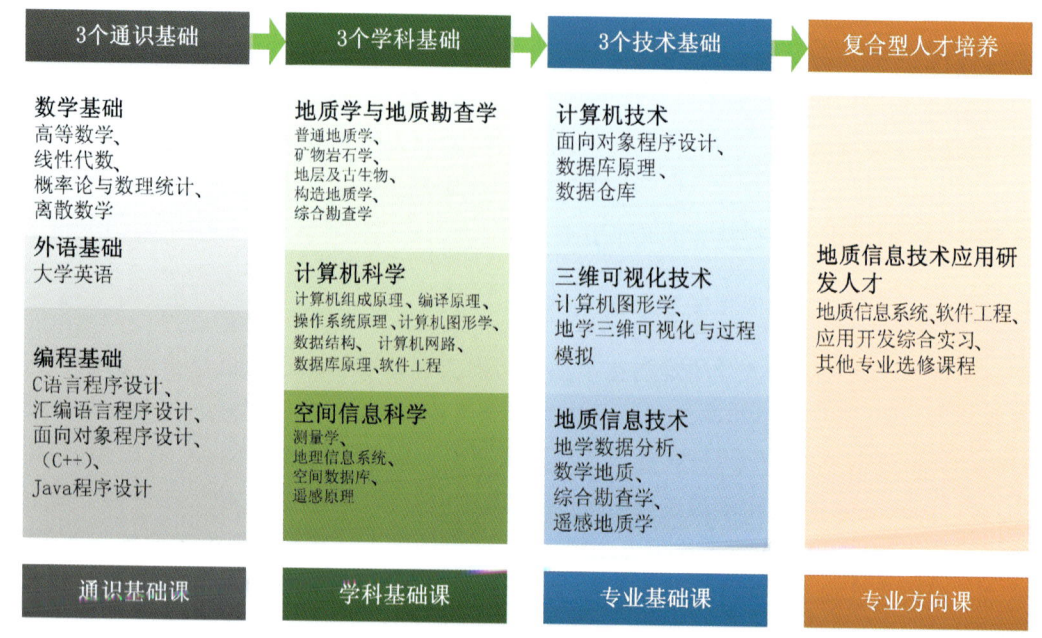

图 6-4　空间信息与数字技术专业课程模块

(2)地质信息科学的技术体系由地质数据采集、地质数据管理、地质数据处理、地质图件编绘、地质过程模拟、地质资源评价及集成化技术组成。地学三维可视化与过程模拟课程强调可视化理论与技术和复杂的地质体建模及地质过程模拟相结合,让学生掌握地质数据的可视化分析、可视化过程模拟和可视化决策支持技术。对应于地质信息科学技术体系,该课程为本专业的重要特色课程之一,其内容也反映了当前地质信息系统发展的前沿核心技术。

图 6-5 展示的是本专业主要课程的知识结构树,表达了专业基础课、专业主干课和专业核心课的骨干结构与课程间的相互关系。围绕核心课程来设置专业主干课程,既保证学科面宽,又要求基础扎实,专业特色鲜明。因此在拓宽学科专业面的同时,势必需要增加课程的门类数。教学过程中从各门课程重要知识点的层面,进行深入细致的分析研究,构建优化的知识结构树,确定各门课程之间的衔接关系和先后次序,避免不必要的重复;统一部署实践内容,统筹兼顾,注意实践内容的层次,避免课程间实践内容的重叠。通过基于知识结构树的知识点关系表达和优化调整,可形成合理和科学的专业知识结构图,促进知识的掌握和交叉融合,达到优化教学内容和教学过程的目的。

2. 制订层叠递进、能力培养不间断的教学计划

规划了基于专业核心课程的专业课程结构及主要实践性教学环节,制订和优化了空间信息与数字技术专业课程教学计划表。基本指导思想是进一步削枝强干,理顺课程体系,完善课程平台建设,在该方案制订中更加突出专业核心课程;加大课程重组与整合的力度,增设学科前沿性和综合性课程,形成适应空间信息与数字技术人才培养要求的新课程体系。最新修

第六章 高层次人才在空间信息与数字技术专业建设与本科人才培养中的引领作用 · 199 ·

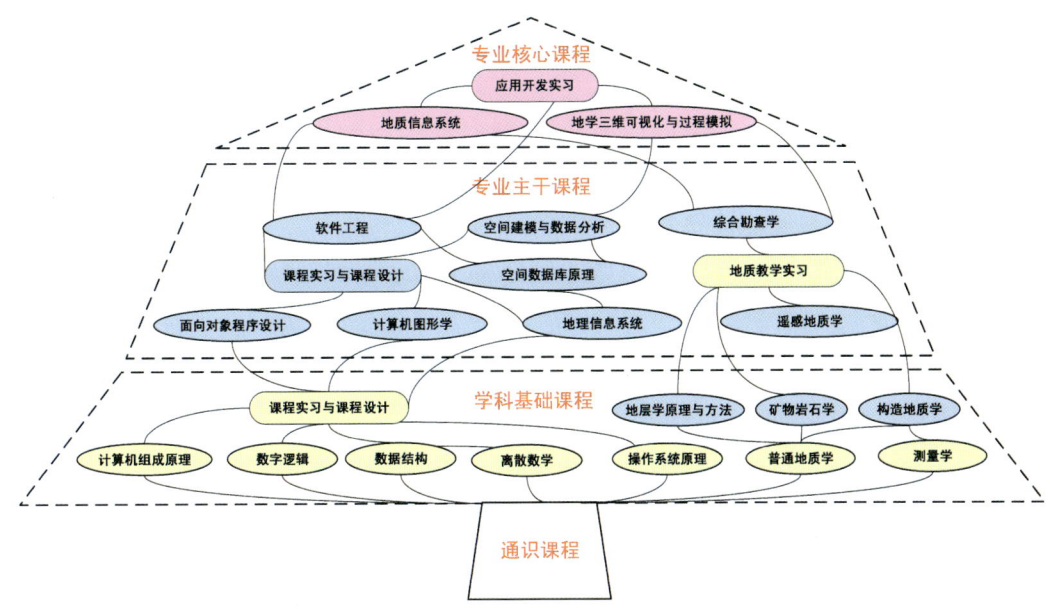

图 6-5 含主要课程和实践环节的专业知识结构树

订的空间信息与数字技术专业教学计划按照"传承宽口径、厚基础""强化专业核心课程建设""强化实践""加强系统能力培养"的原则,在进行广泛、充分调研的基础上,对培养方案进行了优化调整。修订的教学计划使课程配置和课程的课时数更合理,课程的先后顺序衔接更符合教学要求,实践环节在每个学期都有,并且形成一种递进层叠、不间断的体系,如课程实验—课程设计—软件综合实习—应用开发实习体系。

3. 基于知识点的培养计划优化方法

对于新专业的初始培养计划,一个共性问题是容易产生课程之间的知识重复教学以及课程先后衔接不合理的问题。我们采用"课程—知识单元—知识点"重复检查的方法来进行培养计划的优化。表 6-1 说明的是各门课程需要给出的基本数据,可以按章节进行组织。

表 6-1 课程知识单元和知识点数据采集项及说明

课程名称	课程名称数据说明:课程名按专业教学计划中的名称填写,此行只在第一个单元格填写数据	
先修课程名称1	先修课程名称2 等	先修课程名称说明:此行填写本课程对应的先修课程名称,每个单元格只填一门课程名称,数量依实际情况确定

续表 6-1

课程名称	课程名称数据说明：课程名按专业教学计划中的名称填写，此行只在第一个单元格填写数据	
知识单元 1	知识单元数据说明：此行第一单元格填写知识单元名称，通常就是章标题。（注意填写实质内容名称，诸如"绪论"之类不要）	
知识点 11	知识点 12 等	知识点数据说明：此行填写对应知识单元中所包含的关键知识点。一个单元格填写一个知识点，知识点名称应按标准的学术语言表达，便于统计分析。数量不限，根据实际情况列出
知识单元 2		
知识点 21	知识点 22 等	
……		
……	……	……
知识单元 n		
知识点 n 1	知识点 n 2 等	

利用 R 语言开发了课程重复知识点检查软件，可以提供课程优化的细粒度基础参考。图 6-6 展示的是主要专业课程的分析结果，可以看到不同类型课程之间和同类型课程之间出现重复的知识点，用于课程先后顺序排列和教学过程参考。

围绕核心课程来设置专业主干课程，既保证学科面宽，又要求基础扎实，专业特色鲜明。因此在拓宽学科专业面的同时，势必需要增加课程的门类数。教学过程中从各门课程重要知识点的层面，进行深入细致的分析研究，构建优化的知识结构树，确定各门课程之间的衔接关系和先后次序，避免不必要的重复；统一部署实践内容，统筹兼顾，注意实践内容的层次，避免课程间实践内容的重叠。通过基于知识结构树的知识点关系表达和优化调整，可形成合理和科学的专业知识结构图，促进知识的掌握和交叉融合，达到优化教学内容和教学过程的目的。

4. 基于软件工程和项目工程管理思想，构建专业适用教学方法

为提高学生计算机应用和信息系统开发动手能力，以课程组的形式开展相关教学方法研究。基于软件工程和项目工程管理思想，研究和实施"真实案例教学＋模拟项目教学"的新教学模式，切实提高学生的知识理解和实际动手实践能力与系统开发应用水平。

（1）课堂教学采用"真实案例教学法"。结合教学团队在地矿领域的 8 大应用系统，课堂教学采用真实案例教学法，引入典型的实际应用系统案例，贯穿所有知识点。具体而言，以一条红线贯穿多个实际案例的形式，课堂中讲述的知识点都通过案例体现出来。

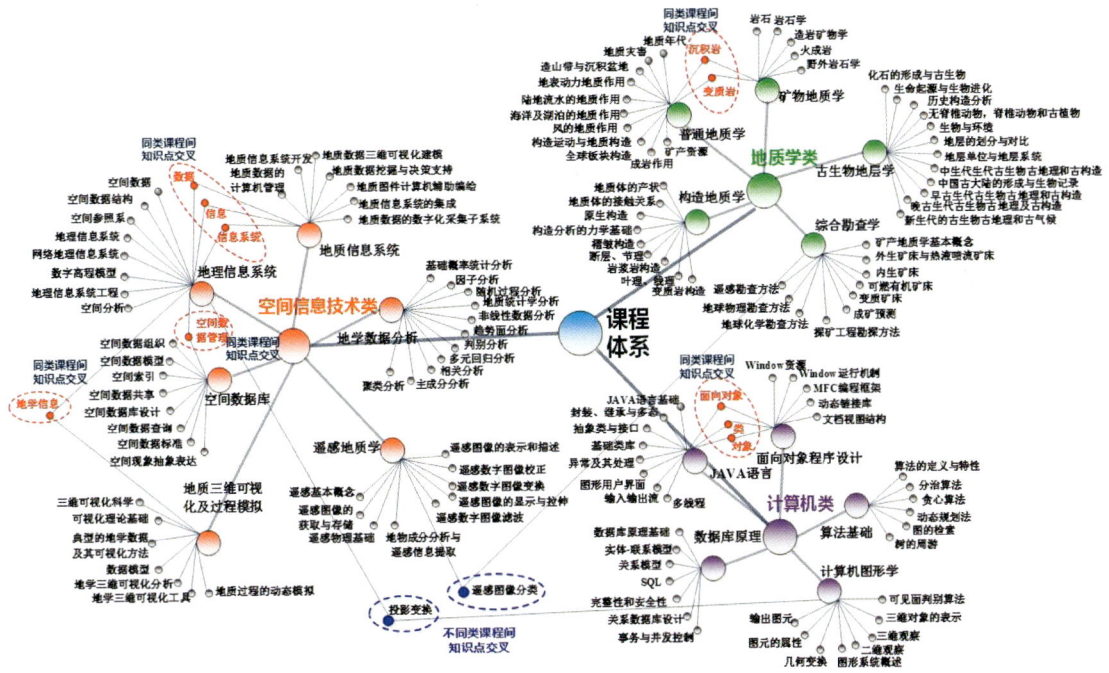

图 6-6　课程知识单元和知识点的重复检查方法

（2）实验教学采用"模拟项目教学法"。改革课程实习环节，应用开发实习以项目小组的形式模拟开发进行实战演练。老师扮演甲方角色，学生扮演乙方角色，通过逼真项目的开发过程模拟，完成学生今后承担实际项目能力的培训。所布置的项目针对地质行业背景，有行业代表性。

5. 强化实践，构建多层次的实践教学体系

强化核心课程和专业特色课程，突出能力培养型课程。专业的实践教学主要包括平时专业课程实验、课程设计、应用开发实习、野外实习、企业实习及毕业设计等。为培养学生的独立解决问题能力和工程思维能力，基于 CDIO 模式将各类实习有机融合，构筑了"多层次、多结合、多渠道、一平台"的实践教学体系，并逐步完善。"多层次"即针对不同年级的学生开展不同类型的项目设计；"多结合"即课内外结合和校内外结合；"多渠道"即课内渠道和课外渠道，打破单一的课内实验教学的传统模式，将学生课外渠道的科技实践活动也纳入人才培养体系之中；"一平台"即建立统一的实践教学平台，将课程之间、项目之间有机地结合，加强系统性和整体性。采取项目引导的实验教学思路，采用教学团队自主研发的 QuantyView 二维、三维教学版实验平台，开设以综合性、设计性实验为主的实验教学思路，使学生通过实训能得到真刀真枪的锻炼。空间信息与数字技术专业的实践教学体系总体设计架构如图 6-7 所示，实践教学的层次体系结构如图 6-8 所示。

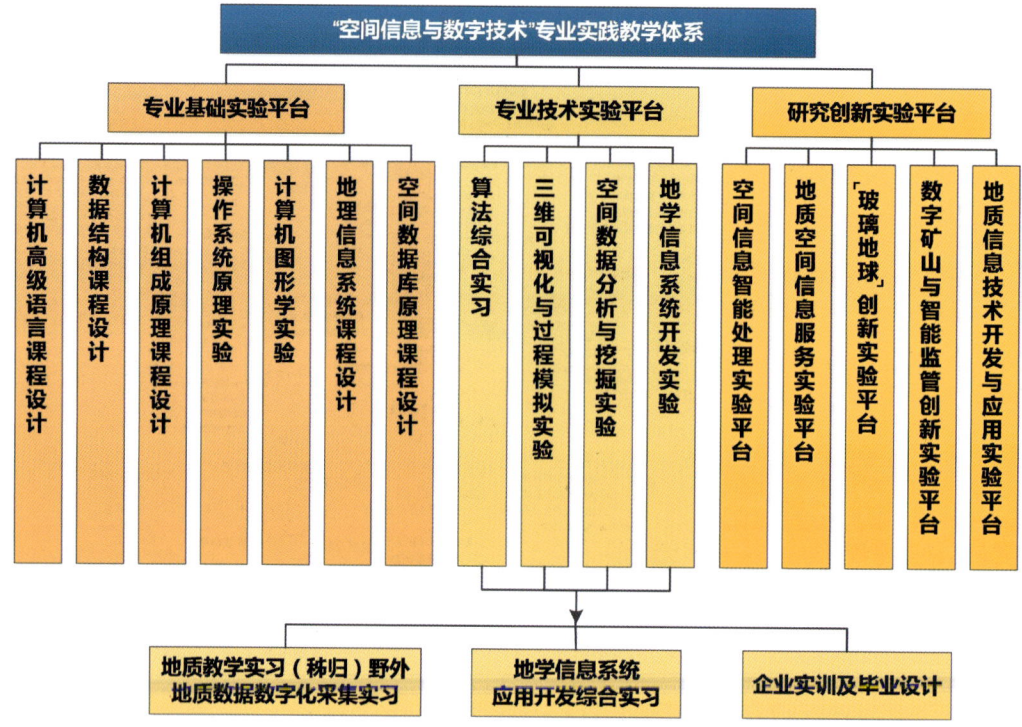

图 6-7 空间信息与数字技术专业的实践教学体系总体设置

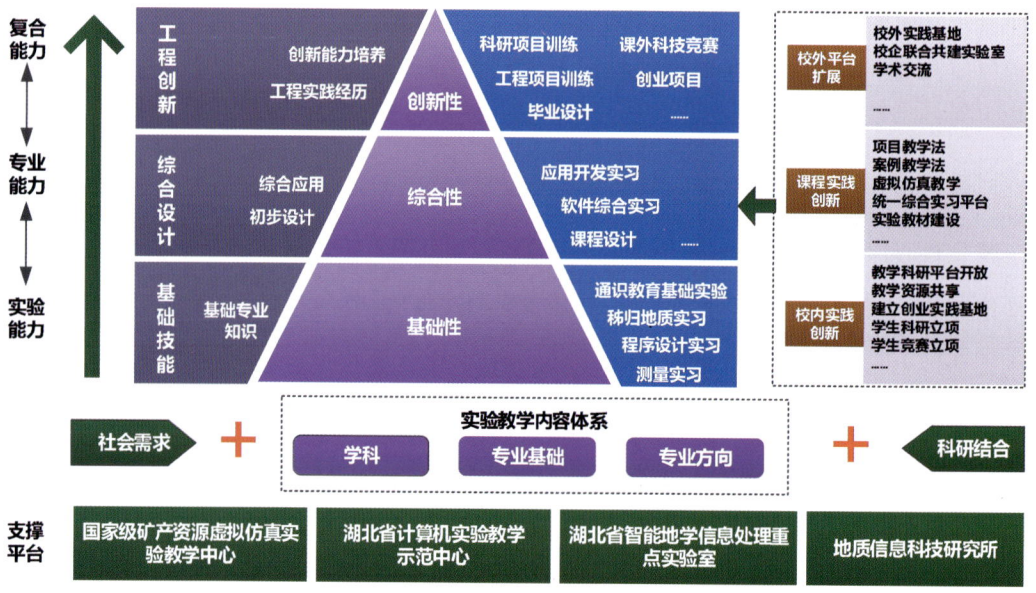

图 6-8 面向复合型人才培养的实践教学体系结构

6. 基于导师制和特色学科竞赛，加强学生工程实践与创新能力培养

注重学生的思想、理论、科研与实践能力的全方位培养，实行辅导员＋校内导师＋校外导师的多导师制度。辅导员主要负责思想教育，校内导师主要负责专业理论指导，校外导师主要负责科研、实践环节指导。本科生参加研究工作是创新人才培养的重要环节，对于激发学生的创新意识、创新思维，培养他们的动手能力和锻炼创新意志都起着非常重要的作用。通过实施本科生导师制，让低年级学生有机会在教师指导下从事一些科研活动，有目的有计划地对他们进行系统的科研训练。基于全国仿真大赛等学科竞赛，让学生更多地接触科研实践活动，在有计划的科研活动中对学生创新能力的进行培养。

7. 加强校企合作，建立面向地质工作主流程的联合培养机制

为了加强和校外企业的联系与横向合作，培育稳定的实习基地，拓宽学生的就业市场，推荐学生参加企业社会实践，为大三本科学生的校外实习创造条件。目前我院已与江苏省姜堰市智谷软件、武大产业园地球空间信息产业联盟、武汉地大坤迪科技有限公司、北京中交宇科空间信息技术有限公司、武汉达梦数据库技术有限公司以及福建省地调院等业内知名企业和机构达成产学研合作，对于提高学生工程开发能力、与社会需求的对接及动手实践能力都起到了良好的促进作用。而实践基地的选择注意顾及高新技术企业、专业联盟、事业单位以及政府部门，涵盖信息化工作应用的多个层次和流程环节。

三、复合型人才培养模式的主要成效

吴冲龙教授于2005年提出的地质信息科学的理论框架与方法技术体系，为地质信息技术复合型人才培养明确了指导思想，也为人才的培养明确了学科基础和定位。本校结合空间信息与数字技术本科专业建设，开展了地质信息技术复合型人才的培养新模式、新机制探索与实践，取得了良好的实际效果，主要获得以下几个方面的结论和进展。

（1）地质信息科学理论和方法体系是地质信息技术复合型创新人才培养的学科理论基础，也是地质信息技术复合型人才培养的核心指导思想。

（2）基于知识结构树的课程体系研究与配置方法，构建了学科基础课—专业主干课—专业核心课的课程体系和专业培养方案，编写出版了全新的专业核心课程教材，搭建了面向跨学科知识有机融合的教学体系。

（3）基于软件工程和项目工程管理思想，建立了"真实案例教学＋模拟项目教学"的教学方法，推行了基于项目组和导师制的教学模式，增强学生对知识的理解和掌握程度，提升知识运用和解决问题的能力，搭建了理论教学与系统开发和应用实践之间的桥梁。

（4）建立了地质信息技术复合型创新人才的多层次一体化实践教学体系，研发了具有自主知识产权的地质信息系统实践教学平台和应用系统，注重培养学生的独立解决问题能力和应用系统研发与工程建设能力。构建了基于专业基础实验平台、专业技能实验平台和研究创新实验平台的实验平台架构,面向国家社会需求和地矿工作信息化主流程开展了产学研基地的建设。

第三节 高层次人才引领下空间信息与数字技术专业的课程体系构建和改革

随着新一代信息技术的深入应用和迅速发展,地质信息技术复合型人才的培养模式也需要与时俱进,进一步工作的重点是及时更新和优化课程体系与教学内容,改革教育教学方法,全面提升学生的综合素质和能力。面对新工科建设、"一流专业"建设的新要求,需要团队高层次人才的前沿意识和对发展方向的深刻理解来进行牵引把握与全面推进。负责这次改革的核心成员主要分工如下。

(1)国家杰出青年科学基金获得者王力哲教授,基于学科前沿发展趋势和专业适应性分析,提出专业培养目标领域拓展到"天空地海"一体化改革的总体思想。

(2)专业建设负责人刘刚教授,提出基于空间信息处理链条和领域信息技术发展前沿的专业知识体系架构。

(3)武汉"3551"人才计划入选者张夏林教授,负责多层次有机衔接的课程体系的构建和提出专业培养计划修订方案。

(4)湖北省教学名师戴光明教授,提出了空间信息网络等新型前沿课程设计。

一、面向领域发展前沿和专业国际工程认证进行新一轮培养方案修订

新时期专业人才培养面临着知识更新速度加快和能力要求提高的需求,因此对于专业人才培养方案的修订需要及时跟进和调整。空间信息与数字技术专业是典型的新工科类型的专业,我们在最新的培养方案修订中突出了社会需求和国际工程认证的配套要求,按照"强特色、入主流,提升培养质量"的总体指导思想,在培养目标、课程体系、培养环节等方面进行了针对性的系统化修改和优化。

1. 总体指导思想与基本原则

王力哲教授基于对新时期专业发展和建设的思考,结合自己在空间信息领域前沿研究的经验,根据专业国际工程认证的要求,适时提出了新一轮空信专业培养内容改革和方案修订的指导思想和基本原则,具体如下。

(1)坚持社会主义办学方向,落实立德树人根本任务。培育和弘扬社会主义核心价值观,培养德智体美劳全面发展的社会主义建设者和接班人。

(2)全面推进"三融合"人才培养模式。突显办学定位、学科专业特色,紧密结合国民经济

社会发展新形势,对全校各类学科专业、多样化人才培养试点进行布局优化和调整。借鉴国内外一流大学人才培养经验,全面推进主辅修制,探索完善跨学科专业交叉融合、教学与科研实践融合、创新创业教育与专业教育融合的"三融合"培养模式改革,推进人才培养优势从单一学科向学科交叉、跨学科转变。

(3)遵循本科教学"国家标准"。以《普通高等学校本科专业类教学质量国家标准》(简称《国家标准》)实施为契机,遵循中国计算机协会《计算机科学与技术专业培养方案编制指南》(简称《协会指南》),结合《培养计算机类专业学生解决复杂工程问题的能力》(简称《认证标准》)的工程教育专业认证的指导标准,将《国家标准》与《协会指南》《认证标准》有机结合,在"一流本科、一流专业、一流人才"(简称"三个一流")建设的指导思想下,突出人才培养的产出导向,推动人才培养质量不断提升。

(4)坚持以学生发展为本。促进学生知识、能力、素质的协调发展;培养学生思想道德、科学人文、身心健康三项素质和创新创业、组织领导、交流表达三项能力;拓展学生的创新精神、实践能力和国际视野。

2. 行业需求的新变化

近年来,随着互联网、物联网、移动互联网的飞速发展,天、空、地、海4个领域积累了丰富的基础数据,如何有效地统筹和利用这些数据资源将对人类的生活、工作,乃至国家的国防安全、工业发展、农业生产、地理勘探、海洋经济等产生深远的影响。

新时期,空间信息与数字技术专业的发展面临着课程体系优化、教材建设和教学过程控制等方面的挑战。在本轮面向"空天地海"方向专业建设与改革过程中,首先要在保持现有地下三维信息技术优势的前提下,逐步将专业研究领域拓展到"空天地海"。在现有课程体系中新开五门适合于"空天地海"的选修课,让学生根据兴趣和未来就业定位进行选择。随后,不断深入追踪国际数字化、信息化、数据化发展方向,将其融入学生培养中来;更深入地调研"空天地海"的信息化推进,研究"深地""深海""深空"国家战略发展趋势,结合国民经济主战场上对于地学信息化人才的需求,例如"数字地球""智慧城市""智慧矿山"等领域建设中对人才知识结构、技术技能的要求,将之反馈到教学过程中,动态调整课程体系,使之符合学术发展趋势,符合用人单位的具体需要。然后结合学校的整体部署和四年一次的培养方案修订,不断改进教学方法和完善课程体系。

当前,国内具有空间信息与数字技术专业的高校均侧重于空、天、地、海某单一空间层次的人才培养。因此。在我院空间信息与数字技术专业增设"空天地海"方向能够进一步奠定我校在空间信息技术学科的引领地位,意义重大。

3. 教学计划修订情况

在上述指导原则下,刘刚教授提出基于空间信息处理链条和领域信息技术发展前沿的专业知识体系架构。确定的课程群调整思路为:以空间信息获取和处理、空间信息组织和管理、空间信息分析与表达和空间信息工程与应用4个方面作为培养方案主干,在此基础上根据调研情况,以空间复杂工程构建新的课程安排。

(1)空间信息获取和处理。目前本专业在空间信息获取和处理的相关课程中,只开设了遥感地质学和综合勘查学两门课程。而在其他高校的课程体系中,一般围绕空间信息领域各类型数据的获取方法、空间信息网络组网的方法等内容开展课程。从空间信息获取和处理方面来说,这部分课程可以考虑适当增加。

(2)空间信息组织和管理。目前本专业在空间信息组织和管理的相关课程中,包含了数据库原理及应用和空间数据库两门课程。但从未来发展方向来看,信息的管理和网络相互联系的越来越多,体验分布式文件系统、分布式计算和分布式数据库的应用及实现,从而加深对所学理论知识的理解,为今后处理实际问题打下基础。

(3)空间信息分析与表达。空间信息分析与表达这类课程中,本轮培养方案修订改动较小,课程内容变化不大,增加了算法设计与分析的实践环节,增加了该类课程设计。培养学生分析空间复杂问题和解决问题的能力,使学生掌握算法设计的基本技巧和方法,熟悉算法分析的基本技术,并能熟练运用一些常用算法,解决一些较综合的问题。

(4)空间信息工程与应用。空间信息工程与应用的课程包含了地理信息系统、地学信息系统工程这些主要课程。这几门课程,目前本专业都已开课,但从未来发展方向来说,这些课程的内容可能需要更新与完善。面向多源地球空间信息共享与应用服务,如何为城市的规划、建设、管理与运营提供智慧化的解决方案等可考虑增加进来。具体思路如图6-9所示。

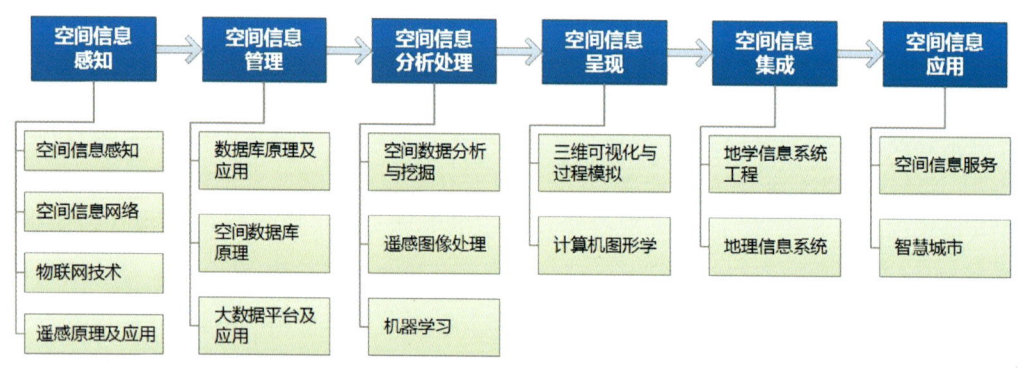

图6-9 围绕空间信息处理的全链条设置主干课程

二、培养方案改革主要进展

戴光明教授提出了"空间信息网络"等新型前沿课程设计,构建了新的空间信息专业主干课程体系。张夏林教授具体负责构建多层次有机衔接的课程体系和提出专业培养计划修订方案。按照前述工作思路,本轮培养方案内容改革体现在如下新增课程。

(1)遥感原理与应用。该课程针对空间信息类开设,是一门关于遥感物理基础、遥感图像获取、处理和应用的专业课。通过本课程的学习,使学生系统掌握遥感基本理论知识、遥感图像与遥感数据的特征和应用、遥感图像解译的基本步骤及方法,学会识别各类图像类型的注记特征和应用特点。在此基础上,掌握遥感技术在测量、大气、地理、资源、环境、地质、农林、海洋等学科领域应用的理论特点与应用方法,解决这些领域的实际问题,并能适应各行各业对遥感科学技术发展的需要。

(2)空间信息网络。该课程针对空间信息类开设,系统介绍空间信息网络的基本概念,分析空间信息网络的主要功能和特点,以及阐述组网相关的核心技术,包括空间环境特点及对空间信息网络组网的影响、空间信息网络中网络的动态性、网络接入管理、路由交换协议和可靠传输等。该课程学科内容丰富、理论性强、算法众多、实践性强,要求学生具有较强的动手操作能力和编程能力。

(3)空间信息感知。该课程针对空间信息类开设,建立在现代计算机、信息、遥感及测量等的基础上,是一门围绕空间信息领域各类型数据的获取方法而展开的一门学科,空间信息感知的核心技术是如何通过适当的方法和手段全方位地获取不同条件下研究对象的信息。根据空间对象自身的特点,重点介绍空间定位系统、无人机遥感、传感器与传感网和地学数据智能化采集技术等。该课程同时强调理论和实践,要求学生在充分理解这门课程原理的基础之上,掌握相关实际操作过程。

(4)空间信息服务。该课程针对空间信息类开设,面向多源地球空间信息共享与应用服务,主要讲述空间信息服务的基本原理、服务架构、关键技术、应用方法和发展趋势。在综合分析了空间信息网络服务的发展现状基础上,该课程主要讲述空间信息服务概述、网络服务、OGC空间信息服务、空间信息服务分类与融合、空间信息服务语义描述内容与方法、语义支持的空间信息服务注册、空间信息服务组合模型自动/半自动构建、空间信息服务匹配、空间信息服务质量评价与优化、空间信息服务发展前沿等内容。

(5)遥感图像处理。该课程针对空间信息类开设,教学的主要内容包括遥感数字图像的存储与获取、遥感数字图像的预处理、遥感数字图像的变换增强、遥感图像信息提取4部分。遥感数字图像的存储与获取主要介绍遥感数字图像的存储模型、文件格式、数字图像形成的过程及主要影响因素。遥感图像预处理部分主要介绍遥感图像的辐射校正方法、几何校正模型及过程、影像镶嵌及融合算法。遥感数字图像的变换增强部分主要介绍遥感图像的显示增强、彩色增强、主成分变换等算法的原理与处理过程。遥感图像信息提取从统计分析的角度,介绍图像分类的原理及主要算法。

(6)智慧城市。该课程针对空间信息类开设,建立在大数据、云计算、物联网、信息感知及信息传输等现代先进信息技术的基础上,是用这些先进技术来研究、处理和分析城镇化进程中涌现出的各种各样的城市规划、建设、管理、运营中的问题。其核心内容是如何在现代先进信息技术的基础上,分析和处理城镇化进程中的各类问题,并为城市的规划、建设、管理与运营提供智慧化的解决方案。

(7)数学建模。该课程希望通过学习,掌握根据实际问题来建立数学模型,并对数学模型进行求解,后根据结果去解决实际问题的能力。学习内容包括数学建模概论、日常生活中的数学模型、微分方程模型、最优化模型、初等概率模型、图论初步及其应用、层次分析法及其应用等。

（8）机器学习。该课程对标最新学科技术发展方向，通过课程讲授，希望学生掌握计算机怎样模拟或实现人类的学习行为，以获取新的知识或技能，重新组织已有的知识结构使之不断改善自身性能的方法。

（9）智能感知与无人系统。该课程对标最新学科技术发展方向，智能无人自主系统是由机械、控制、计算机、通信、材料等多种技术融合而成的复杂系统。课程主要讲授复杂环境中无人机、无人车、无人船等无人系统的基本概念，使学生掌握无人系统的基本框架，各模块的基本功能与实现方法，以及其中的关键技术；介绍无人平行系统在实际中的应用和所面临的挑战及平行无人系统的未来发展方向。

（10）数字地球。该课程对标最新学科技术发展方向。对真实地球及其相关现象统一性的数字化进行重现与再认识，是遥感、全球定位系统、地理信息系统、虚拟、网络等各种技术的综合应用。

修改后的体现国际工程认证要求的课程体系如表 6-2 和图 6-10 所示。

表 6-2　空间信息工程与数字技术专业毕业要求的实现途径

毕业要求	课程体系与教学环节
工程知识：能掌握空间信息与数字技术工程涉及的数理基础、计算机相关专业知识，以及一定的空间信息与数字技术领域基本知识和基本技能，并能够将其应用到空间复杂工程实践中	课堂教学：高等数学、大学物理、物理实验、概率论与数理统计、线性代数、数学建模、数据结构、计算机高级语言程序设计、计算机高级语言课程设计、大学英语、离散数学、计算机组成原理、操作系统原理。 课外学习：组织学生参加各种技能考核
问题分析：具有发现问题、分析问题和解决问题的能力，能够应用数学、自然科学和工程科学的基本原理分析空间信息与数字技术领域的复杂工程问题，以获得有效结论的问题分析能力	课堂教学：大学物理、物理实验、面向对象程序设计、算法设计与分析、地学理论基础、综合勘查与数字技术、遥感原理及应用、数学建模、现代软件工程、面向对象程序设计、遥感原理及应用、面向对象程序设计课程设计、地学教学实习(秭归)。 课外学习：组织学生参加产学研实践、学术讲座等活动，组织学生参加科技立项、科技论文报告会、创新实验计划
设计/开发解决方案：能够根据空间信息与数字技术复杂工程问题的需求确定基本思路和方案，能够在社会、文化、经济、法律、安全以及环境等现实约束条件下通过信息化、智慧化技术等论证设计方案的可行性，能够针对地学相关行业特定需求，设计数字化、信息化、智慧化解决方案，能够在设计中体现创新意识	课堂教学：数据库原理、空间数据库原理、计算机图形学、算法设计与分析、三维可视化与过程模拟、地理信息系统、空间数据分析与挖掘、地学信息系统工程、程序设计方法学、数据结构课程设计、计算机组成原理课程设计、Java 程序设计、操作系统原理课程设计。 课外学习：组织学生参加产学研实践，组织学生参加挑战杯、程序设计大赛、数学竞赛、建模比赛等

续表 6-2

毕业要求	课程体系与教学环节
研究：能够融合专业知识结构，掌握扎实的空间信息科学基础理论和研究方法，能够针对空间信息领域的复杂工程问题进行研究，产生新颖的创新意识和创新思维，具备解决空间信息分析、表达与应用问题能力	课堂教学：地学信息系统工程、三维可视化与过程模拟、空间数据分析与挖掘、空间信息网络、遥感图像处理、人工智能、机器学习B、智慧城市、数字地球、空间信息服务、应用开发实习、算法设计与分析、毕业设计。 课外学习：主持（参加）创新创业项目、学科竞赛、发明创造等创新创业实践活动（详见创新创业实践学分认定一览表）
使用现代工具：能够针对复杂工程问题，能够充分运用现代通信传输设备、数字设备、计算机进行信息交流与处理，能够设计（开发）针对复杂硬件系统、软件系统或应用系统的解决方案。包括对复杂软件工程问题的预测与模拟，具有较强的计算机操作能力	课堂教学：大数据平台及应用B、智能感知与无人系统、空间信息感知、高性能计算、汇编语言、程序设计方法学、Java程序设计、云计算系统、数据库原理与应用、空间数据库原理、智能感知与无人系统、应用开发实习、毕业设计。 课外学习：组织学生参加挑战杯、程序设计大赛、科技立项、科技论文报告会、创新实验计划、数学竞赛、建模比赛、产学研实践、学术讲座等活动
工程与社会：能够基于工程相关背景知识进行合理分析，评价专业工程实践和空间复杂工程问题解决方案对社会、健康、安全、法律以及文化的影响，并理解应承担的责任	课堂教学：思想道德修养与法律基础、大学英语、军事理论；地球科学概论、生态学概论、应用开发实习、现代软件工程、计算机网络、软件企业实习、社会调查。 课外学习：主持（参加）创新创业项目、学科竞赛、发明创造等创新创业实践活动（详见创新创业实践学分认定一览表）；暑期"三下乡"社会实践等
环境和可持续发展：能够理解和评价针对空间复杂问题的工程实践对于环境、社会可持续发展的影响，并能够将环境、社会可持续发展的要求体现于解决方案	课堂教学：马克思主义基本原理概论、毛泽东思想和中国特色社会主义理论体系概论、中国近现代史纲要、计算机科学导论、地球科学概论、生态学概论；社会调查、软件企业实习； 课外学习：主持（参加）创新创业项目、学科竞赛、发明创造等创新创业实践活动（详见创新创业实践学分认定一览表）
职业规范：具有人文社会科学素养、社会责任感，能够在软件工程实践中理解并遵守工程职业道德和规范，履行责任	课堂教学：马克思主义基本原理概论、毛泽东思想和中国特色社会主义理论体系概论、中国近现代史纲要、思想道德修养与法律基础、形势与政策、文化素质和跨专业课程、军事理论、军事训练；软件企业实习、社会调查、创新创业导论。 课外学习：参加野外地质调查实践和对口单位实习，完成毕业设计（论文）
个人和团队：具备团队协作精神，能在多学科背景下的项目团队中承担个体、团队成员以及负责人的角色	课堂教学：应用开发实习、思想道德修养与法律基础、形势与政策、军事理论、软件企业实习。 课外学习：军事训练、各种科技活动、参观企事业单位主持（参加）创新创业项目、学科竞赛、发明创造等创新创业实践活动（详见创新创业实践学分认定一览表）

续表 6-2

毕业要求	课程体系与教学环节
沟通：能够就空间信息与数字技术复杂工程问题与业界同行及社会公众进行有效沟通和交流，包括撰写项目申请书、报告和软件文档、陈述发言、清晰表达或回应指令，并具备一定的国际视野，能够在跨文化背景下进行沟通和交流	课堂教学：体育、文化素质和跨专业课程、创新创业导论、大学英语、软件企业实习、应用开发实习、算法综合实习、毕业设计。 课外学习：主持(参加)创新创业项目、学科竞赛、发明创造等创新创业实践活动(详见创新创业实践学分认定一览表)
项目管理：理解并掌握空间复杂问题工程项目管理原理与经济决策方法，并能在多学科环境中应用，具有一定的工程项目管理能力	课堂教学：现代软件工程、应用开发实习、算法综合实习、毕业设计。 课外学习：主持(参加)创新创业项目、学科竞赛、发明创造等创新创业实践活动(详见创新创业实践学分认定一览表)
终身学习：具有终身学习意识以及运用现代信息技术获取相关信息和新知识、新技术的能力，能通过不断学习适应发展需要	课堂教学：马克思主义基本原理概论、毛泽东思想和中国特色社会主义理论体系概论、中国近代史纲要；软件企业实习、毕业设计、社会调查。 课外学习：主持(参加)创新创业项目、学科竞赛、发明创造等创新创业实践活动(详见创新创业实践学分认定一览表)

第四节　高层次人才引领下空间信息与数字技术专业实践教学改革与创新

为了提升专业实践教学水平，在前述空间信息与数字技术专业的实践教学体系总体设置基础上，教学团队创新性地开展了专业实践教学方法的改革，进一步夯实复合型人才培养途径。由高层次人才提出的主要改革思路是：①面向新工科建设和专业工程认证的要求，通过"项目教学法"提升学生综合实践能力和解决复杂问题的能力；②强化科教融合，增加重点环节的计算机应用能力训练，提升学生知识融合能力。具体实施情况如下：

（1）张夏林教授牵头实施基于项目教学法的专业应用开发实习综合实践教学改革。

（2）刘刚教授负责计算机辅助野外地质采集系统的实践教学改革。

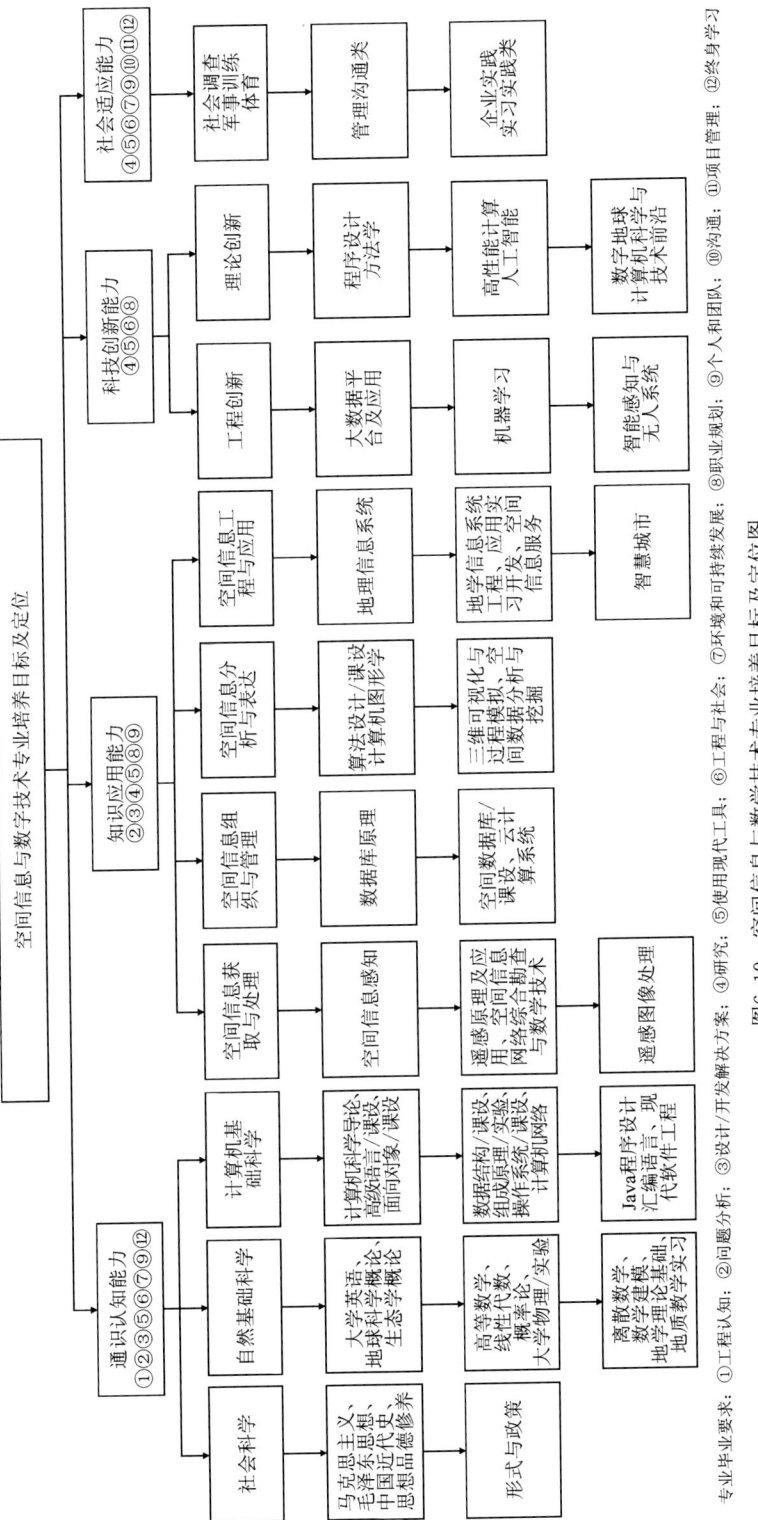

图6-10 空间信息与数字技术专业培养目标及定位图

续表 6-3

8	详细设计汇报(1天)。召开详细设计评审会，由3名专业教师和对方项目组的技术组长担任评委，评价详细设计的可行性、完备性，提出适当的修改意见
9	编码实现及软件测试(6天)。根据详细设计说明书进行编码实现。进行白盒测试、黑盒测试与系统集成测试。培养规范化的编程习惯，通过项目组例会监督项目进度
10	开发技术文档编写(1天)。根据老师提供的规范文档模板，编写规范化的用户手册、帮助文档、安装手册、研制报告
11	项目验收及总评(1天)。召开项目验收会，邀请系主任和其他专业老师作为专家，召开项目验收会。项目经理对整个组完成的成果做概要汇报，每个学生在会上用PPT汇报项目研发期间完成的工作，根据学生的综合表现给出实习成绩，并对项目组表现进行总评。通过汇报提高学生工作总结能力和科研成果演示汇报能力

为了实现以上的教学思路，针对专题地质信息系统开发项目，老师必须每个环节都需准备好备案和相应的实习材料：①确定任务节点，编写实习教案；②某矿区勘探脱密数据，尤其是钻孔及样品数据；③一份"模糊"的软件需求和一份详细而明确的软件需求文档；④一份高仿真的软件研发"合同"，按科技部正式格式编写，合同规定软件研发的任务目标、时间节点，这是最终考核项目组的标准；⑤事先在学生中调研和物色合适的项目经理人选，以备学生未能及时选出项目经理时，推荐给他们；⑥三维平台二次开发平台；⑦各类文档模板及示例文档；⑧一份完整的技术方案，用于开发中发现学生团队卡壳或存疑时指导学生；⑨项目组运行的"管理规则"，即例会制度、项目经理、小组长和成员的行为职责等，通告给学生，作为日常项目运行和管理的依据；⑩软件工程及项目管理的案例；⑪实习报告要求及报告编写模板；⑫针对学生实习中可能出现的问题的处理预案。

2. 教学重点、难点与对策

地质信息系统软件开发的全流程训练是本应用开发实习的重点。项目管理及软件需求分析、设计和开发是难点。由于"模拟项目"方式的教学实习是以学生为主体，而他们知识基础、专业技能、团队协作等各方面能力都有待提高，并且学生的主动性、积极性、合作性对于教学实习的成效起到很大的作用。因此，作为指导老师需要高超的组织能力和密切关注学生的进展情况，并且在每个阶段都要"走在学生的前面"，每个阶段都要有预案，实习进度要严格控制，多用启发和案例的方式引导学生更好地进行项目研发。另外，老师必须有丰富的信息系统开发实战经验，才能把控每个实习环节的节奏和重点，我们由3个老师组成教学团队互相配合完成。一个月的模拟项目执行，但毕竟不是真实项目，且由于时间所限，实习中既不能只蜻蜓点水简单地涉及每个环节，又不能面面俱到纠缠于每个环节的细节。粗了，学生会觉得走过场，学不到什么东西；细了，学生会深陷细节忘了大局。老师需要把握好这个度，在实习过程中每天要安排老师值班，随时解答学生的疑问和解决实习中碰到的问题。

(三)项目法教学特点及教学效果

采用项目法进行应用开发实习的教学特点：①高度的模拟实战性，以真实软件产品开发的实践过程为蓝本,基于实际矿区数据模型和需求,模拟项目研发的各个过程,通过实战性的训练,让学生在实战中学习、感受软件开发的全过程。对于学生以后就业或从事类似软件研发的科研活动,平滑过渡、接近无缝衔接。②高度的学生自主性,老师作为"旁观者"主要扮演甲方代表、数据支持、技术顾问、管理顾问等角色,尽量不直接干涉项目组日常运行;学生组成项目组,选举组织能力强、知识基础好、善于沟通的学生为项目经理,并在他的带领下组建项目研发小组,指定能力强有责任心的同学作为技术小组长,完成整个项目的研发。项目经理对组员的评分将占实习成绩的很大权重,有利于调动学生积极完成好实习。③以战代练,授人以渔,在项目开发过程中,学生必须自觉查找资料,攻克技术难关,加强团队协作,学习科研方法,通过模拟实战,事实上锻炼了学生分析、设计、开发、测试及管理等专业技能,同时在团队中训练协同工作的合作意识,潜移默化地培养了学生协作学习、团队精神,还补齐了软件项目执行和管理方面的知识。

实践表明,采用高仿真项目法实施应用开发实习,能让学生亲历一个地质信息系统软件开发项目从立项论证、合同签订、需求分析、概要设计、详细设计、编码实现、测试优化、部署实施的全过程,体现了应用开发实习教学过程的实践性特点,增强学生对知识的理解和掌握程度,提升学生知识运用和解决问题的能力,搭建理论教学与系统开发和应用实践之间的桥梁,有利于提高学生就业竞争力,培养既懂地质又懂计算机的应用研究型、交叉复合型特色人才(图 6-11)。

图 6-11　应用开发实习教学过程

上述的完整综合实践训练过程受到学生的普遍欢迎,学生得到项目申报、项目管理、系统研发、项目报告编制和项目汇报等过程全方位的能力训练,他们平均计算机程序代码编制量在 2500 行以上。

张夏林教授承担了相应的本科教学质量工程项目,有关成果受邀在空间信息与数字技术专业教学联盟会议上进行了交流报告,得到同行们的广泛认可。

二、充分发挥高层次人才科教融合的优势,培养复合型拔尖创新人才

刘刚教授负责计算机辅助野外地质采集系统的实践教学改革。"计算机辅助区域地质调查系统"GeoSurvey 是教学团队承担自然资源部重点科研项目基础上形成的计算机软件系统,是国内最早的数字调查系统之一。我们将此科研成果结合野外工作实践,将其融入专业教学过程中,使得学生充分理解地质数据采集、存储、应用的实际过程。

在复合型人才培养中,在学习了有关专业基础知识的基础上,如何让学生理解和掌握专业领域信息的计算机处理过程(包括采集、存储、管理、处理、分析等)是教学成功与否的关键。教学团队在长期科学研究和项目研发的基础上,注意加强科研和教学的融合,将科研成果转化为教学案例和教学实践平台,提升学生专业知识交叉融合和实际应用的能力。针对专业学生需要参加为期一个月的野外地质认识实习的情况,在我们研发的计算机辅助数字地质调查系统(GeoSurvey)、数字勘查系统(QuantyMine)的基础上,形成了富有特色的野外数字地质调查系统教学模式。

计算机辅助区域地质调查的目标是实现从野外数据采集到室内数据综合整理再到图件编绘与应用的全程计算机化,为此,计算机辅助地质调查系统应是一种基于便携机、以点源数据库为核心的基础性和综合性计算机辅助系统。其中基础性是指它是整个区域地质调查和勘查区地学信息管理的原始和基础数据来源;综合性是指本系统的实现将应用各种新技术和新方法,其中包括 DBS、GIS、CADS、GPS 及 RS 等。其意义在于:①将高新技术应用于野外地质调查工作中,将地质观察和数据采集能力及其质量提升到一个新的水平上;②在提高地质调查信息的管理水平、处理能力、检索效率和利用价值的同时,实现彩色地质图的计算机辅助设计及其标准化、系统化、专业化和实用化;③让所获取的信息直接进入"基础地质调查信息系统",成为"数字国土"的组成部分,为全社会服务,实现地矿数据的充分共享;④为实现本行业地质信息的计算机动态管理和动态处理,为实现地矿工作数字化、定量化和现代化,以及立体地质填图打下基础。

该项新技术、新方法的使用和新教学体系的建立,将改变原来野外地质调查教学和实际工作中完全用手工进行资料收集、整理、管理、处理和编图的繁琐作业方式和工作流程,大大地提高野外地质矿产勘查工作的效率和质量,符合当前国际发展的趋势。学生经过野外实际的教学训练,可以提高运用现代科技成果的基本技能和基本素养,增强实习效果。

计算机辅助地质调查系统(教学版),含有 4 个子系统,19 个功能模块(图 6-12)。

1. 主要研发成果

(1)野外属性数据采集模块。利用数据自动规范化技术,实现了一个面向野外实际工作的属性数据快速采集子系统。程序界面上采用了独特的树型目录和列表矩阵相结合的数据录入环境,可以显著提高数据录入速度和准确性。系统充分应用了数据字典技术,解决了国家标准《地质矿产术语分类代码》与系统库的连接和应用问题,为进一步信息共享打下基础。系统中还可以管理包括数字照片和野外素描图在内的各种多媒体数据。

(2)野外空间信息采集模块。采用面向对象方法和数据字典技术,研制了一个适应于野外地质调查工作全过程的空间信息采集和管理的野外空间信息快速采集子系统。该系统是一个"多 S"集成的应用技术系统,包含了空间信息准确定位、野外露头地质素描、电子手图自动分割、路线地质图自动生成、玫瑰花图和极密点图机助生成,以及地质界线机助修编等功能模块。系统还实现了与后台属性数据库的紧密集成,在提高操作效率的同时,还能提供各类信息查询功能。同时系统提供了掌上机的数据导出与导入的灵活接口,增强了系统的拓展能力和适应性。

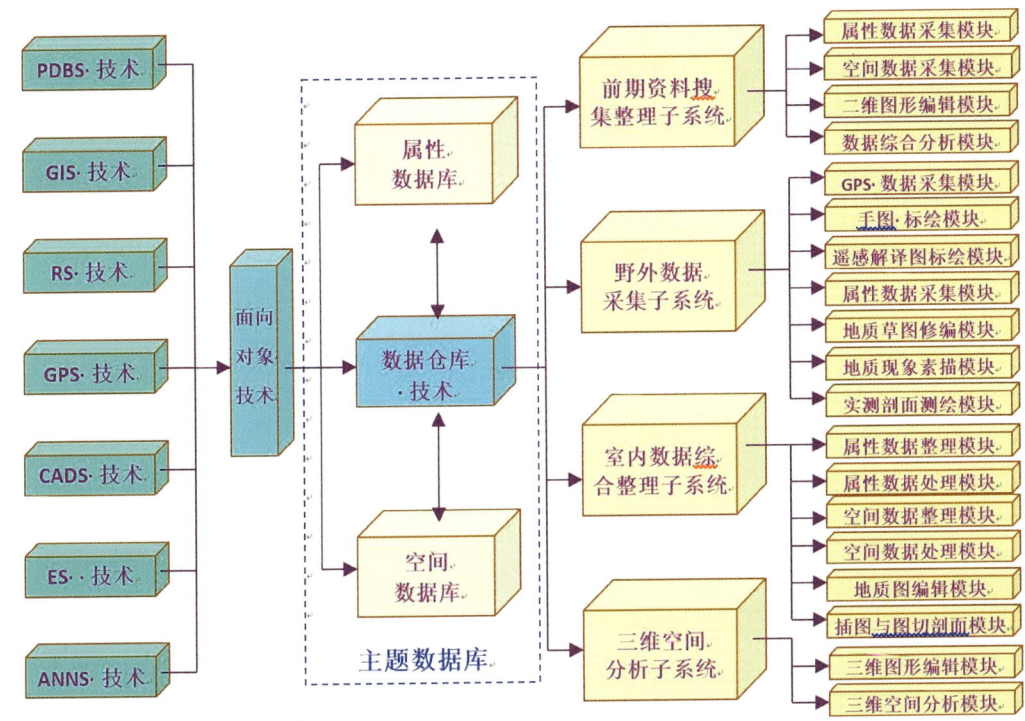

图 6-12　计算机辅助区域地质调查系统(教学版)逻辑结构

(3)实测剖面编绘模块。该模块功能较为齐全、通用性强,采用标准的图式图例,专业化程度高,操作方便。模块中嵌入了独特的产状制导花纹填充技术,适应于各种复杂地层花纹和构造花纹的填充,还能够支持野外实时生成实测剖面图和地层综合柱状图的快速编绘,可以显著提高野外地质调查的工作效率和工作质量。

(4)室内数据综合整理子系统。开发了一个功能较强的灵活方便的室内数据综合整理和彩色地形地质图生成子系统。利用数据逆向规范化技术,使得室内、外数据库可以灵活地进行数据交换,提供可视化的信息查询与修改环境。

我们通过野外数据数字化采集系统的应用,让学生理解信息化流程的重要环节和实现过程。大二暑假在秭归野外教学实习基地安排 4 周的地质教学实习。团队在野外地质数据数字化采集方法和技术方面做了大量基础工作,成果如下:2003 年在我校国家级地质教学实习基地生成了周口店实习基地历史上第一本野外地质调查电子实习报告;2014 年在我校秭归野外实习基地第一次使用了野外数据采集仪,实现了本专业实习过程中的野外地质数据的数字化采集,首次完成了秭归实习基地历史上电子化地质实习报告(图 6-13)。通过实习,要求学生掌握野外地质工作的基本方法与要求步骤;掌握三大岩的野外观察方法与描述内容;掌握野外褶皱、断层等构造现象的识别、观察与描述;掌握野外相关地质图件的绘制与要求;具备一定的资料分析与整理能力,并独立完成实习报告的编写;能够将野外观察所见的地层、岩体、断层、褶皱等地质体和地质现象与课本上的知识很好地结合起来。

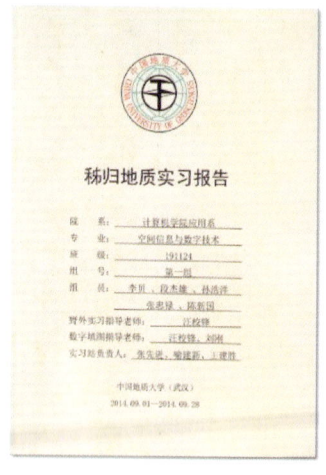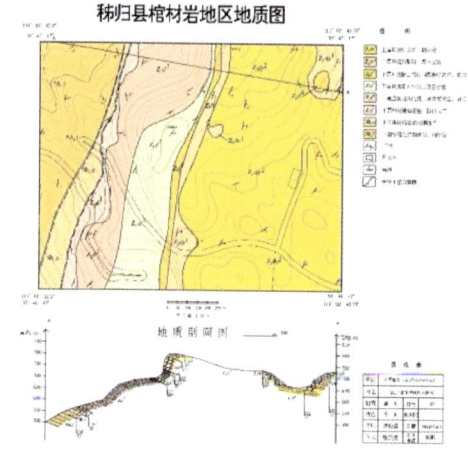

图 6-13 "数字地质调查数据采集系统"教学过程及数字化实习报告成果

2. 创新成果

(1) 从推进地矿工作信息化的高度出发,提出了一套符合我国地质工作规范和野外地质实践教学规律的"计算机辅助地质填图系统"的设计和教学方案。

(2) 采用了标准的术语代码、规范的图式图例、通用的实体模型和统一的数据模式,具备信息的齐备性和共享性,能满足全国范围的教学需要。

(3) 以主题式关系数据库系统和空间数据库系统为基础,以空间信息和属性信息管理为核心,采用层叠式复合结构的"多S"集成技术,实现了从资料搜集整理、野外数据采集、室内综合整理、图件编绘到调查报告编写的全程计算机辅助化。

(4) 根据该系统的特点和地质实践教学的实际,提出了4个"两位一体化"的教学模式,即传统地质方法和现代高新技术两位一体化、软件与硬件两位一体化、校内和野外两位一体化以及教学和生产两位一体化,保障了教学质量和效果。

第五节 高层次人才在空间信息与数字技术专业建设与本科人才培养中的引领作用

本专业开办以来,经过长期建设形成了以全国优秀教师、国家级人才、省级教学名师、省部级等高层次人才为核心的专业教学团队,团队人数达到27人,且60%以上具有地学与计算机交叉学科背景,全面支撑了专业教学的开展。在高层次人才的引领下,专业建设成效显著。

一、空间信息与数字技术专业的建设成效

当前我国各类数字工程和信息化工程广泛开展,本研究成果在国内空间信息与数字技术专业建设和地矿相关专业的复合型、创新型人才培养模式和途径方面具有借鉴与示范意义,教学成果受益面广。

1. 本专业学生培养成效

自 2010 年以来,通过系统化的教育和培养,本专业学士学位获得率达到 100%,就业率一直保持在 95% 以上,近年就业升学情况如图 6-14 所示。本专业人才培养方案的综合改革和实施取得了明显成效,不仅为国家培养了大量的高素质复合型人才,而且开拓了就业渠道。本专业本科毕业生以基础扎实、做事踏实而受到业界的广泛认可和欢迎。

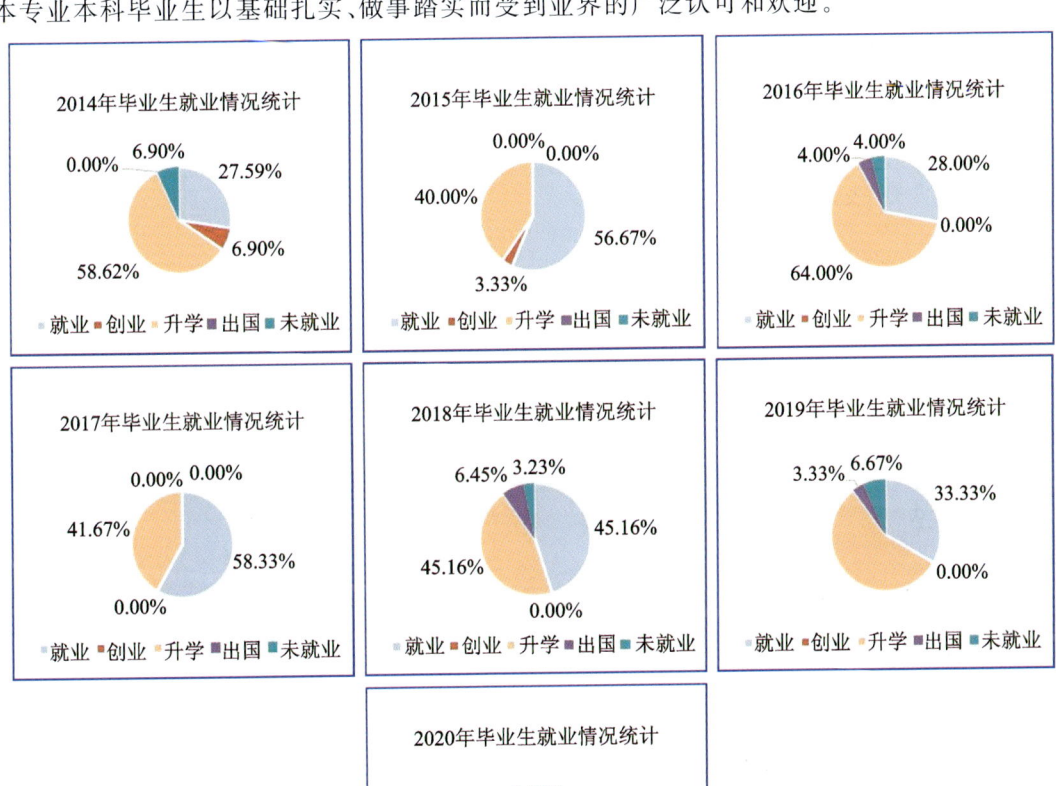

图 6-14　2014—2020 年本专业学生毕业情况

在科研能力方面,本专业毕业生也受到国内外科研机构和高等院校的青睐,越来越多学生进入国内外顶级大学继续深造或从事科学研究,并成为他们招收高水平毕业生的重要生源地,考研率平均在50%以上。近年考入本校及其他重点大学和机构的研究生情况如表6-4所示。2014—2020年,空间信息与数字技术专业毕业生读研率如表6-5所示。

表6-4 攻读国内其他高校和科研机构研究生情况表

序号	高校/科研机构名称	2014年	2015年	2016年	2017年	2018年	2019年	2020年	小计
1	北京大学		1	1					2
2	南京大学			1	1				2
3	中国科学院大学	1							1
4	武汉大学					1		1	2
5	华中科技大学		2			1	1	2	6
6	浙江大学						1		1
7	四川大学						1		1
8	中国海洋大学	1							1
9	上海交通大学						1		1
10	山东大学				1				1
11	吉林大学							2	2
12	东北大学						1		1
13	南京航空航天大学					1			1
14	电子科技大学					1	2	1	4
15	西北工业大学						1		1
16	中国科学院地理科学与资源研究所							2	2
17	中国科学院计算技术研究所				1				1
18	中国人民解放军国防科学技术大学			1					1
19	中国地质科学院					1			1
20	华中师范大学						1		1
21	广州大学			1					1
22	中国地质大学(武汉)	15	9	12	7	9	10	18	80

表 6-5　2014—2020 届毕业生读研率统计表

届别	总人数	录研率	
		人数	比例（%）
2014	30	17	56.67
2015	30	15	50
2016	25	16	64
2017	24	10	41.67
2018	31	14	45.16
2019	30	17	56.67
2020	52	28	53.85

专业教师积极指导学生参加各类竞赛和科技创新创业活动，成果显著。近年以全国"挑战杯"、全国计算机仿真大赛为主要赛事，指导学生获得各类奖项 40 余项，其中国家级获奖 17 项，省级获奖 20 项。例如，在戴光明教授等专业老师指导下，191114 班左明成同学获软件著作权 1 项，发表科技核心期刊论文 3 篇；在刘刚教授指导下，丁遥、陶坤燏、蒋亚男、姚重等同学获得"挑战杯"大学生业余作品竞赛全国二等奖、湖北省特等奖（图 6-15）。

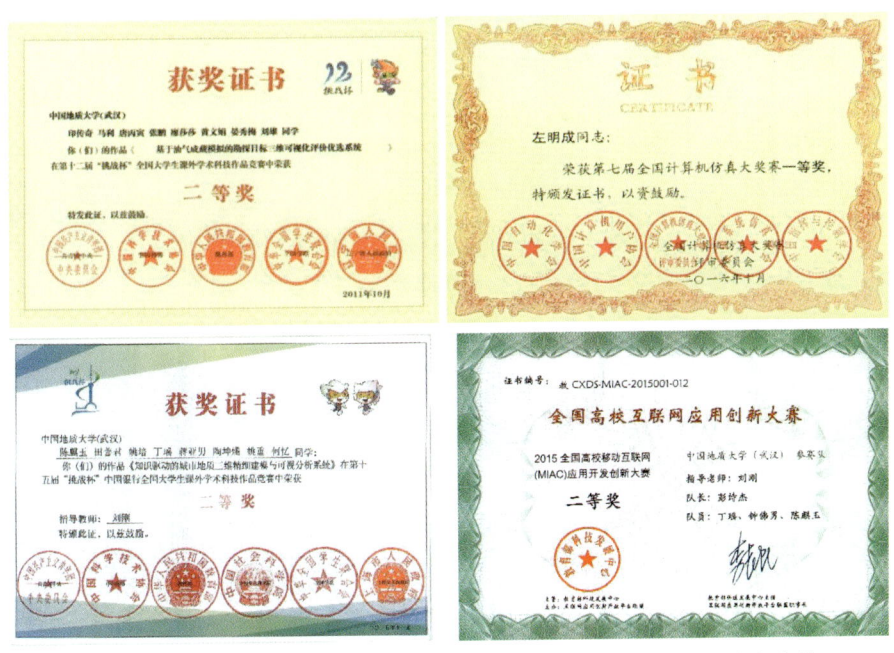

图 6-15　本专业学生学科竞赛获奖（全国"挑战杯"、全国计算机仿真大赛等）

2. 服务地方经济社会发展的实践

加强和校外企业的联系和横向合作,培育覆盖专业产业链和管理机构的稳定的实习基地,拓宽学生的就业市场,推荐学生参加企业社会实践,为大三本科学生的校外实习创造条件。目前已与武大产业园地球空间信息产业联盟、福建省地调院、江苏省姜堰市智谷软件、武汉地大坤迪科技有限公司、北京中交宇科空间信息技术有限公司以及武汉达梦数据库有限公司达成产学研合作,学生受到这些单位的广泛欢迎(图6-16)。

2014年本专业入选"湖北省普通高等学校战略性新兴(支柱)产业人才培养计划"本科项目(图6-17)。

图6-16　产学研基地挂牌和行业导师聘任

2014年湖北省普通高等学校战略性新兴（支柱）产业人才培养计划本科项目

序号	申报学校	专业名称	专业代码	主要面向产业
1	武汉大学	印刷工程	081703	节能环保
2	武汉大学	物联网工程	080905	新一代信息技术
3	华中科技大学	生物技术	071002	生物
4	武汉理工大学	测控技术与仪器	080301	高端设备制造
5	武汉理工大学	给排水科学与工程	080711	节能环保
6	中国地质大学(武汉)	空间信息与数字技术	080908T	电子信息
7	中南财经政法大学	保险学	020303	区域重点

图6-17　专业入选"湖北省普通高等学校战略性新兴(支柱)产业人才培养计划"本科项目

3. 在其他高校中的影响

本产业通过加入空间信息与数字技术专业建设联盟,推动专业规范建设和加强同行的密切合作交流,我校是该专业联盟《厦门宣言》的发布单位之一。所建立的复合型人才培养模式和培养方案在同类专业中产生广泛的影响。中山大学对本专业培养方案的评价为:"该培养方案各专业知识模块设置合理,注重实现地质科学与计算机技术的有机融合,思路先进,系统性强。这些设计思想对于我们编写'地球信息科学与技术'本科专业教学规范给予了很好的启发和帮助,有关交叉领域的课程设置已经融入我们专业的课程体系设置中。"

作为召集单位(刘刚教授为召集人),2015年召集进行了"数学地质与地学信息创新人才培养"专题研讨会,赵鹏大院士出席并做主题发言,中国地质大学(北京)、中山大学、中南大学、成都理工大学等地学信息方向学科带头人和主要骨干参加报告交流,加强了与地学信息与数学地质领域同行的交流。我们的面向地质信息技术复合型人才培养的空间信息与数字技术专业建设途径获得同行的广泛认同和支持(图 6-18、图 6-19)。

赵鹏大院士对本专业建设的评价为:"该项教学成果教育教学思想先进,在地质信息技术复合型人才培养模式和培养途径上具有显著的创新性,人才培养效果好,所培养出来的学生在我国地矿工作信息化领域作出了重要贡献。该培养模式对于国内其他高校同类人才培养具有很好的示范和借鉴作用。"

图 6-18　空间信息与数字技术专业建设研讨会

图 6-19　"数学地质与地学信息创新人才培养"研讨会

高层次人才在专业新教材和实践教材的编写中起到了核心和基础性作用,体现了他们具有战略性和全局性的指导思想、先进的科研成果和扎实的技术研发功底。吴冲龙教授主编的核心课程教材《地质信息系统原理与方法》、湖北省杰出青年基金获得者田宜平教授主编的《地学三维可视化与过程模拟》和研发的配套软件,形成了体现专业理论方法体系和技术特色的核心教材结构,得到中国地质大学(北京)、中山大学、中南大学、北京大学、中国矿业大学、

二、高层次人才在空间信息与信息技术专业发展中的引领作用

整个专业的创办、建设和发展的过程中,高层次人才始终占据了核心和基础的引领地位,在专业申办、建设、培养体系形成到持续的综合改革等环节中均发挥了关键作用。

空间信息与数字技术专业形成了以国家和省部级人才、省级教学名师、教授/博士生导师为核心(包括 5 名教授、10 名副教授和 12 名讲师),教学力量强,科研成果突出,结构合理,60%以上具有地学与信息技术复合背景的教学团队。本专业建设依托中国地质大学(武汉)地学优势学科群体和计算机学院信息技术完善培养体系,拥有国家级的野外实践基地、省级信息技术实验中心、国家级和省级重点学科支撑,并于 2020 年获批湖北省一流专业建设点。

空间信息与数字技术专业以地学信息工程博士点和硕士点为依托,具有高的办学起点,形成了规范的教学管理制度和科学合理的专业培养方案,入选湖北省高等学校战略新兴(支柱)产业人才培养计划。形成了特色鲜明的地质信息技术复合型人才培养体系,在本领域创新人才培养方面具有示范意义并产生了广泛的影响,"地质信息技术复合型创新人才培养模式探索与实践"获得了湖北省高等学校教学成果一等奖。

总结起来,在空间信息与信息技术新专业的开办到培养模式创新,再到教学目标、实践目标的实现、专业综合改革等各环节,以高层次人才为核心的教学团队起到了关键作用,而高层次人才更是发挥了引领和核心的作用,具体表现在以下几点。

(1)面向国家战略目标,高层次人才提出了新专业创办的指导思想。本专业教学团队的教学思想和研究基础,植根于传统优势专业资源勘查工程,吴冲龙教授率先提出了地质信息科学的理论、方法和技术体系,全国优秀教师、省部级高层次人才在新专业建设中起到了开拓、引领和关键核心作用,以国家和行业信息化需求为目标,创办了新专业,辐射带动了相关学科的特色建设和创新发展。经过 30 余年的探索,在空间信息与数字技术专业开办之后,中国地质大学形成了地质信息技术交叉领域"本—硕—博"完整的复合型人才培养体系。

(2)持续改革创新,高层次人才领导下形成了具有特色的地质信息技术复合型创新人才培养模式。高层次人才提出了专业人才培养的学科基础课—专业主干课—专业核心课的课程体系,基于知识结构树对交叉学科领域知识(计算机学科、地质勘查学、空间信息学科等)进行了合理配置,使得在有限的学时内达到最佳的教学效果。高层次人才提出了专业"多层次、多结合、多渠道、一平台"实践教学体系,并形成了"课程实验—软件综合实习—野外地质认识实习—应用开发实习"多层次不间断的实践教学培养方案。面向新时期行业新需求,高层次人才提出了"空天地海"课程体系改革方案,形成了不断更新的人才培养方案。高层次人才牵头主编了专业核心课程教材和系列实践教学教材,填补了本领域复合型人才培养的教材空白。经过长期的探索形成了"强特色、入主流"的地质信息技术复合型创新人才培养模式。

(3)以高层次人才为核心建成了高水平的教学、科研平台,为专业建设提供强大平台支撑。高层次人才牵头主持"计算机应用技术"湖北省名师工作室,形成了 MOOC 等新型专业基础课程教学平台,取得了省级教学名师的突破。近年成功申报了智能地学信息处理湖北省

重点实验室、智慧地质资源环境技术湖北省工程中心等省部级平台,并参与建设国家级虚拟仿真实验教学中心"矿产资源形成与勘查开发虚拟仿真实验教学中心",为本科人才培养提供了坚实的教学保障体系,培养的学生具有应用研发技术扎实、实践动手能力强的鲜明特色。

(4)高层次人才秉承"艰苦朴素　求真务实"校训精神,言传身教,并融合在专业课程、室内外的实习实践课程教学中,以"三融合"为抓手,创新教学方式方法,高素质创新型人才培养成效显著。

高层次人才注重将长期的科学研究积累与专业教学结合、强化学科交叉融合,将具有自主知识产权的三维可视化地学信息系统平台 QuantyView 应用于实际教学,提供了丰富的与行业实际应用紧密对接的教学案例,支持学生系统平台底层代码级的应用开发训练。基于软件工程和项目工程管理思想,建立了"真实案例教学＋模拟项目教学"的综合实践教学方法,推行了基于项目组的教学模式,增强学生对知识的理解和掌握程度,提升知识运用和解决问题的能力。基于在行业实际应用的"数字地质调查系统"和"数字勘查系统"等平台,应用于学生野外实践教学,形成了传统地质方法和现代高新技术两位一体化、软件与硬件两位一体化、校内和野外两位一体化以及教学和生产两位一体化,保障了教学质量和效果。

综上所述,高层次人才具有战略思维,具有服务国家地矿工作信息化目标视野,引领专业建设取得显著成效,并有力支撑了交叉学科建设,构建了地质信息技术学科专业的"本—硕—博"完整的人才培养体系,特色鲜明。

第七章　发挥高层次人才的引领作用，推动新工科建设

习近平总书记在 2014 年国际工程科技大会主旨演讲中指出"新一轮科技革命和产业变革正在孕育兴起，学科交叉融合加速，新兴学科不断涌现，前沿领域延伸。基础研究、应用研究、技术开发和产业化的边界日趋模糊，是全球科技与产业创新呈现出的发展态势和特征"。"绿水青山就是金山银山"，党的十八大提出"建设资源节约型和环境友好型社会"，党的十九大提出"推进生态文明建设、建设美丽中国"，这一重要国策对未来的经济模式带来了深远影响。在信息科技革命推动下，在绿色发展理念指导下，自然资源、地矿等行业和产业也进行着重大结构调整与转型升级。在此背景下，传统专业的升级改造和开拓创新势在必行，新工科建设如何紧密结合行业和国家需求更是摆在高校面前的一项重大任务。高层次人才国际视野开阔，创新意识强烈，具有较强的创造力和敏锐的洞察力，能全面把握国内外科技前沿，熟悉学科前沿知识和发展趋势，因而是新工科建设和传统专业升级改造的旗手。资源勘查工程专业赵鹏大院士、郝芳院士以及何生、蒋恕、朱红涛、石万忠、沈传波、严德天、夏庆霖、陈守余、陈建国等教授深刻认识到现代能源革命和数字科学与技术革命对资源勘查工程专业带来的挑战，主动响应信息科学技术和生态文明发展理念对新型工科人才的需求，近年来倡导和领导了新能源和地学大数据专业新方向的建设，为近期申请相关的新专业奠定了坚实的基础。

第一节　高层次人才引领的新能源专业方向建设

一、新时代能源发展的新要求

能源是人类社会赖以生存和发展的重要物质基础，攸关各国国计民生（李为民等，2011）。人类文明的每一次重大进步都伴随着能源的重要变革。近百年来，世界能源结构已经发生了两次巨大转换：第一次是 18 世纪 80 年代木柴向煤炭的重大转换，第二次是 19 世纪 60 年代实现了煤炭向油气的转换。进入 21 世纪，随着人类对生态环境需求的提升和低碳社会的到来，世界能源格局正在悄然发生着由油气向新能源的第三次重大转换（图 7-1a），逐步形成石

油、天然气、煤炭、新能源"四分天下"的新格局(邹才能等,2019)(图7-1b)。我国《能源发展"十三五"规划》《能源生产和消费革命战略(2016—2030年)》也明确提出要构建清洁低碳、安全高效的现代能源体系。2020年12月21日,中华人民共和国国务院新闻办公室发布《新时代的中国能源发展》白皮书,指出:中国坚持创新、协调、绿色、开放、共享的新发展理念,以推动高质量发展为主题,以深化供给侧结构性改革为主线,全面推进能源消费方式变革,构建多元清洁的能源供应体系,实施创新驱动发展战略,不断深化能源体制改革,持续推进能源领域国际合作,优先发展非化石能源、清洁高效开发利用化石能源。

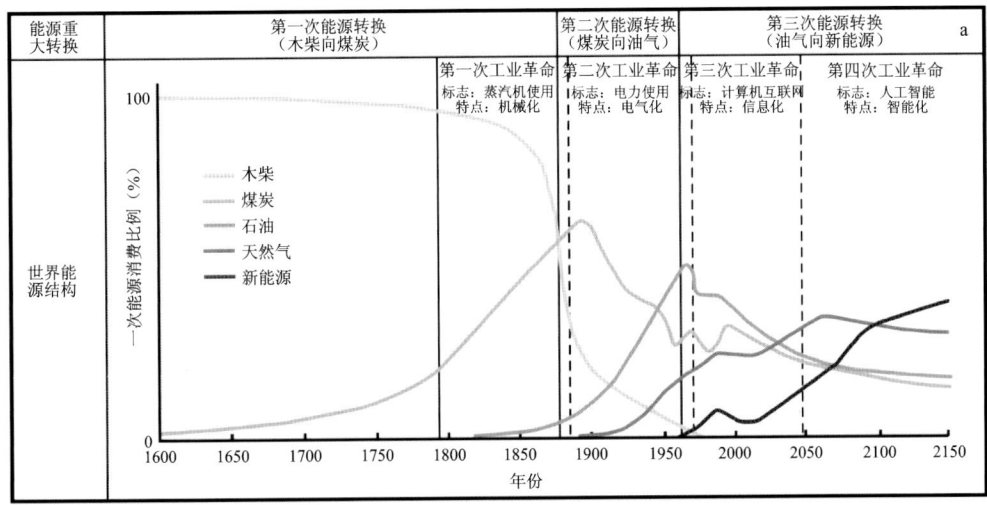

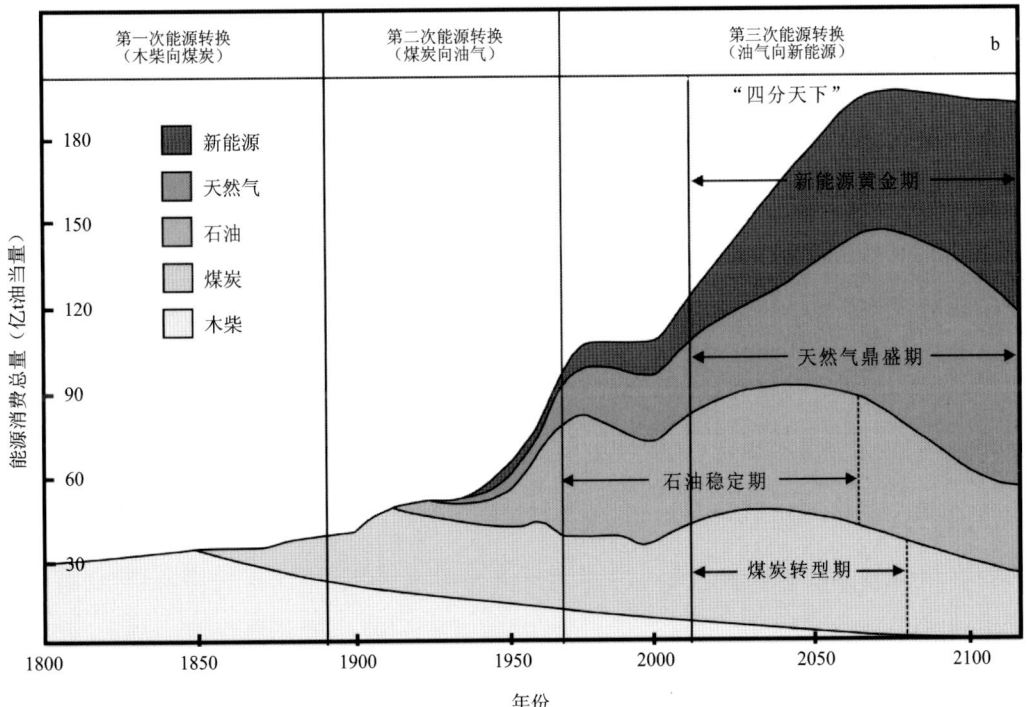

图7-1 世界能源结构与能源转型示意图(据邹才能等,2019)

2017年12月8日国际能源署(IEA)在北京发布了《世界能源展望2017中国特别报告》,指出:世界石油产量年均增长0.3%,2040年将超过50亿t,非常规产量约占15.2%;天然气产量年均增长1.5%,2040年将超过5万亿m³,非常规产量约占32.6%。非常规油气将进入快速发展阶段(图7-2)。伴随着非常规油气和新能源的快速发展,郝芳院士、陆永潮教授、何生教授、梅廉夫教授、石万忠教授、朱红涛教授、沈传波教授、严德天教授等面向国家科技创新体系布局和国家重大战略需求,通过承担一系列国家重大科学研究计划,针对非常规油气领域中的关键科学问题,开展多学科联合攻关,取得了丰硕成果,为新能源专业方向的建设奠定了坚实的基础。

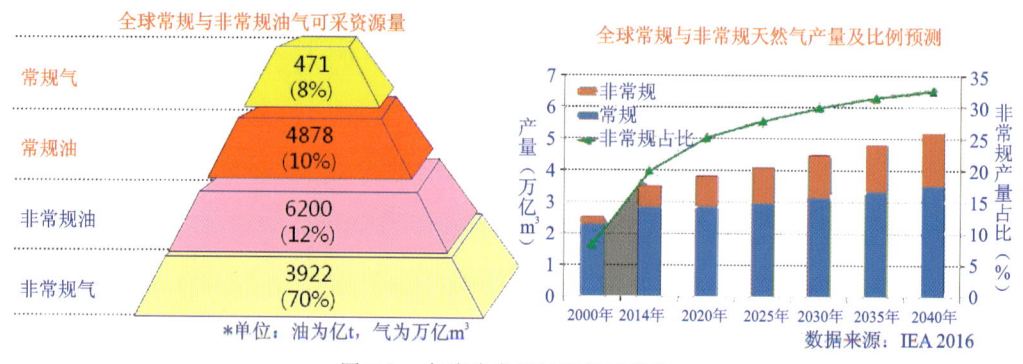

图7-2 全球非常规油气快速发展

二、高层次人才主导科技前沿研究为专业方向建设奠定基础

我国非常规油气资源(包括页岩油气、致密砂岩油气、煤层气、天然气水合物等)具有分布面积广、资源总量大、资源丰度低、富集规律复杂、开发成本高的特征。面向世界科技前沿和国家重大战略需求,以郝芳院士为首的一批高层次人才自2014年以来聚焦页岩气、煤层气和天然气水合物等非常规油气富集机理和评价这一重大关键科学问题,先后承担了国家自然科学基金重大项目、国家重点研发计划和国家"973计划"课题、国家科技重大专项、中国地质调查局二级项目等重要课题(表7-1),在页岩岩相、非均质性表征理论和系列技术、不同尺度页岩孔-缝特征表征方法、页岩气形成和改造模式及页岩气保存富集机理、页岩气"甜点"预测方法技术、煤层气勘探开发相关技术体系、多尺度水合物储层刻画实验方法等方面取得了一些重要的成果。这些理论成果和评价技术被中石化、中石油、中国地质调查局等单位应用于页岩气、致密砂岩油气、煤层气、水合物的勘探与开发中,取得了显著成效,服务了长江经济带和精准扶贫等国家重大战略,还得到中国地质调查局油气资源调查中心的书面感谢(图7-3)。上述部分成果作为"煤层气储层开发地质动态评价关键技术与探测装备"项目的主要成果之一,获国家科技进步二等奖及中国煤炭工业协会科学技术一等奖,还获得湖北省科技进步二等奖。这些理论成果和方法体系及时转化为教学资源,科教融合推动了专业方向的建设。

表 7-1 高层次人才主导的科技前沿研究项目表

序号	项目/课题名称	类别	起止时间	负责人	高层次人才类别
1	页岩气差异富集机理	国家自然科学基金重大项目	2017.01—2021.12	郝芳	院士
2	四川盆地及周缘复杂构造背景下页岩气保存条件	国家重大科技专项	2017.01—2020.12	徐思煌	三级教授、湖北省教学名师
3	中国典型页岩气富集机理与综合评价参数体系	中国地调局二级项目	2014.01—2018.12	解习农	二级教授
4	页岩气区域选区评价方法	国家重大科技专项	2016.01—2020.12	石万忠	三级教授
5	中美石炭系—二叠系页岩储层评价技术	国家重点研发计划课题	2018—2020	石万忠	三级教授
6	江汉盐间页岩油储集空间表征技术与油气赋存机理	国家重大科技专项	2016.01—2020.12	何生	二级教授
7	富有机质页岩类型及其沉积-成岩控制因素	国家自然科学基金重大项目课题	2017.01—2021.12	严德天	地大学者骨干教授
8	陆相页岩油储集空间与发育模式	国家"973 计划"课题	2014.01—2019.12	陆永潮	二级教授
9	涪陵页岩气田五峰组—龙马溪组优质页岩岩相及成烃生物研究	国家重大科技专项	2016.01—2020.12	陆永潮	二级教授
10	页岩气储层总孔隙度的定量化表征及预测	国家自然科学基金面上项目	2017.01—2020.12	石万忠	三级教授
11	焦石坝五峰组—龙马溪组页岩裂缝脉体成因及流体包裹体捕获古温压信息	国家自然科学基金面上项目	2017.01—2020.12	何生	二级教授
12	华南下寒武统、下志留统富硅质页岩成因模式比较研究	国家自然科学基金面上项目	2017.01—2020.12	刘占红	地大学者

三、高层次人才主导科教融合推动新能源专业方向建设

高层次人才不仅主导科技前沿研究,而且特别重视科教融合,将研究成果及时转化为教学资源,更新改造传统学科专业,服务地矿、石化等产业转型升级。比如,何生教授、石万忠教授等基于"非常规油气富集机理及评价技术"的研究成果,开设了非常规油气地质学、非常规能源勘查与评价、页岩油气实验测试技术等课程,并于 2018 年开始增加鄂西秭归地区野外实践教学实习,将中扬子宜昌地区的页岩气勘探科研成果纳入实践教学路线等。高层次人才将

图 7-3 高层次人才主导的前沿研究取得成效

产业和技术的最新发展、行业对人才培养的最新要求引入教学过程,利用科技前沿研究的最新成果更新教学内容和课程体系,打通"最后一学里",建成满足行业发展需要的课程资源。同时,高层次人才还积极改革教学方法和考核方式,形成以学习者为中心的工程教育模式,搭建创新创业实践,完善"创意—创新—创业"教育体系,汇聚行业部门、科研院所、企业优势资源,完善科教结合、产学融合、校企合作的协同育人模式,建设教育、培训、研发一体的共享型协同育人实践平台,满足新工科建设与发展的新要求,促进传统专业的升级、改造和专业新方向的建设。

四、高层次人才领导传统专业升级改造和新的专业方向论证

自 2014 年以来,我国非常规油气工业和地热等新能源产业快速发展,郝芳院士、解习农教授、陆永潮教授等紧跟国家科技发展需求,从 2014 年开始开展了相关的科技前沿研究(表 7-1),同时也敏锐地意识到未来地矿、石油等行业将对新能源地质领域的人才需求大增。为此,从 2015 年开始,陈红汉、梅廉夫、何生、叶加仁、石万忠、沈传波、朱红涛等教授开始谋划在资源勘查工程(油气方向)的基础上,面向培养非常规油气地质领域人才的英才班,并于 2016 年开始向学校申请开办新的专业方向。后又经过反复论证、研讨和封闭写材料等过程(图 7-4),2017 年正式获得学校批准建设,并响应新时代能源发展的新要求,将专业方向定名为资源勘查工程(新能源英才班),并于 2018 年 9 月在 2017 级大类招生的学生中经过遴选对新能源感兴趣的优秀学生正式组建了第一个资源勘查工程(新能源英才班),开始进行人才培养。

图 7-4　新能源英才班论证封闭研讨和讨论会

五、发挥高层次人才对专业发展的前瞻性和战略性判断，制订新能源英才班的人才培养目标和培养模式

为主动应对新一轮科技革命与产业变革，支撑服务创新驱动发展、"一带一路"、"中国制造 2025"等一系列国家战略，2017 年 2 月以来，教育部积极推进新工科建设，先后形成了"复旦共识""天大行动"和"北京指南"，指出要围绕工程教育的新理念、新结构、新模式、新质量、新体系开展改革。其主要关键要素包括国际视野、生态意识、精益求精、追求卓越、创新创业，即全面落实立德树人根本任务，面向产业界、面向世界、面向未来，以一流人才培养、一流本科教育、一流专业建设为目标；坚持立德树人、德学兼修，强化工科学生的家国情怀、国际视野、法治意识、生态意识和工程伦理意识等，着力培养"精益求精、追求卓越"的工匠精神；加强工程科技人才的需求调研，掌握产业发展最新人才需求和未来发展方向，优化学科专业结构；完善多主体协同育人机制，突破社会参与人才培养的体制机制障碍，深入推进科教结合、产学融合、校企合作，建立多层次、多领域的校企联盟，深入推进产学研合作办学、合作育人、合作就业、合作发展，实现合作共赢；扎根中国、放眼全球，推进工程教育国际化，围绕"一带一路"战略实施，构建沿线国家工科高校战略联盟，共同打造工程教育共同体，提升我国工程教育国际影响力和对国家战略的支撑能力。

据《bp 世界能源展望》预测，到 2040 年，全球能源消费将出现"四分天下"的局面，新能源和石油的消费量将旗鼓相当。能源领域激烈竞争的序幕正渐渐拉开，如何在变局中求立足，是高校、石油公司都将面临的难题。因此，积极谋求突破，开设新能源方面的人才培养势在必行。探索新能源英才班建设与实践，既是对新工科建设和发展的探索，也将占据非常规油气、天然气水合物、地热等新能源地质领域人才培养的制高点，具有十分重要的意义。资源勘查工程专业油气领域的教授们和各类高层次人才深刻认识到这一重要性，积极投身于新能源英才班培养目标的制订及课程体系和教学体系的建设中，包括长江学者特聘教授、湖北省"百人计划"入选者和楚天学者特聘教授、学校二级教授、三级教授、地大学者入选者、从海外引进的特任教授和"地大百人"入选者等。这些高层次人才充分发挥其专长，经过研讨，制订了新能源英才班的建设目标、人才培养方案、课程体系、实践教学体系、创新创业教育体系、国际化培养体系等,构建了人才培养模式(图7-5)。2017年完成了新能源英才班培养方案的制订,2019年又根据教育部本科专业教育教学规范重新制订了新能源英才班的新版培养方案,并获得了行业、企业和工程教育认证等领域评审专家的好评,充分展现了高层次人才在地质新能源领域把握人才培养动态的高起点和前瞻性。

中国地质大学(武汉)新能源英才班主要培养具有宽阔的国际视野、系统的知识体系和工程训练、科学的思维方法以及创新意识,能成为全球科研院所及能源企业从事地质新能源(页岩油气、致密油气、天然气水合物、地热及太阳能等)研究与勘查的新工科人才。建设目标是按照新工科建设和新的人才培养标准,构建新能源英才班新的专业培养计划与课程体系。作为试点,开展新能源人才培养模式的探索,为培养创新型+工程型+国际型的高质量人才提供依据(图7-5),为新工科建设和发展提供思路;占据非常规能源、天然气水合物、地热、太阳能等新能源地质领域人才培养的制高点,为建设新能源人才培养的示范基地作出贡献。

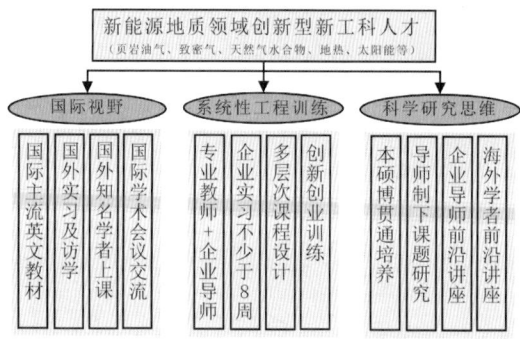

图7-5　新能源英才班人才培养模式构建

六、高层次人才主导新能源英才班的课程体系构建,承担主干课程教学任务和课程建设

新时代行业和企业的新发展、新要求及新工科的建设都迫切需要将科技前沿的最新研究成果及时转化为教学资源,构建新的课程体系,建成满足行业和企业未来发展需要的课程资源。众多高层次人才引领了新能源英才班课程体系的建设,并带动和辐射了其他高校相关课程体系的建设。比如陈红汉教授承担了非常规储层地质学新开专业课程的建设和教学工作,长江学者特聘教授蒋恕承担了地热学基础和地热工程学新开专业课程的建设与教学工作,韩元佳教授承担了非常规油气地质学新开专业课程的建设和教学工作,地大百人、湖北省"百人计划"入选者董田负责了非常规油气资源勘查与评价新开专业课程的建设和教学工作,叶加仁教授承担了地热资源勘查与评价新开专业课程的建设和教学工作等,实践教学环节的新能源专业课程设计亦由引进的特任教授及副教授等参与承担。涉及的基础理论专业课程,比如石油及天然气地质学、水文地质学、渗流力学、盆地构造学、盆地沉积学均由高层次教授团队承担课程建设和教学工作。由此可见,高层次人才是新能源英才班课程体系建设和教学的主体,在人才培养中发挥着重要作用。部分课程体系教学大纲还被成都理工大学、西南石油大

学、长江大学等高校借鉴和使用。

各类高层次人才在开展教学的同时,也十分注重"传帮带"及专业沿革中的人才培养,逐渐形成老中青相结合的教学团队。如何生教授培养的博士生董田、韩元佳和杨锐,梅廉夫教授培养的博士生叶青,沈传波教授培养的博士生葛翔,石万忠教授培养的博士生王任,这些博士生毕业后都被聘为地大学者、特任教授、特任副教授或入选"地大百人"计划,目前都已成为新能源英才班的教学骨干力量。这些优秀的博士中,多位斩获了各类大奖,如韩元佳教授获美国石油地质学家协会最佳论文奖(图7-6)。随着新能源英才班教学工作的推进,也促进了相关教学平台的建设,目前已初步建成页岩油气、地热等教学实验平台。

图7-6 韩元佳教授荣获美国石油地质学家协会最佳论文奖

七、高层次人才引领教学研究和教学改革

为了适应新能源英才班建设目标的需求,高层次人才主导了一系列教学改革研究项目,大胆进行教学改革创新,引领和带动国内地质新能源领域的人才培养。近年来具体承担的教学项目包括:湖北省名师工作室负责人徐思煌教授主持了《理工类专业课程思政教育的研究与实践——以"石油及天然气地质学"课为例》课程思政本科教学工程项目,长江学者特聘教授蒋恕主持了《非常规页岩油气能源地质与工程一体化开发虚拟仿真》湖北省虚拟仿真实验教学项目,自然资源部杰出青年科技人才沈传波教授主持了教育部第二批新工科研究与实践项目《新工科背景下资源勘查工程专业改造升级的探索与实践》《新工科背景下新能源英才班建设与改革实践》本科教学工程项目,参与了《基于"三融合"理念的地质资源拔尖创新人才外语能力培养模式研究》本科教学工程项目,刘晓峰教授主持了《资源类专业特色的秭归实践教

学体系建设》本科教学工程项目,李占轲副教授主持了《我校资源学院与澳大利亚詹姆斯库克大学本科生联合地质实习的研究与实践》A 类教学项目,朱钢添副教授主持了《智慧能源》通识教育选修课 A 类教学项目,刘建章副教授主持了《周口店实习区资源类特色实践教学内容拓展》实践育人本科教学工程项目。这些教学项目的研究,为新能源英才班的教学改革和进一步建设起到了推动作用,高层次人才在其中起到了引领和带动作用。

主要开展的改革举措如下:①制订了详细的具有可操作性的新能源英才班建设计划,包括培养模式、培养方案(图 7-7)、课程体系、教学组及教学安排、教材建设等,并组织实施。②构建了与其他高校联合的实践基地,构建与企业合作的实训基地和创新人才培养联合机制(图 7-8),推进科教结合、产学融合、校企合作,推进产学研合作办学和合作育人,建设一批企业的导师队伍。③与美国犹他大学共同建设美国落基山地区页岩油气资源及地热能源为主的新能源课程及野外地质实习基地(图 7-7、图 7-9),促进学生的国际化培养。④紧密结合经济社会发展和行业需求,以产业为导向,探索新能源人才培养模式,为新工科建设和一流本科人才培养提供新思路。⑤建设新能源(页岩油气、致密油气、天然气水合物、地热、太阳能等)人才培养示范基地,引领国内新能源新工科建设。

图 7-7 新能源英才班专业培养方案及海外实习基地示意图

在强化课程理论学习及实践环节的同时,新能源英才班的优质本科人才培养还推出了以下创新举措:①校内导师制度,在二年级末开始为新能源英才班同学配备校内导师,且"本科层次"配副教授为导师,"本硕层次"配副教授或教授为导师,"本硕博层次"配教授(博导)为导师。②企业导师制度,在三年级末开始为新能源英才班同学配备企业导师,由各签约用人单位聘任实践经验丰富者担任。③企业实训制度,新能源英才班同学必须在企业导师处完成生产实习,得到实践训练。此外,在校内导师和企业导师共同指导下,毕业论文(设计)也可在企业导师处完成,以获得更多的实践经验。④国外访学制度,充分利用学校政策、学院政策及签约单位相关政策,组织推荐优秀者开展国外短期访学,学习相关课程或积累国外实训经验,进一步增强国际视野和提升综合能力。

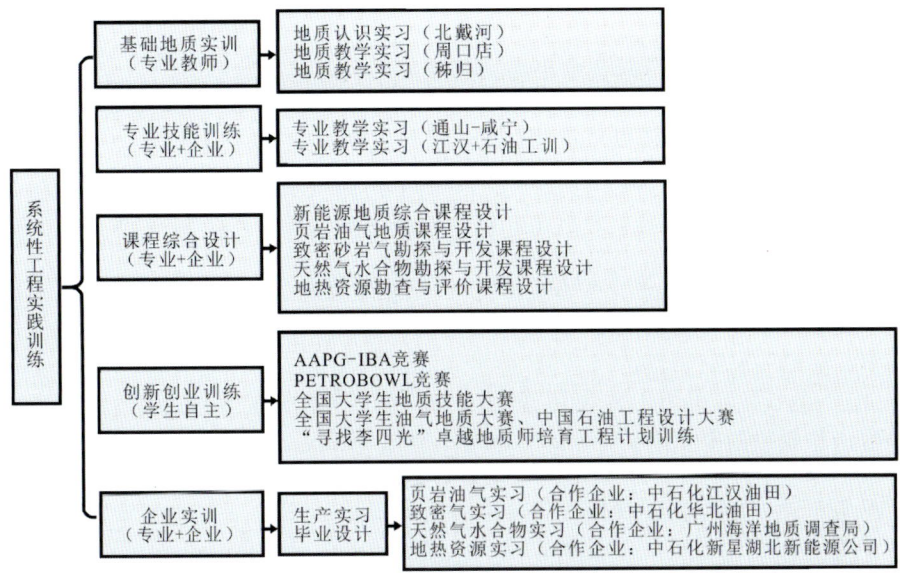

图 7-8　新能源英才班工程实践训练模块

图 7-9　美国落基山地区新能源(地热、太阳能、风能)实习基地面貌图

八、新能源专业方向建设的初步成效

1. 学生对专业方向和师资队伍水平的认同度高

2018年6月份组建的资源勘查工程(新能源英才班),全班21位学生,2019年春学分绩点4.0以上9人,学分绩点3.0以上17人。通过对学生的问卷调查(图7-10)结果显示:90%以上的学生对专业有所了解;95%以上的学生对资源勘查工程(新能源英才班)充满信心;100%的学生认为选择这个专业方向是正确的。问卷调查表明,本专业方向的学生普遍认为高层次人才领导下的专业发展前景好,教学质量高,"三融合"人才培养效果好,是使他们对新能源方向产生浓厚兴趣并积极投身专业,立志为我国新能源事业作出贡献的主要原因。

2. 学生培养成效显著

新能源英才班学生的培养集中了石油地质系从事相关领域研究的优势师资力量和所有的高层次人才。第一届共两个班(021173、021183)进入实际培养阶段,培养成效显著。021173班共21人,目前已有11人获得推免生资格,推免生比例高达52.38%。其中,2人外推到南京大学和中国科学院地质与地球物理研究所攻读硕博连读研究生,其余9人留校攻读研究生,包括本—硕—博贯通培养6人。未获得推免生资格的学生均在积极准备考研,估计该班学生进一步深造的最终比例可达90%以上。从即将毕业的2017级新能源英才班学生的情况来看,毕业生质量高,并且他们中还有多人在核心期刊发表了论文,有的学生在中国地质学会地热专业委员会2020年年会上获青年优秀论文三等奖,是唯一的本科生获奖;在中国地质学会第二届研究生论坛上获优秀报告奖,也是唯一的本科生获奖,其余获奖的全是研究生,大多数是博士研究生(图7-10)。

图7-10 新能源英才班学生获科研奖励

第二节 高层次人才引领的地学大数据专业方向建设

一、专业方向建设背景与基础

1. 信息科技革命推动传统学科加速交叉融合

资源勘查工程专业以赵鹏大院士、成秋明院士、陈守余教授、夏庆霖教授、陈建国教授、左仁广教授等为代表的高层次人才多年前就敏锐地意识到：大数据技术将在地球科学研究中得到广泛应用，将是国家发展战略的必然选择。从那时起，他们就开始开展这方面科技前沿的探索和研究，同时开始谋划创办资源勘查工程地学大数据方向或者专业。

何为大数据？就是把我们生活的地球及所认识到的宇宙空间变迁、人类一切活动的轨迹均记录下来进行信息化、数据化，并全部存储下来，再在目标的引导下挖掘应用、服务于人类，所以大数据是信息时代的必然产物，是国家发展战略的必然要求，是争夺新一轮技术革命制高点的战役。2012年中国政府正式批文"大数据建设"，总投资几百亿元，设有人口、法人、空间、宏观经济和文化五大资源库的五大建设工程，标志着我国开放、共享和智能的大数据时代已经来临！2014年2月27日、2015年12月16日、2017年10月18日、2017年12月8日、2018年5月26日习近平总书记多次在不同场合强调推动实施国家大数据战略，多次提到大数据、AI等关键词。2015年8月31日国务院印发了《促进大数据发展行动纲要》，2017年7月8日国务院再次印发了《新一代人工智能发展规划》抢占大数据和人工智能领域的先发优势。目前，各行各业竞相启动大数据、人工智能、云计算等研发工作，预计到2025年，我国数据总量有望占全球数据总量的21%，成为名列前茅的数据资源大国和全球数据中心。今后将在大数据集成、智能挖掘、惠民应用3大方面突飞猛进，打造"用数据说话、用数据决策、用数据管理、用数据创新"的国家管理运作机制。

按照目前的共识，工业1.0是蒸汽机时代，工业2.0是电气化时代，工业3.0是信息化时代，"中国制造2025"（工业4.0）则是利用信息化技术促进产业变革的时代，也就是智能化时代。互联网+、虚拟现实与人工智能、分享经济、绿色发展等将是工业4.0时代的主要特征。

2. 地矿油行业在信息科技革命推动下转型升级

新时代、新要求也推动着自然资源、地矿油等行业的变革与转型。新能源低碳经济是新变化；由常规能源、资源勘查逐渐走向非常规能源、资源和新能源勘查；非传统矿产资源与新能源勘探开发方兴未艾；海外资源市场以及"一带一路"沿线资源能源合作不断扩大；新自然资源行业以"宜居地球"理念为核心，打造"山水林田湖草生命共同体"。三深一土（深地、深海、深空、土地)、清洁能源(页岩气、天然气水合物、干热岩)、新兴战略矿产(三稀矿产)、地下空间探测与开发、地质环境与灾害防治都需要地学大数据的支持和决策,需要与信息技术高度融合。人工智能、大数据、云计算、物联网等新技术蓬勃发展,勘查技术逐渐智能化,催生产业重大变革和新兴产业发展,加速学科交叉融合。行业和科技的发展趋势要求资源勘查工程专业不断创新,以适应国家和社会对新型工科人才的需求。

2018年10月18日,中国地质调查局"地质云2.0"宣布上线服务(图7-11)。实现了160多个国家级核心地质数据库的云共享;实现了全国地质资料馆的近14万档、440余万件存量地质资料在地质云平台上查询、公开出版地质资料在线浏览;新增10万个钻孔数据,累计提供了90万个,新增3万多米钻孔岩心图像信息,累计29万多米;新增海洋区域地质调查、海岸带环境地质调查、海洋航空物探调查等成果图件50幅;提供8.9亿条各类图书、期刊、报纸、论文、会议、专利等地学文献的检索服务。中石油、中石化、中海油等单位也相继发布了工业化和信息化融合发展战略(图7-12)。

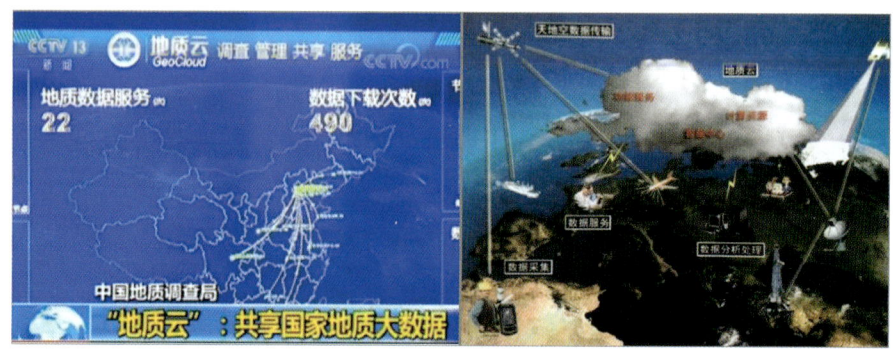

图7-11 中国地质调查局"地质云"上线服务

图7-12 中石化信息化融合发展战略

3. 信息化革命对专业界限、教学方式将产生很大的影响

随着信息化进程的推进、互联网的深度应用和人工智能的广泛应用,学习方式将由传统的课堂教学逐渐向线上学习转变,学习资源也将极其丰富,学校提供的个性化培养方案将更多(图7-13)。学生的学习也会拥有更多的选择,兴趣逐渐将摆在第一位。

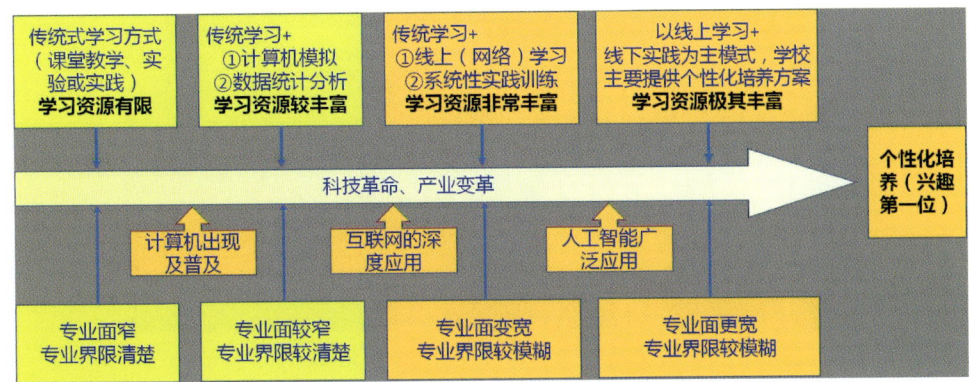

图7-13 信息化革命对教育教学的影响

二、高层次人才依托传统优势专业,培育新的专业方向

赵鹏大院士、陈守余教授、夏庆霖教授、陈建国教授、左仁广教授等自始至终全程参与了大数据英才班专业方向的论证、培养目标的制订,以及课程体系的设置与教育教学及人才培养过程中,为大数据英才班的建设和人才培养作出了重要贡献。

为了解行业部门对地学大数据的人才需求,汲取兄弟单位的人才培养经验,陈守余教授、夏庆霖教授、陈建国教授、左仁广教授等各类人才采用"走出去、请进来"的方式,开展了调研工作,并组织了两次人才培养研讨会,邀请中山大学、中南大学、中国矿业大学、吉林大学、北京师范大学、成都理工大学、合肥工业大学、安徽理工大学、长安大学、西南石油大学、中国地质大学(北京)、中国科学院对地观测与中心、中国科学院合肥物质科学研究院、中国科学院生态与地理研究所、中国地质科学院矿产资源所、沈阳地调中心、成都地调中心、武汉地调中心、云南地矿地质大数据中心等单位的专家开展地学大数据人才需求与培养方案研讨(图7-14、图7-15);此外,他们还赴中山大学、合肥工业大学开展了学科建设与人才培养方案的调研。在这些调研和研讨的基础上,最终确立了大数据英才班人才培养的理念、目标和实施途径。

资源勘查工程地学大数据英才班人才培养的理念:面向地矿行业"大资源""大数据"发展观念,充分利用大数据、云计算、人工智能等技术,培养"大资源+大数据"专业人才,促进跨学科交叉融合,促进创新发展,注重校企协同育人、产学融合,增强实践应用技能(图7-16)。

图 7-14　地学大数据教学及人才培养研讨会

图 7-15　地学大数据教学及人才培养座谈会

图 7-16　地学大数据跨学科交叉融合人才培养

资源勘查工程地学大数据英才班人才培养的目标：培养地质资源领域大数据复合型新工

科人才——培养德、智、体、美、劳全面发展,系统掌握地球科学与地质资源、地学信息技术等方面的基本理论、基本方法和技能,获得相关的工程训练,具有较强的大数据管理与分析应用能力;具有较强创新意识、较宽国际视野和跨文化交流、竞争与合作能力,能在资源能源及相关行业从事大数据技术研究、设计、开发与应用的复合型新工科人才(图 7-16)。本科毕业生 70% 进一步读研再深造,预期就业的本科毕业生毕业 5 年左右能够在资源能源及相关行业的大数据研究与应用领域担任项目负责或业务骨干。

资源勘查工程地学大数据英才班人才培养实现路径:理论与实践相结合,学校与企业实行产学研联合培养,科教结合、产学融合、校企合作——校企联盟协同育人,聘请行业、企业兼职教师作为导师。

三、高层次人才牵头课程体系建设

赵鹏大院士、陈守余教授、夏庆霖教授、陈建国教授、左仁广教授等牵头构建了地学大数据英才班新的课程体系(图 7-17、图 7-18)。地学大数据英才班核心课程包括普通地质学、岩石学、结晶学与矿物学、构造地质学、地层及古生物学、测量学、资源地质学、资源勘查理论与方法、地球物理与地球化学原理及应用、遥感原理与应用、数字地质学、Pyhthon 语言程序设计、人工智能、网络安全、三维地质建模与可视化、C 语言程序设计、数据结构数据库应用等;主要专业实验包括地质数据采集与建库、岩矿标本观察与数字化、物化遥数据处理与解译、综合信息预测与应用、可视化技术与应用等;主要实践性教学环节包括地质认识实习(北戴河)、地质教学实习(周口店,含数字填图)、岩矿标本观察与数字化、大数据开发与应用(中地数码公司)、大数据存储与管理(中地数码公司)、虚拟仿真与数字模拟、毕业论文或设计等。创新创业训练包括寻找"李四光"卓越工程师计划、地学技能大赛、MATLAB 数学建模大赛、大数据挖掘与人工智能竞赛、可视化技术设计竞赛等。

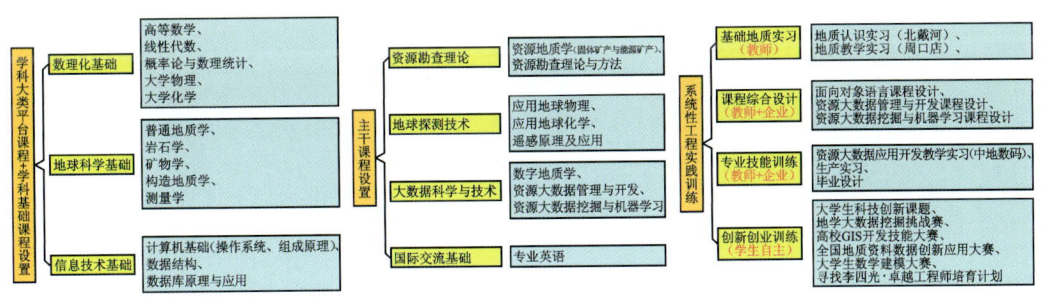

图 7-17 地学大数据英才班主要课程体系

新的课程体系涉及新的课程内容与教学方法。高层次人才承担了主干课程的建设与教学工作,比如夏庆霖教授承担了资源地质学新调整专业课程的建设与教学工作,陈守余教授、陈建国教授承担了地球物理与地球化学原理及应用新开专业课程的建设和教学工作。

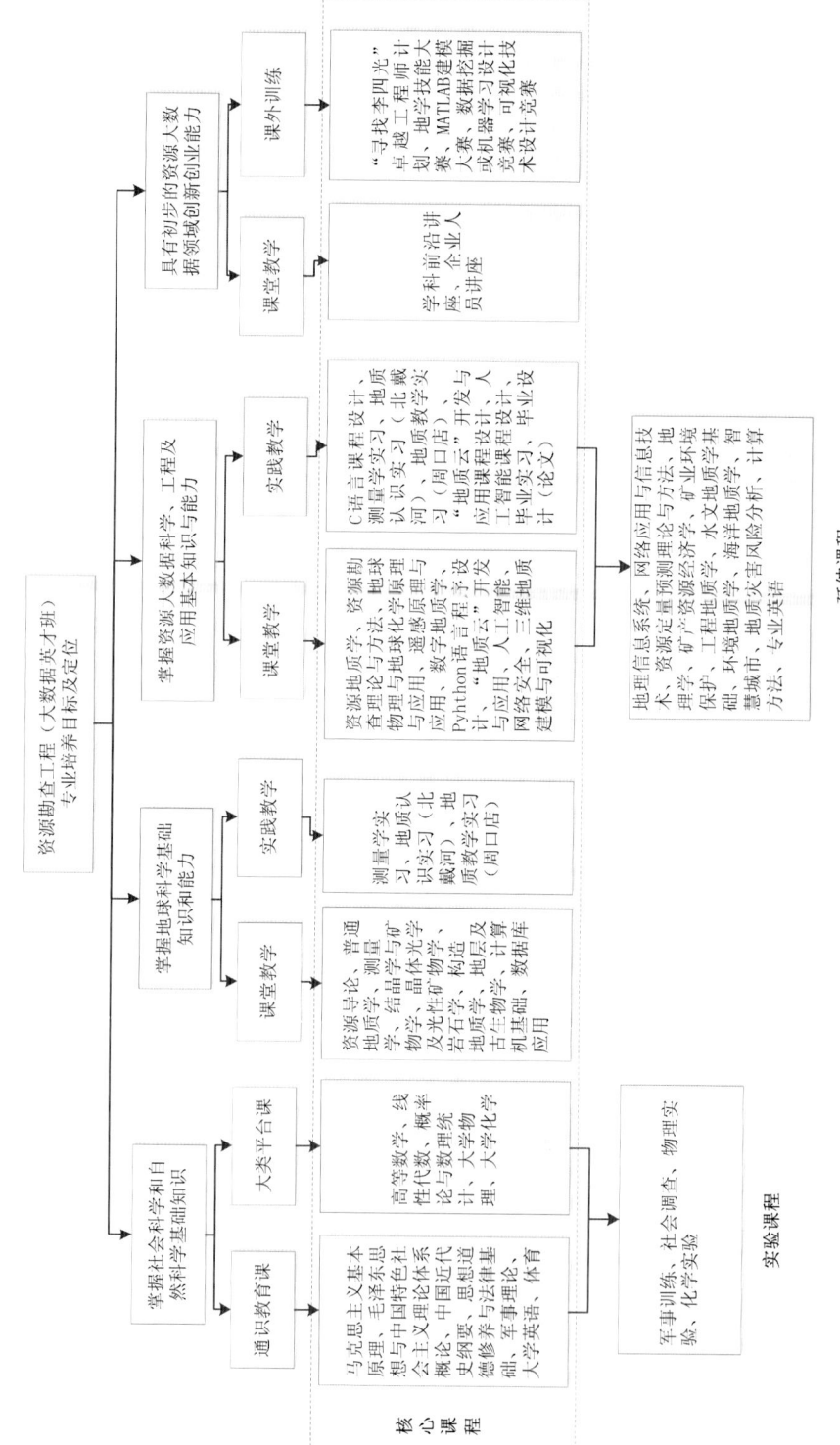

图7-18 地学大数据英才专业培养目标与教学体系

四、高层次人才主导产学研合作

为了更好地促进人才培养,大数据英才班特别注重校企协同育人、产学融合,增强学生的实践应用技能,不断地建设实践基地,目前主要建设了两个学生实习基地,分别是中地数码公司(图 7-19)和云南地质大数据中心(图 7-20、图 7-21)。双方签订了战略协议并举行了挂牌仪式,将相关的课程正式纳入实习基地的实践教学中,也聘请中地数码公司和云南地质大数据中心的老师担任指导老师,开展相关教学工作。

为了加强大学生大数据管理和开发的动手能力,陈建国和梅红波两位老师组织完成了大数据教学实训平台的招标工作。为了更好地开展数字填图的实践教学工作,还专门召开了"数字调查新方法与技术"教学研讨会(图 7-22),并在专业学术会议上探讨了地学大数据的人才培养(图 7-23),助力大数据英才班的建设。

图 7-19 与中地数码公司共建地学大数据英才班实践基地

图 7-20 与云南地质大数据中心共建地学大数据英才班实践基地

图 7-21　与云南地质大数据中心共建地学大数据英才班实践基地挂牌

图 7-22　教学研讨会图

图 7-23　地学大数据人才培养的思考

第三节　小　结

新能源英才班和地学大数据英才班是在信息科技革命推动及绿色发展理念下,伴随自然资源、地矿油等行业和产业的重大结构调整与转型升级,面向新工科建设对传统资源勘查工程专业进行改造升级、创新拓展新方向而建设的。高层次人才主导的科技前沿研究和科教融合为专业新方向的建设打下了坚实基础。

在新能源英才班和地学大数据英才班专业方向的论证、人才培养目标制订、人才培养模式的构建、课程体系设置、实践实习基地建设、教育教学改革和国际化培养等各个环节，高层次人才都起到了关键核心作用，具有引领和带动性。

探索新能源英才班和地学大数据英才班建设与实践是适应新工科建设和发展的新要求。它既是应对信息科技革命和绿色发展理念国家发展战略的必然要求，也是资源勘查工程这个传统专业老专业升级、改造服务地矿、石化等产业转型升级的必然要求，将促进学校占据地质领域新工科人才培养的制高点，引领新工科人才的培养。

第八章　高层次人才引领下的本科专业建设和本科人才培养成效及辐射和带动作用

第一节　高层次人才引领本科专业和本科人才培养的启示与思考

一、高层次人才及其团队的不可替代性

回顾中国地质大学70年的办学历史，我们不难发现，无论是新专业的创建还是老专业的拓展，无论是教材与课程体系规划还是人才培养机制和模式创新，高层次人才都起到了不可替代的引领和带动作用。高层次人才之所以在专业建设和发展中起到重要的关键作用，主要原因可以概括为以下几个方面。

1. 高层次人才学术水平高，知识面广，因而能很好地把握专业发展方向

高层次人才了解科学技术发展趋势，能很好地预见未来社会和行业对人才的需求变化，因而对与专业的发展具有前瞻性，能带领专业不断拓展和创新。在资源勘查工程专业的带动下，先后创建了11个新专业，大多数专业创建人和负责人都是高层次人才。如李万亨教授早期毕业于北洋大学采矿系，1952年开始长期在北京地质学院矿产地质及勘探专业从事找矿勘探地质学的教学和科研工作。20世纪80年代初，他将所从事的科研和教学工作延伸到矿产资源经济学科，创建了国内第一个矿产资源经济专业（后并入中国地质大学经济管理学院），成为我国地质矿产经济学的奠基人之一。始于2003年的海洋科学专业由解习农教授和任建业教授创建，他们是国内外有较大影响力的地质学家，长期从事南海边缘海盆地动力学和海洋油气资源的研究，了解和熟悉国际海洋科学发展现状和动态。他们的研究具有学科交叉的特点，因而有利于从老专业拓展出新专业。再如煤与煤层气工程专业由焦养泉教授和我国著名煤地球化学家庄新国教授创建，他们长期从事煤田地质、煤地球化学、煤系地层伴生矿产资

源的研究,在长期的科研和教学工作中预见到煤层气将作为中国能源结构中一种新的清洁能源,煤与煤层气工程专业应运而生。再比如近年来新拓展的资源勘查工程新能源英才班和大数据英才班(近期将在此基础上论证和申请新专业)分别由长江学者(回国前任美国犹他大学研究教授)蒋恕和中国科学院院士赵鹏大、成秋明发起和领导。蒋恕教授长期在美国大学工作,承担了多个美国能源部的科研项目,对新能源的发展前景和趋势有全面的了解,与沈传波教授等提出并领导了新能源英才班的创建。赵鹏大院士和成秋明院士都是国际著名的数学地球科学家,也都是国际数学地球科学学会最高奖——克伦宾奖章获得者(迄今为止亚洲两位获奖人),他们了解大数据科学与技术在地球科学、矿产资源和能源资源勘查、评价和开发中的巨大应用潜力,审时度势,把握方向,建议并指导了大数据英才班的创办。

2. 高层次人才长期工作在科研第一线,能够很好地做到科教融合,引领教材建设、课程建设、教学实验室建设和创新创业教育

教材建设是专业建设和人才培养的重要内容,高层次人才因为长期从事高水平科学研究,具有较高的学术水平,对学科和专业的理论知识体系有较全面的把握,对国内外的教材能够做到兼收并蓄,融合创新,对优秀教材于专业和学生的作用有清晰的认识,因而对教材编写工作非常重视,同时能亲自牵头或指导教材编写。本专业最早使用的教材基本上都是由留学欧美的教授主编,如由潘钟祥教授主编的《世界油气田地质学》《石油地质学原理》等教材就是他在长期考察、研究国内外代表性油气田并开展深入研究、广泛阅读国内外最新油气研究成果的基础上完成的。杨起院士是我国煤田地质和勘探的奠基人,由他主编的《煤田地质学》《中国煤田地质学》等教材是国内煤田地质专业的经典教材。李万亨教授长期从事找矿勘探地质学和矿产经济学的交叉研究,是我国矿产资源经济学学科和专业的奠基人,前后主持编写了16本教材和教学参考书,其中《矿产资源经济学》被称为中国矿产经济的"圣经"。本专业核心课程矿床学的教材《矿床学》由中国科学院院士袁见齐、中国科学院院士翟裕生和朱上庆教授主编,后来由翟裕生院士和姚书振教授修订再版,自首次出版以来,一直是国内矿床学课程的首选教材。资源勘查工程近期的国家级规划教材《矿产普查勘查理论与方法》和《石油及天然气地质学》分别由赵鹏大院士和何生教授主编,这两本教材受到国内同类专业的广泛认可,产生了重要的带动和辐射作用。本专业另外一门核心课程教材《聚煤盆地沉积学》由焦养泉教授主编,该教材获得2017年湖北省教学成果二等奖。另外,高层次人才还领衔承担了核心专业课程的改革及精品课程建设等。如国家杰出青年科学基金获得者李建威教授主持完成了湖北省精品视频课程公开课矿石学,并作为骨干参加完成了国家精品视频公开课地质类专业导论课;长江学者蒋少涌教授牵头承担了工科基地班资源导论课和一年级新生地球科学概论公选课;长江学者蒋恕教授牵头承担了虚拟仿真实验课的建设和教学;吕新彪教授是两个国家级教学示范中心和虚拟仿真实验教学中心的负责人。

科研平台是人才培养和创新创业教育的重要载体和依托。本专业有一个国家重点实验室(地质过程与矿产资源)、一个教育部重点实验室(构造与油气资源)、一个自然资源部重点实验室(资源定量评价与信息工程),这些实验室在本专业建设和人才培养中发挥了重要作用。李建威教授是地质过程与矿产资源国家重点实验室的副主任,组织建设了热电离质谱、成矿流体研究等实验平台;蒋少涌教授是该实验室矿床地球化学实验平台副负责人,与国家优秀青年科学基金获得者赵葵东教授一起开发了硫化物原位硫、铅同位素分析,副矿物 U-Pb 同位素分析,矿石矿物同位素定年等技术方法。国家优秀青年基金获得者赵新福教授牵头建设了矿物分析系统和阴极发光分析平台。楚天学者、特聘教授邱华宁牵头组建了 $^{40}Ar/^{39}Ar$ 同位素年代学实验室,资助研发了矿物流体包裹体提取系统。蒋恕教授是构造与油气教育部重点实验室主任,该实验室的十几套大型设备和仪器均由国家级、省部级高层次人才或学校二、三级教授负责建设和开发,如韩元佳教授牵头完成同位素质谱仪的建设和运行。以上这些实验室每年单独拿出 5%~10% 的学时面向本科生开放,支持本科生进实验室开展科学研究,为学生的科研立项、毕业论文和其他选题提供了有力的支撑。另外,高层次人才还依托科研项目直接指导学生开展课余科研选题研究和国家、省部级学科竞赛,每年指导的学生占全部学生的 60% 以上,为本专业的创新创业教育上作出了重要贡献。

3. 高层次人才多具有国外学习和工作的经历,具有广泛的国际合作及开阔的国际视野,能有效带动国际化人才培养

国际化办学是专业发展和人才培养的重要环节,对培养具有国际视野和全球使命的学生尤其重要。本专业始终重视国际化办学,在高层次人才的带领下积累了丰富的办学经验,形成了很多特色做法。本专业创建之初,学术带头人和骨干教师基本上都是在欧美一流大学留学归国的中青年学者,他们在专业课程体系、教材编写、教学内容、实验实习等方面博采众长,兼收并蓄,将苏联和欧美国家相关专业的优秀文化和要素吸收到矿产地质及勘探、煤田地质及勘探、石油与天然气地质及勘探专业,使本专业的人才培养一开始就具有国际化的特点。进入新时代,本专业创新国际化办学的机制和做法,除大量招收国外留学生外,还每年选送数10 名优秀本科生到世界一流大学开展游学、交流或接收科研训练,开展论文研究工作等。除此以外,本专业每年还聘请国外大学教授来校开设全英文专业课,拓宽学生视野,而这些来华授课的教授基本上都是与高层次人才长期合作的伙伴。另外,由高层次人才牵头,本专业还在美国西部(长江学者蒋恕教授牵头负责)、意大利阿尔卑斯山(沈传波教授牵头负责)、澳大利亚东北部(国家杰出青年科学基金获得者李建威教授、李占轲副教授牵头负责)建立了联合实习基地,每年派出学生参加海外联合实习。在矿产资源和能源资源领域有 4 个著名的国际学术组织,分别是 AAPG(美国石油地质学家学会)、SEG(国际矿床地质学家学会)、IAMG(国际数学地球科学学会)、SPE(国际石油工程师学会),在高层次人才的指导下,本专业设立了上述 4 个学术组织的中国地质大学(武汉)学生分会,这些学术组织、学术分会为本专业学生了解专业和学科最新进展与动态、参加国际学术活动、与海外国家学生开展交流、获取国际学术组织科研资助等提供了很好的平台。另外,高层次人才还通过其广泛的国际合作,引进外籍教师加入本专业,优化了专业的教师队伍结构,如引进澳大利亚塔斯马尼亚大学 Aleksandr Sasha Stepanov 教授、加拿大魁北克大学 Oliver Nadeau 教授、美国斯坦福大学 Huanquan Pan 教授加盟本专业。

二、不断集聚高层次人才并激发高层次人才在本科专业建设和本科人才培养工作中的热情和责任担当是专业发展的重要途径

创新是专业发展的源泉。面对世界科技进步、国家经济发展、社会和行业需求变化等因素，任何一个专业都需要不断革新、演变和拓展，甚至衍生出新的专业和专业方向。这种创新对传统专业尤其重要，因为只有这样，传统创业才能永葆青春和焕发生命力。高层次人才是专业创新发展的引擎，专业培养体系构建、人才培养模式和培养机制创新、教材建设、创新创业教育、新专业创建、新工科建设等的关键就在于建设一支高水平的师资队伍。为此，需要大力引进各类高层次人才，完善和优化教师结构，加强青年教师培养，重视科研和教学团队建设，坚持改革创新，营造有利于高层次人才脱颖而出的学术氛围，形成人尽其才、才尽其用、人人讲奉献、人人以办好专业为荣、以培养学生为荣的文化氛围。无论什么工作，人是第一位因素，有了人尤其是想干事、能干事的人，我们的事业就有了希望，这对专业建设和人才培养这种良心活尤其重要。回顾资源勘查工程70年的办学历史，我们可以得出一个结论，高层次人才是专业发展的擎天柱和发动机，是人才培养的主心骨和牵引器，没有这支队伍，我们的专业不可能发展到今天，也不可能拓展出11个新的专业。今后我们将继续加强教师队伍建设，着力引进和培育一大批高层次人才，助力本专业再创新的辉煌。

综上所述，高层次人才学术成绩突出，学术影响力大，国际视野开阔，了解国际高等教育现状和发展趋势，具有先进的教育教学理念，能够把握并引领学科发展前沿与专业发展方向，因而是高校教师队伍的核心与灵魂，在本科专业建设发展和拔尖创新人才培养中具有举足轻重的地位。

第二节　高层次人才及其团队带动一流本科专业建设和人才培养成效显著

截至2021年3月，中国地质大学（武汉）本科专业已有35个专业进入国家及省级一流专业建设点，占全部本科专业的52%，其中国家级专业建设点24个，省级专业建设点11个，专业建设取得这样的好成绩恰恰证明了各个专业高层次人才及其团队的作用，说明学校具有良好的高层次人才团体集聚效应。除了资源勘查工程、地质学、地球化学、地球物理学、地质工程、环境工程等传统优势专业成为国家一流专业之外，海洋科学、土地资源管理、宝石及材料工艺学、地理信息科学等新的优势专业也进入一流专业行列（表8-1）。未来学校将进一步重视高层次人才在一流专业和一流人才培养中的重要作用，以国家级和省级一流本科专业建设点为抓手，着力深化专业综合改革，全面推进新工科、新文科建设，持续强化专业特色，提升专

业内涵和建设水平。

表 8-1 中国地质大学(武汉)35 个专业列为一流专业建设点

序号	专业名称	建设点级别	入选时间
1	资源勘查工程	国家级	2019
2	地质学	国家级	
3	海洋科学	国家级	
4	地球物理学	国家级	
5	土地资源管理	国家级	
6	宝石及材料工艺学	国家级	
7	机械设计制造及其自动化	国家级	
8	计算机科学与技术	国家级	
9	土木工程	国家级	
10	水文与水资源工程	国家级	
11	测绘工程	国家级	
12	地质工程	国家级	
13	勘查技术与工程	国家级	
14	自动化	国家级	
15	环境工程	国家级	
16	经济学	国家级	
17	数学与应用数学	国家级	2020
18	应用化学	国家级	
19	地理信息科学	国家级	
20	地球化学	国家级	
21	地下水科学与工程	国家级	
22	行政管理	国家级	
23	旅游管理	国家级	
24	产品设计	国家级	
25	工商管理	省级	2019
26	石油工程	省级	2020
27	空间信息与数字技术	省级	
28	测控技术与仪器	省级	
29	材料科学与工程	省级	
30	电子信息工程	省级	
31	软件工程	省级	
32	社会体育指导与管理	省级	
33	地球信息科学与技术	省级	
34	安全工程	省级	
35	信息管理与信息系统	省级	

通过本次研究,证明高层次人才在资源勘查工程专业及依托该传统优势专业培育新专业和本科人才培养过程中发挥了核心和引领作用,主要如下。

(1)高层次人才的良性集聚效应明显。资源勘查工程专业长期保持国内领先地位,得益于不同时代高层次人才良性聚集形成的师资优势,说明培育、引进、储备不同级别人才的政策到位效果明显,具有优渥的土壤条件。同时,人才集聚效应的产生得益于优越的教学、科研平台等硬件条件,也得益于长期形成的重感情与亲情的良好软件条件和环境氛围。

(2)高层次人才的引领带动作用持续显现。资源勘查工程专业不仅持续保持优势,而且在不同时期新专业方向不断涌现,在新工科领域领持续先发力。依托资源勘查工程培育的新专业、新方向均已发展成为国家及省级新的一流专业、一级学科博士点,并建立了博士后流动站。

(3)高层次人才一线本科教学的质量及本科人才的培养效果不断提升。在高层次人才团队及梯队带领下,第一课堂与第二、第三课堂建设扎实推进,一流课程建设、一流实验室建设及优质实践基地建设成效明显,人才培养中跨学科交叉融合、教学与科研融合、创新创业与专业教育相融合,国际化人才培养实现跨越式提升,创新性人才培养质量不断上台阶。

(4)成果的辐射影响不断扩大。专业建设产生众多研究成果,不仅在校内推广使用,在国内兄弟院校和专业有重要影响。高层次人才示范带动效应扩展到国内外学术及人才培养各个专业范围,国际影响力不断提升。优秀毕业生在国民经济主战场和科技一线作出了杰出贡献,在各自用人单位成长为新的高层次杰出人才。

取得上述成果的主要做法归纳为如下几个方面:①重视高层次人才的思想政治工作,打造立德树人良好环境;②学校和学院吸引高层次人才和激励高层次人才潜心本科教学和本科人才培养的政策针对性强、稳定性好、有效性高,上下一心打造良好引人、育人的软硬件环境;③高层次人才把握专业发展方向和国际学科前沿,把最新的科技成果带进课堂一线,在科教融合育人环节具有独到的优势,保证了课程知识的新鲜度和前沿性,更新教学方法,启迪学生思维,将有效知识真正融入学生脑中;④在高层次人次带动下做好专业建设课程体系及人才培养方案的顶层设计,保证教学计划的先进性,保证教学条件的不断改善;⑤重视以教学名师、高层次人才为核心的教学团队建设,成立教学小组—教授委员会—教学指导学院委员会—校教学指导委员会等有效监督指导组织;⑥发扬优良传统,坚持教授战斗在本科教学第一线,专业课教材由教授主持编写,野外实习基地建设由教授牵头负责;⑦教学研究持续推进,利用先进的教学理念和教学方法推动高水平专业建设,推动一流人才的培养。

第三节 高层次人才团队的带动作用得到广泛认证

资源勘查专业在高层次人才及团队的引领下培养出了一批又一批本科拔尖创新人才,衍生、辐射出了一个又一个高水平本科专业,取得了有目共睹的成效。全校其他多个学科高层理专业和海洋科学专业入选国家一流本科专业,空间信息与数字技术专业入选湖北省一流本科专业,多数专业已形成本科—硕士—博士—博士后流动站的全链条创新人才培养体系。

3. 形成了先进的本科人才培养体系,发挥了示范引领作用

以高层次人才及其团队为牵引,以拔尖创新人才培养为目标,形成了以国家级和省级教学团队—国家和省级一流专业—国家级精品共享课程—国家级一流课程—国家级规划教材—国家级实验教学示范中心—国家级虚拟仿真实验教学中心—国家级工程实践教育中心—高等学校学科创新引智基地—全英文课程—产学研实践教学基地—学科专业竞赛等为主要支撑的先进教学内容和人才培养体系。建成六大野外实习基地、1个国际联合实习基地、20余个产学研实践基地,吸引了30余所海内外高校开展实践教学,实现了优质教学资源共享。发表教学研究论文(论著)39篇(部),出版教材28套(含国家级规划教材4部)。率先通过地质类专业认证,牵头制定了资源勘查工程专业人才培养标准和地质类专业认证补充标准,教育教学计划和人才培养模式被众多高校借鉴和采用,固体矿产勘查国家级教学示范中心和矿产资源形成与开发国家级虚拟仿真实验教学中心常年对外开放,发挥了重要的引领和示范作用。

二、解决的主要教育教学问题

在长期坚持与持之以恒的努力下,在取得了上述创新性成果的同时,也系统地解决了以下的教育教学问题。

(1)高层次人才和高水平科研团队倾心倾情倾力投身本科专业建设和本科人才培养的政策体系、制度保障和长效机制不足的问题。

(2)高层次人才在传统优势专业持续创新发展及培育新专业、服务国民经济主战场和区域经济社会发展发挥引领作用不足的问题。

(3)一流本科专业与拔尖创新人才培养体系建设不优不强的问题。

(4)充分发挥高层人才在本科人才培养中的引领和榜样示范作用、更快更多更好地培养基础厚实、专业精深、知行合一的拔尖创新人才的途径问题。

三、探索了解决教育教学问题的有效途径和方法

1. 构建并实施了激发高层次人才及其团队在本科教育教学中发挥引领作用的政策体系及制度保障

系统制订了引育高层次人才、激励高层次人才自觉投身本科教育教学的文件**32**份。通过持续开展最受学生欢迎老师、三育人标兵、最美地大教工、本科教学卓越奖(卓越名师、卓越

教师、卓越新秀、卓越团队)等先进人物评选表彰,构建了激励高层次人才回归教书育人初心使命的荣誉体系。在人才引进、教师聘用、晋升晋级中突出和强化专业建设效果、教育教学业绩和人才培养质量,系统构建了将本科专业建设和本科人才培养成效作为各级奖励、荣誉、人才申报核心条件的政策体系和制度保障。探索并实践了一流本科专业支撑一流学科建设、一流学科建设带动一流本科专业的长效机制,形成了本科-硕士-博士-博士后的完整人才培养体系,用一流的本科专业建设和一流的本科人才培养为高层次人才开展高水平科学研究提供优质研究生生源和智力支持,使高层次人才热心从教、舒心从教、静心从教,始终以饱满的热情主动投身本科专业建设和本科人才培养。

2. 构建了高层次人才引领本科专业建设和本科人才培养的有效途径

设立专业建设负责人制度,由二级教授担任各专业建设负责人和野外实习教学团队队长,强化专业建设的顶层设计,统筹教材、课程、实验室和实习基地建设。牵头制定了全国资源勘查工程专业人才培养标准和专业认证补充标准。成立高层次人才领衔的教学科研团队,推进跨学科专业交叉融合、教学与科研实践融合、创新创业与专业教育融合,持续深化教育教学改革和人才培养模式创新。强化高层次人次的"传帮带"作用,实施青年教师教学科研能力提升计划,成立青年教师发展促进中心和青年教师联合会,加强教学团队建设和基层教学组织建设。

3. 通过跨学科交叉融合,不断培育新专业或专业方向,推动新工科建设,培养了一大批高质量服务国民经济主战场和区域社会经济发展的创新人才

主动把握新一轮科技革命和产业变革所带来的机遇及挑战,充分发挥高层次人才的引领带动作用,不断培育新专业或拓展专业方向,推动工程教育改革创新。以资源勘查工程专业为依托,培育出新专业或专业方向11个,如近期培育的石油工程、土地资源管理、海洋科学、空间信息与数字技术等专业,大大拓展了资源勘查工程专业的服务领域,培养了数千名高素质的新工科人才,满足了不同历史时期国家和经济社会发展对新型人才的需求。

4. 构建不断适应科技变革和拔尖创新人才培养需求的专业培养体系

通过高层次人才的带动和指引,构建了以国家级精品课程、国家级规划教材、国家级实验教学示范中心、国家级虚拟仿真实验教学中心、野外实习基地、国家级教学团队、省级教学团队、省级优秀基层教学组织、省级名师工作室为核心的专业培养体系。持续大力支持高层次人才及其团队建设国家级和省部级科研平台,促进教学与科研实践融合,保障科教协同育人效果。通过建设全英文课程、引进外籍教师、成立国际学术组织地大学生分会、与国外一流大学共建国际联合实习基地等途径深入推进国际化人才培养。

第五节　高层次人才及其团队在专业建设与人才培养上的成果的推广应用

1. 高层次人才引育机制及激发高层次人才主动参与专业建设和人才培养的经验做法在多个重点高校推广使用

2005年以来，引进各类高层次人才500余人，整体引进高水平学术团队6个，如香港大学周美夫教授、中南大学吴敏教授（长江学者特聘教授）、南京大学蒋少涌（长江学者特聘教授）等顶尖学者的团队。在2016年度中组部人才工作调研会上做专题发言，系统介绍有关高层次人才引进的长效机制和引导高层次人才主动投身专业建设和人才培养的经验做法。受邀在首届湖北高校高层次人才工作推进会、地矿海油行业高校人事工作会议（2013/2015）、湖北省高等教育学会师资管理专业委员会（2015/2016）学术年会等重要会议上做主旨报告。东北大学、中国矿业大学、中国石油大学、华中师范大学、武汉理工大学等重点高校借鉴本项目的高层次人才体系构建、教师考核评价、师资队伍建设等的经验做法。

2. 高层次人才引领的专业培养标准及一流专业和人才培养体系在国内高校广泛推广使用，发挥了引领示范作用

资源勘查工程专业在全国率先通过地质类专业的第一轮和第二轮认证，牵头制定了卓越工程师培养计划—资源勘查工程专业人才培养标准，作为主要单位参与制定地质类专业教学质量国家标准、工程教育认证标准——地质类专业补充标准。这些标准在全国相关高校和专业得到广泛推广、借鉴和使用，有力推动了我国地质类专业的建设发展和人才培养。已形成国家级教学团队—国家一流本科专业—国家精品课程（资源共享课程）—国家级规划教材—国家级实验教学示范中心—国家级虚拟仿真实验教学中心—国家级工程实践教育中心—高等学校学科创新引智基地—野外实习基地—产学研实践基地等为主要支撑的一流专业和人才培养体系，培育了先进的教育理念和人才培养模式，相关经验和成果多次在全国工程教育峰会、地质类专业教学指导委员会会议、中国地质教育年会、国家级实验教学示范中心联席会、地质工程学科院长论坛等会议上做邀请报告或成果交流，产生了重要影响和引领示范作用。

3. 实现了野外实习基地、国家级教学示范中心等优质教学资源的共享

建成了六大野外实习基地，香港大学、台湾大学、北京大学、中山大学、同济大学等高校学生前来开展教学实习、学科专业竞赛、青少年夏令营、行业专业培训、留学生专业实习、国际会议及交流野外路线等上万余人次，在地学教育界产生了广泛的辐射效应。固体矿产勘查实验教学示范中心、矿产资源形成与开发虚拟仿真示范中心等国家级教学平台常年对外开放，实现了优质实验教学资源的网上共享。

4. 高层次引领下的拔尖创新人才培养成效显著，学生的综合素质和社会竞争力显著提升

毕业生享有良好的社会声誉和竞争力。地矿系统、能源系统、国土资源系统等行业用人单位高度评价毕业生的培养质量。众多学生在中国科学院大学、北京大学、南京大学、中国石油大学、香港大学、英国杜伦大学、德国拜罗伊特大学、美国德州大学奥斯汀分校、澳大利亚昆士兰大学等国内外一流高校继续攻读研究生毕业生，其专业基础与创新能力受到所在单位的广泛赞誉。

主要参考文献

陈超,郑海霞,2011.美国研究型大学的教学激励机制及其启示[J].高等教育研究(5):70-76.

陈琛,2014.高校加强教授为本科生授课的思考与探索[J].赤子(2):44-45.

陈翠华,丁枫,董树义,等,2013.资源勘查工程专业"卓越工程师教育培养计划"的探索与实践[J].中国地质教育(2):44-49.

陈骏,2016."双创"人才培养的供给侧改革[N].光明日报,4-8(11).

陈骏,2012.集全校之力 办中国最好的本科教育[J].中国高等教育,11:36-38.

陈骏,2013.加强专业国际比较 优化人才培养方案[J].中国大学教学(4):4-6.

陈骏,2010.推行"三三制"创新本科教学模式[J].中国高等教育,11:12-14.

陈骏,2016.用学科高峰带动高校进入世界一流[N].中国教育报,6-6(5).

陈利民,2006.办学理念与大学发展:哈佛大学办学理念的历史探析[M].青岛:中国海洋大学出版社.

崔瑞锋,2003.教授上讲台参与本科教学的思考[J].理工高教研究(5):59-60.

德雷克·博克,2012.回归大学之道:对美国大学本科教育的反思与展望[M].侯定凯,梁爽,陈琼琼,译.上海:华东师范大学出版社.

杜学斌,解习农,任建业,等,2009.周口店野外实践教学中如何体现海洋地质特色[J].中国地质教育(2):123-125.

杜远生,童金南,2009.古生物地史学概论[M].武汉:中国地质大学出版社.

范文耀,马陆亭,2004.国际视角下的高等教育质量评估与财政拨款[M].北京:教育科学出版社.

方世明,李江风,2012.土地资源管理专业实践教学体系研究[J].中国地质教育(1):150-154.

高志前,樊太亮,王红亮,2015.资源勘查工程(能源)专业油田生产实习教学改革探索[J].中国地质教育(3):85-87.

龚一鸣,童金南,黄定华,等,2008.课堂教学中的角色定位与忌求[J].中国地质大学学报(社会科学版)(5):127-132.

顾沛,丁龙云,2003.坚持高水平教授为本科生上课[J].中国大学教学(5):14-15.

郭斌,2013.大学教授为本科生授课的激励与约束机制探究[J].广西社会科学(4):

181-182.

郭传杰,2010.坚持教学与科研结合,培育创新型人才[J].中国高等教育(6):34.

郭厚良,2000.高等教育第三课堂的设想[J].高等建筑教育,33(1):13-14.

郭为藩,2006.转变中的大学:传统、议题与前景[M].北京:北京大学出版社.

哈瑞·刘易斯,2007.失去灵魂的卓越[M].侯定凯,译.上海:华东师范大学出版社.

韩立华,周颖,胡畅霞,2015.CDIO理念下工程项目教学案例开发与应用实践[J].计算机教育(24):139-143.

韩宪洲,2018.以"课程思政"推进中国特色社会主义一流大学建设[J].中国高等教育(23):4-6.

何生,侯宇光,孙新铭,等,2010.项目教学法在"石油天然气地质学"课内实习教学中的应用[J].中国地质教育(3):69-73.

何珍文,2019.空间数据库实验教程[M].武汉:中国地质大学出版社.

何云峰,吉列丽,张青青,2019.提升本科人才培养能力:"课程思政"的新时代价值与实践路径[J].教育理论与实践,39(18):37-39.

侯宇光,何生,王芙蓉,2013.中加"石油地质专业"课程教学的对比研究[J].中国地质教育(4):90-93.

胡建华,2006.科学研究在大学中的历史演进[J].南京师大学报(社会科学版)(4):77-78.

胡守庚,刘越岩,王占岐,2012.土地资源管理专业教学实习内容体系优化研究[J].教育教学论坛(4):117-118.

黄传炎,姚光庆,梅廉夫,2016.基于创新人才培养的实验室开放管理研究[J].实验室科学,19(5):154-156.

黄健陵,2015.推进教授为本科生上课制度关键在落实[J].中国大学教学(4):64.

黄艳,2009.我国高校高层次人才队伍建设研究[D].兰州:兰州大学.

贾洪彪,唐辉明,隋旺华,等,2015.地质工程专业的发展与本科教学质量国家标准的研制[J].中国大学教学(3):40-43+10.

贾英,易高峰,2008.走内涵式发展道路:提高教授承担本科教学工作质量的应然选择:西部普通院校"教授上讲台"的实证调查[J].黑龙江高教研究(4):83.

姜涛,任建业,傅安洲,2011.地球系统科学中海洋科学专业创办的探索与实践[M].青岛:中国海洋大学出版社.

姜涛,任建业,郭秀蓉,2013.海洋科学专业本科生导师制探索与实践[J].中国地质教育(20):6-8

蒋有录,查明,任拥军,等,2008."资源勘查工程"品牌专业建设的实践和体会[J].中国地质教育(1):74-76+79.

蒋有录,查明,任拥军,等,2009.依托学科优势 坚持石油特色 建设一流资源勘查工程专业[J].中国大学教学(12):42-43.

蒋有录,查明,任拥军,等,2013.以课程建设为核心 构建优质专业教学平台[J].中国大学教学(10):34-36.

匡文龙,杨冲,张万虎,等,2011.资源勘查工程专业学生实践创新能力的培养[J].中国地质教育(1):14-17.

李春阳,2010."研究性学习"教学方法的思辨与探究[J].教育与职业(17):142-144.

李德仁,1996.论地理信息学的形成及其在跨世纪中的发展[J].世界科技研究与发展(5):1-8.

李红伟,翟应虎,高秋香,等,2004.油气资源勘查开发国际合作人才的培养[J].高等工程教育研究(3):31-33.

李华,胡娜,游振声,2017.新工科:形态、内涵与方向[J].高等工程教育研究(4):16-19.

李蕾,2012.创新型人才培养与教学创新研究[J].中国高校科技(5):67-68.

李为民,王龙耀,许娟,等,2011.现代能源化工技术[M].北京:化学工业出版社.

李宇凯,刘诗,周刚,等,2016.发挥高层次人才优势 提高本科教学质量[J].高教学刊(10):67-69

梁林梅,2010.国外关于本科教学与科研关系的探析[J].江苏高教(3):67-70.

林小云,龚文平,何幼斌,等,2011.长江大学"资源勘查工程"国家特色专业建设历程及成效[J].中国地质教育(1):25-29.

刘春荣,林丹华,乔志宏,等,2018.第四课堂:面向国家急需,规划未来职业[J].教学研究,41(6):1-6.

刘丹,2012.武大规定教授必须上本科讲台[N].长江商报,4-11.

刘刚,吴冲龙,张夏林,等,2018.地质信息技术复合型人才培养模式研究与教育实践[J].中国地质大学学报(社会科学版),18(增刊):6-13.

刘海鹏,2010.教授为本科生上课与大学使命研究[J].山东工商学院学报(4):124.

刘鹤,石瑛,金祥雷,2019.课程思政建设的理性内涵与实施路径[J].中国大学教学(3):59-61.

刘慧卿,2011.石油工程创新型人才培养的探索[J].中国石油大学学报(社会科学版)(2):108-112.

刘吉余,卢双舫,朱焕来,2009."资源勘查工程"特色专业建设方案[J].石油教育(3):88-90.

刘丽,顾雪祥,2015.资源勘查工程专业认证及改革的思考[J].中国地质教育(4):83-85.

刘献君,张俊超,吴洪富,2010.大学教师对于教学与科研关系的认识和处理调查研究[J].高等工程教育研究(2):35-42.

刘志玲,李江风,方世明,2013.土地管理学课程教学方法探讨[J].中国地质大学学报(社会科学版)(S1):87-88.

卢双舫,吴伟,朱焕来,等,2011.油气资源勘查工程应用型人才培养体系构建[J].长江大学学报(自然科学版)(11):131-133.

陆国栋,李拓宇,2017.新工科建设与发展的路径思考[J].高等工程教育研究(3):

20-26.

罗启,高峰,2011.Seminar教学范式的价值意蕴[J].长江大学学报(社会科学版),34(10):148-151.

吕新彪,徐四平,陈志军,等,2014.矿产形成、勘查与开发虚拟仿真实验教学中心建设思路与进展[J].实验技术与管理(9):5-9.

吕新彪,2003.澳大利亚塔斯玛尼亚大学的地质学教育[J].中国地质大学学报(社会科学版),3(4):72-75.

庞岚,吕军,周建伟,2020.新工科建设背景下的地质类专业跨学科人才培养模式探析[J].高等工程教育研究,38(1):62-66.

彭绪娟,刘元芳,彭绪梅,2007.国外高等学校创新型人才培养模式探析[J].产业与科技论坛,6(11):196-198.

渠丽萍,李江风,张丽琴,等,2010.提高土地资源管理专业研究生培养质量的探索[J].中国地质教育(1):74-77.

渠丽萍,李江风,2012.土地资源管理专业研究生培养途径浅谈[J].高教论坛(8):106-108.

沈蓓绯,2010.荣誉学院:美国高校本科生"拔尖创新人才"培养模式研究[J].高教探索(4):59-63+91.

沈传波,石万忠,李纯泉,等,2020.新工科背景下资源勘查工程新能源英才班建设与改革[J].中国地质教育(1):45-49.

沈玉林,郭英海,李壮福,等,2019.基于实践和地质思维培养的沉积学基础课程教学改革[J].大学教育(2):57-59.

盛跃东,2003.教授参与本科教学的理性思考[J].高等工程教育研究(1):75-77.

宋立军,杨友运,赵永刚,等,2012.提高石油地质类专业野外地质实习质量的措施研究[J].高校实验室工作研究(4):99-101.

宋荣彩,李仲东,张小兵,等,2010.资源勘查专业"三位一体"教学管理模式[J].中国地质教育(4):39-41.

孙德芬,2011.教授为本科生授课制度的思考[J].人力资源管理(8):145-146.

田宜平,翁正平,何珍文,等,2015.地学三维可视化与过程模拟[M].武汉:中国地质大学出版社.

唐洪,戴鸿鸣,王顺玉,等,2012.资源勘查工程专业生产实践能力培养模式的改革与探索[J].教育教学论坛(34):57-58.

唐辉明,贾洪彪,2014.充分发挥教指委作用 推进地质类专业教育内涵式发展[J].中国大学教学(1):12-15.

唐辉明,夏庆霖,贾洪彪,等,2014.地质类专业教学质量国家标准研制的思考[J].中国大学教学(12):6-13.

唐建云,宋红霞,殷文,等,2015."新丝绸之路经济带"引领下"创新人才"的培养新模式:以资源勘查工程专业为例[J].高教学刊(6):4-6.

童金南,颜佳新,2008.大学创新人才培养的理论与实践[J].中国地质大学学报(社会科学版)(5):116-122.

童金南,殷鸿福,江海水,2012.古生物学教育需要与时俱进[J].地球科学(中国地质大学学报),37(2):7-13.

王芙蓉,何生,陈振林,等,2009.从石油史书的解析到"石油与天然气地质学"课程的学习[J].中国地质教育(2):103-104.

王芙蓉,何生,侯宇光,2010.高校青年教师专业课教学能力的培养途径[J].中国地质教育(4):55-58.

王根厚,2004.周口店野外地质教学中地质思维的培养[J].中国地质教育(4):49-51.

王洪才,2010.想念洪堡:柏林大学创立200周年纪念[J].复旦教育论坛(6):21.

王华,2012.发挥优势学科人才培养的辐射作用全面提高研究生的培养质量[M].武汉:中国地质大学出版社.

王华,2007.创办资源类传统优势专业的理论与实践[M].武汉:中国地质大学出版社.

王华,姚光庆,李江风,等,2008.高效创办资源类新专业的途径探讨与实例分析[J].中国地质教育(4):56-60.

王华,姚光庆,李江风,等,2010.科研成果转化为教学资源是发挥国家级教学团队作用的重要途径[J].中国地质教育(4):96-100.

王华,解习农,姚光庆,等,2011.强化教学团队和品牌专业全面提高办学水平[J].人力资源管理(4):128-132.

王华,夏庆霖,吕新彪,等,2011.从国家重大需求看研究生培养的战略性和紧迫性:以中国地质大学(武汉)矿产普查与勘探学科为例[J].黑龙江教育(高教研究与评估)(2):15-17.

王家生,龚一鸣,顾松竹,等,2010.地质实践教学成绩的评定方法改革和完善:以2010年北戴河地质认识实习为例[J].中国地质教育(4):89-92.

王建秀,周洁,刘琦,等,2019.工学的地质思维——普通地质学通识课程教学设计[J].教育教学论坛(11):166-168.

王敏芳,魏俊浩,张晓军,等,2009."应用矿床学"课程建设与教学实践探讨[J].中国地质教育(4):148-150.

王占岐,王华,刘越岩,等,2013.土地资源管理专业发展初探[J].中国地质教育(4):42-45.

吴冲龙,刘刚,张夏林,等,2016.地质信息系统原理与方法[M].北京:地质出版社.

吴冲龙,刘刚,田宜平,等,2005.论地质信息科学[J].地质科技情报,24(3):1-8.

吴冲龙,1998.计算机技术与地矿工作信息化[J].地学前缘,5(2):343-355.

吴冲龙,刘刚,田宜平,等,2005.地矿勘查信息化与地矿信息科技学科建设[J].中国地质教育(1):32-35.

吴冲龙,刘刚,2002.中国"数字国土"工程的方法论研究[J].地球科学(中国地质大学学报),27(5):605-609.

吴冲龙,1998.地质矿产点源信息系统的开发与应用[J].地球科学(中国地质大学学报),

23(2):193-198.

吴淦国,2009.服务国家需求和行业发展提升特色型大学核心竞争力[J].北京教育(高教版)(3):23-25.

吴淦国,2012.改革人才培养模式 培养优秀地学人才[J].中国地质教育(1):1-3.

吴淦国,2016.全面深化地质教育改革 努力实现创新驱动发展[J].中国地质教育(1):1-3.

吴立群,焦养泉,李绍虎,等,2010.煤及煤层气工程专业教学实践环节的科学设置[J].中国地质教育(4):83-85.

吴伟,2008.油气资源勘查工程国际化人才培养的探索[J].中国石油大学学报(社会科学版)(5):105-108.

武任恒,2015.高层次人才(博士)引进对中部地区普通高校发展的效果研究:以江西某高校为例[J].江西科技师范大学学报(1):95-103.

习近平,2017.习近平谈治国理政:第二卷[M].北京:外交出版社.

夏锦文,张连红,陈德良,2010.以教学团队建设为抓手,整体推荐创新型人才培养[J].中国高等教育(9):37.

夏庆霖,边建华,何谋春,等,2009.资源勘查工程专业高层次人才培养新模式[J].中国地质教育(4):70-72.

夏庆霖,何谋春,边建华,等,2009.矿产勘查实验教学改革的探索与实践[J].中国地质教育(1):95-97.

夏庆霖,唐辉明,石万忠,等,2020.关于地质类专业新工科建设的几点思考[J].中国地质教育(1):40-44.

夏庆霖,2014.关于深化我国地质类专业本科教学改革的探讨[J].中国地质教育(4):21-23.

肖军,朱蓓,王家生,等,2007."快乐地质"教学:以北戴河实习为例[J].中国地质教育(1):43-46.

谢丛姣,关振良,2008.油矿实习基地:复合型人才培养的摇篮[J].新课程(教育学术版)(2):10-11.

徐枫,王占岐,朱江洪,2020.土地资源管理专业实践教学改革与创新路径探究[J].中国地质教育(4):92-97.

徐凯,刘刚,吴冲龙,等,2017.基于CDIO工程教育理念的"遥感地质学"创新型实验设计研究[J].中国地质教育(4):67-69.

徐振鲁,2007.高校高层次人才:概念、类型与特征[J].郑州大学学报(哲学社会科学版)(5):69-71.

闫祖书,郭超,姚军虎,等,2014."985"高校影响教授为本科生授课的制度思考:基于"985"高校2011年本科教学质量报告的分析[J].教育教学论坛(42):145.

杨林,万波,方芳,2015.融合CDIO理念的"GIS软件工程"实践教学改革研究[J].测绘通报(12):118-121.

杨启军,王葆华,冯佐海,等,2013.资源勘查工程专业"卓越工程师"人才培养实践的初步总结[J].中国地质教育(2):50-53.

姚光庆,王华,李建威,等,2018.资源勘查与开发工程类专业"333"人才培养模式内涵及实践[J].中国地质教育(3):19-22.

姚光庆,王华,任双坡,等,2020.网络课堂:大学生的"第四课堂",教与学的新空间[J].中国地质教育(1):50-53.

姚光庆,谢丛姣,庞岚,等,2020.大学生野外地质实习与系统地质思维培养[J].中国地质教育(4):82-86.

姚利民,史曼莉,2008.大学研究性教学的必要性与可行性[J].湖南师范大学教育科学学报(6):62.

姚小薇,王占岐,2020.面向土地资源管理一流专业的土地经济学课程教学改革与创新[J].教育教学论坛(42):114-116.

叶菁,滕亚东,高燕,等,2012.土地资源管理专业土壤学课程教学的探索[J].产业与科技论坛,11(14):196-197.

叶菁,周学武,高燕,等,2013.土地资源管理专业教学实习探讨[J].教育教学论坛(49):225-226.

张冬梅,王媛妮,2016.空间信息与数字技术专业复合创新型人才培养研究[J].教育教学论坛(24),157-158.

张洪涛,2001.服务国家目标 体现科技创新:论新一轮国土资源大调查的历史意义[J].中国地质,28(1):4-8.

张夏林,翁正平,李章林,等,2017.空间信息与数字技术专业"应用开发实习"项目教学法研究[J].中国地质教育(1):56-59.

张先进,易顺华,刘爱民,等,2008.我校秭归实践教学基地的教学资源特色与作用[J].地球科学(中国地质大学学报)(4):564-564.

张晓军,魏俊浩,王敏芳,等,2013.资源勘查工程专业人才需求状况调查[J].中国地质教育(3):102-105.

赵洪,2006.研究性教学与大学教学方法改革[J].高等教育研究(2):72-73.

赵靖舟,金晓辉,雷天成,1999.提高野外地质实习教学质量的几点体会[J].石油教育(3):40-44.

赵鹏大,吕新彪,欧阳建平,等,2006.坚持教育改革 培养"五强"地学创新人才[J].中国地质教育(1):12-16.

赵鹏大,孟宪国,1992.地质学的定量化问题[J].地球科学(中国地质大学学报),17(增刊):51-56.

周江羽,刘常青,张晓军,等,2010.资源勘查工程特色专业复合型和开放型创新人才培养机制[J].中国地质教育(3):24-26.

周江羽,张晓军,刘常青,等,2010.基于特色和品牌专业建设的新一轮本科教学体系改革:以资源勘查工程专业为例[J].中国地质教育(1):62-65.

朱红涛,陈开远,石万忠,等,2010. 层序、地震、地质综合解释"理-实一体化"实践教学模式的构建[J]. 中国地质教育(1):48-51.

朱红涛,朱晓燕,2010. 关于我国石油地质专业人才培养的探析[J]. 教学研究(2):44-46.

朱江洪,高燕,刘越岩,2009. 培养土地管理本科专业学生学术研究能力的探讨[J]. 中国地质教育(3):59-62.

朱郁闻,2012. 论Seminar教学模式在我国高等教育中的运用[J]. 江苏教育学院学报(社会科学版)(5):46-47.

邹才能,张福东,赵群,等,2019. 新能源[M]. 北京:石油工业出版社.

张夏林,李章林,翁正平,2016. 地质信息系统实习指导书[M]. 武汉:中国地质大学出版社.

曾碧,2010. Seminar教学模式对师范生教育质量的实践价值[J]. 吕梁教育学院学报(2):14-15.

BRUCE M,2011. Prizes, pedagogic research and teaching professors: lowering the status of teaching and learning through bifurcation[J]. Teaching in Higher Education,16(1):127-130.

CLARK B R,1997. The modern integration of research activities with teaching and learning[J]. The Journal of Higher Education,68(3):241-255.

ELTON L,2001. Research and teaching: Condition for a positive link[J]. Teaching in Higher Education(6):43-56.

FOX M F,1992. Research, teaching and publication productivity: Mutuality versus competition in academia[J]. Sociology of Education(65):293-305.

HATTIE J,MARSH H W,1996. The relationship between research and teaching a meta-analysis[J]. Review of Educational Research,66(4):507-542.

JENSEN J,1988. Research and teaching in the universities of denmark: Does such an interplay really exist? [J]. Higher Education,17(1):17-26.

MICHALAK S J,FRIEDRICH R J,1981. Research productivity and teaching effectiveness at a small liberal arts college[J]. The Journal of Higher Education,52(6):578-597.

NEUMANN R,1992. Perceptions of the teaching-research nexus: A framework for analysis[J]. Higher Education,23:159-171.

PRINCE M J,FELDER R M,BRENT R,2007. Does faculty research improve undergraduate teaching? An analysis of existing and potential synergies[J]. Journal of Engineering Education,96(4):283-294.

RAMSDEN P,1992. Moses I associations between research and teaching in australian higher education[J]. Higher Education,23(3):295.